중국유랑

하

중국 유랑 하

발행일   2022년 11월 30일

지은이   채한종
펴낸이   손형국
펴낸곳   (주)북랩
편집인   선일영   편집   정두철, 배진용, 김현아, 류휘석, 김가람
디자인   이현수, 김민하, 김영주, 안유경   제작   박기성, 황동현, 구성우, 권태련
마케팅   김회란, 박진관
출판등록   2004. 12. 1(제2012-000051호)
주소   서울특별시 금천구 가산디지털 1로 168, 우림라이온스밸리 B동 B113~114호, C동 B101호
홈페이지   www.book.co.kr
전화번호   (02)2026-5777   팩스   (02)3159-9637

ISBN   979-11-6836-567-4 04910 (종이책)   979-11-6836-568-1 05910 (전자책)
          979-11-6836-565-0 04910 (세트)

(주)북랩 성공출판의 파트너
북랩 홈페이지와 패밀리 사이트에서 다양한 출판 솔루션을 만나 보세요!
홈페이지 book.co.kr   •   **블로그** blog.naver.com/essaybook   •   **출판문의** book@book.co.kr

작가 연락처 문의 ▸ ask.book.co.kr
작가 연락처는 개인정보이므로 북랩에서 알려드릴 수 없습니다.

20년간 구석구석을 누비며
알게 된 중국의 멋

중국
유랑

하

채한종 지음

북랩

나는 중국을 좋아했다.

지난날 중국에 관심을 두게 된 계기가 있었다. 그렇다고 동기가 거창한 것은 아니었다. 일생의 어떤 변화가 오는 것은 꼭 커다란 동기가 있어서만은 아닌 것 같다. 더우기 변화에 어떤 계기가 있었다는 것도 지난 후에야 알 수 있는 일들이 대부분이다.

그러니까 정확히 1990년 여름이다. 하계 휴가를 맞으면 휴가 기간에 가정에서 특별히 할 일이 없었다. 어린 자녀들은 공부한다고 학원에 다녔고, 아내는 피아노학원을 하느라 휴가철에 더욱 바빴다.

어느 날 우연히 TV 교육 방송 채널을 보게 되었다. 마침 중국어 회화가 나왔다. 그것도 아주 초보 언어인 인사말과 발음부터 가르치고 있었다. 무료함을 없애기 위해서 배우고 싶다는 생각이 들었다. 이것이 내가 중국을 좋아하고 수없이 여행한 계기가 된 것이다.

기회만 있으면 중국을 여행했다. 아니 기회라기보다 작심하고 다녔는지도 모른다. 중국은 넓은 영토의 나라이기에 처음부터 여행지역을 크게 정하지 않았다. 한 번 갈 적마다 한 개의 성(省)을 중심으로 여행 계획을 정하곤 했다. 지금까지 서른 번의 여행을 했지만 가보지 못해 아쉬운 지역도 너무 많다.

아무런 생각 없이 보게 된 TV 채널이 삶의 일부를 바꾸어 놓았다고 해도 과언이 아니다. 이렇듯 어떤 계기는 아주 우연히 찾아오는 것이 아닐까 하는 생각을 해 본다. 그러고 보니 이때가 한중 수교를 앞둔 시기였다.

96년 처음 중국을 여행했다.

특별한 여행가도 아니고 교사로서 휴가를 맞을 때마다 중국을 다녀왔을 뿐이다. 그러면서 중국에 대한 역사나 문화, 사람들과의 관계 등 하나하나 알아가는 과정이 재미있었다.

중국인은 '관계를 중시한다.'는 말이 있다. 중국의 '꽌시(關系)문화'는 여행하면서 만난 중국인 대부분에게서 느낄 수 있었다. 중국에서 어떤 문제나 일이 발생하면 그들은 옳고 그름을 떠나 자기와 관계하고 있는 사람의 편에 서려고 한다.

여행하면서 수많은 중국인과 함께 걸었다. 물건의 값을 흥정하거나 또 식사, 교통 등에서 일어나는 금전적 문제가 생겼거나 어떤 어려운 상황이 발생하면 그들 대부분은 내 편에서 나를 도와주었다. 내가 외국인이라서 그랬을까?

또 중국인은 의심이 많다고 들었다. 그럴지도 모른다. 이 말을 바꾸어 말하면 한 번 믿은 사람은 또한 절대로 의심하지 않는다는 말이 될 수도 있다. 좋게 말해서 관계에 신중함이 엿보이는 대목이기도 하다.

끝으로 중국 어디를 가든 중국인의 '만만디(慢慢地) 문화'라는 것을 늘 보고 느끼곤 했다. 터미널에서 차를 기다리거나 어떤 일을 처리하는 데 있어 조급해하거나 서두르는 것을 크게 느끼지 못했다. 홍콩을 영국으로부터 백 년 뒤에 돌려받는 조약을 두고 그들은 백 년을 기다렸다. 이들은 하루아침에 무엇을 해결하려 하지 않는다.

실제로 우리 일상은 시간이 갈수록 변한다. 그러면서 지금 해결해야 할 일이 이전의 결과와는 다르게 해결해야 할 때가 자주 생겨나기도 한다. 그러다 보니 서두르다 일을 그르치는 경우가 다반사이다. 중국의 상징적 동물이 '판다'인 것을 보면 중국인 스스로 '만만디' 문화 속에서 즐겨 생활하고 있다고 봐도 좋을 것이다. 또 '만만디'라는 의미에서는 신중함과 끈기를 엿보게 되기도 한다.

'우공이산(愚公移山)'이란 고사성어가 있다. '우공이 산을 옮기다.'라는 말이다. 이 고사에서 우리는 기다림, 느긋함, 인내심 등등의 가치를 배울 수 있다. 느리면서도 갖추어가는 거대한 중국을 여행하는 재미는 나의 노년의 전부를 덧칠하고 있는지도 모른다.

이제 이 글을 꼭 써야만 했던 이유를 내 자신에게 이렇게 답하고 싶었다. 나만의 이야기가 알려지는 것도 두렵지만, 영원히 묻히는 것 또한 두렵기 때문이다. 해가 저물면 걸음이 빨라지듯이 나이가 들수록 마음이 조급해지는 것 같다.

아무튼 중국은 나에게 오랜 여행 기간 동안 수많은 추억을 남겨주었다. 무사히 나의 여행을 도와준 고마운 중국분들에게도 진심으로 감사한 마음을 잊지 않는다.

이 글은 중국의 역사나 학문적 지식에 관한 내용은 될 수 있으면 줄이려고 노력했다. 과거의 문명과 문화에 대한 지식은 고정되어 있으나, 여행하는 과정 속에 일어난 생활은 다양하기 때문이다. 여행하면서 실제로 그곳에서 일어났던 일들이나 느낀 것들을 이야기함으로써, 중국을 여행하고자 하는 사람들에게 조금이라도 도움이 되도록 노력했다.

중국의 인명이나 지명에 대한 표기를 어떻게 해야 독자들이 이해하기 쉬울까도 고심했다.

인명은 원칙적으로 중국어 표기법에 따라 표기하되 우리에게 익숙한 인물은 한자어도 병기했다. 지명은 주제에 따라 처음 부분만 지명과 한자를 함께 적어 놓았다. 지명을 기술할 때는 중국 현지에서 말하는 대로 표기했다. 우리가 읽는 한자어로 적어 놓으면 실제로 중국을 여행하면서 지명을 이야기할 때 전혀 도움이 되지 않을 것 같다. 하지만 우리나라 사람들에게 익숙하게 쓰인 지역명은 우리가 읽는 한자명을 같이 기재하기도 했다. 그리고 독자들이 한자가 필요하다고 느낄만한 부분에서는 한자를 삽입했다.

중국의 대문호 루쉰(노신, 魯迅)은 '한자가 망하지 않으면 반드시 중국이 망한다.'고까지 하면서 번체자의 번거로움을 강조했다. 그래서 현지 여행에 도움이 되도록 가능한 한 간체자로 기록했다.

아무쪼록 이 글이 중국에 관심을 가진 분들에게 조금이라도 도움이 되기를 기원하는 바이다.

차례

자고 먹고는 이렇게

충칭(重庆)구 바오자이(석보채, 石宝寨)에서
의 일이다. 숙소를 정하고 더위를 식히려는데 숙소 주인이 나를
데리고 파출소에 가서 신분 검사를 받았다. 저녁에 경찰의 요구가
있어 다시 신분증을 달라고 하여 주었다.

여행하다 보면 이런 일이 여러 번 있어 대수롭지 않게 여권을 건
네주었다. 삼십 분이 지나도 오지를 않아 밖으로 나가보니 어둠에
사람 하나 보이지 않았다. 손전등을 들고 여기저기를 비추어보고
프런트의 문을 두드려도 아무 기척이 없다. 어쩌나 하고 방으로 돌
아와 불안해하고 있는데 조금 더 지나서야 직원이 돌아왔다. 그는
번거롭게 하여 미안하다는 말과 함께 신분증을 건네주고 돌아갔다.

사실 이런 일이 나중에 충칭 아래에 있는 완성(万盛)에서도 있었
다. 직원과 주인이 외국인은 처음이라며 프런트에서 방을 정해 주
는데 한 시간 정도가 걸렸다. 파출소에 전화도 하고 나를 데리고
가기도 했다. 주인과 직원 둘이 의견이 달라 높은 언성이 오가기
도 하여 내가 더 민망스러웠다.

여권을 보여주면 대주점(大酒店)을 제외하고는 자기 나라의 신분증과 같은 것을 보여 달라고 하기도 한다. 어느 숙소에서는 여권을 다른 곳에 가지고 가서 복사해 오기도 한다. 그래도 이 정도는 다행이다. 어떤 빈관(宾馆, 호텔)은 외국인은 받지 않는다고 하여 어두운 밤거리를 헤맨 적도 한두 번이 아니었기 때문이다.

특히 상무빈관(商务宾馆, 비즈니스호텔)이나 쾌첩 빈관(快捷宾馆, 중저가 체인호텔), 교통 빈관(交通宾馆, 역 주변의 중저가 숙소)에서 이런 경험을 많이 했다. 또 숙소에 방을 정하면 보증금(야진, 押金)'이란 것이 있다. 처음 여행할 때는 말이 잘 안 통하여 당황한 적도 있다. 다음 날 숙소를 나갈 때는 방값을 제외한 나머지 돈은 돌려받는다.

이런 번거로운 여행을 피하려면 풍경구를 갈 때는 풍경구 근처에 있는 '농가락(农家乐)'과 '객잔(客棧)'이라는 농촌 숙소에 묵으면 좋다. 이런 숙소는 우리나라 민박집 정도에 비유하면 틀리지 않는다. 도시에서는 '국제청년려사(國际青年旅舍)'라는 곳이 농촌의 숙소인 '농가락'과 비슷하다. 중국 동북을 여행하다 보면 '농가원(农家园)'이라고 써 있기도 하다.

농촌의 가정 숙소

이런 농촌의 농가락이나 객잔은 숙박의 절차가 아예 없거나 이름만 기재하는 정도로 간단하다. 게다가 값도 싸고 청결하고 식사도 그 가족들과 함께 하여 좋은 인연을 만들기도 한다. 배낭여행을 하는 여행자로서는 농가락이나 객잔을 잘 이용하면 아주 만족스러운 여행이 될 수 있다.

또 해외여행에서 가장 중요한 것 중의 하나가 음식 문화를 접하는 것이다. 특히 서양이나 동양이나 할 거 없이 아주 다른 지역에 가면 더욱 생소하고 낯선 음식에 접할 수밖에 없다. 음식의 천국이라 불리는 가까운 중국도 만만치 않다.

중국은 워낙 국토가 넓어 음식의 맛과 요리법 등이 동서가 다르고 남북도 다르다. 다시 말하면 지역마다 각양각색이다. 북방은 주로 밀가루 재료의 음식이 많고, 남방으로 여행하면 우리 주식과 같은 쌀 음식이 많이 있다. 게다가 웬만한 음식점에 가면 조금 과장해서 음식 메뉴표가 우리나라 노래방 책과 비슷할 정도다.

그리고 메뉴판에 쓰여 있는 그 모든 한자를 익히 알고 있는 것도 아니다. 그래서 내 입맛에 딱 맞게 주문한다는 것이 쉽지 않다. 결론부터 말하면 그 음식에 내 입맛을 맞추는 것이 제일 상책이라고 생각하면 편하다.

10여 년 여행하면서도 늘 이런 상황에서 벗어나지 못한 것도 사실이다. 나는 주로 다른 지역으로 이동하기 쉽게 터미널 근처에 숙소를 정하곤 했다. 터미널 주변의 작은 식당에 가면 10위안 내외의 가격으로 한 끼 식사를 해결한다. 우리나라 돈으로 1,800원 정도에 해당한다. 서민들의 배고픔을 달래기에는 전혀 부족함이 없다. 그런대로 괜찮은 음식점에 가면 혼자 음식을 주문하기가 겁이 난다. 망설이게 되는 것이 양이 많아 다 먹을 수 없다는 것이다. 결국 한 그릇의 음식으로 끼니를 채울 수밖에 없다. 그러나 서너 명 정도가 함께 여행하면서 몇 가지씩 주문하여 식사한다면 여러 가지 음식을 즐길 수 있는 기회도 얻을 것이다.

또 하나 중국에는 '샹차이(향채, 香菜)'라고 하는 채소가 있다. 우리나라에서는 절에서 스님들이 간혹 먹는다고 하는 '고수'라는 채소이다. 중국을 여행하는 사람들이 중국 음식을 접하면서 가장 싫어하는 채소 중의 하나이다. 나도 여행하면서 도대체 '고수'라는 채소가 어떤 것인가 하고 일부러 찾아서 맛을 보았다. 이상하게도 전혀 거부감을 느끼지 못했다. 오히려 나름대로 풍기는 냄새가 다시 맛보고 싶은 기분이 들기도 했다. 때로는 시장에 가서 '고수'만 사 가지고 들어와 물에 씻고 다듬어 먹기도 한다. 중국 여행 체질인가 보다.

여행 중 그 지방의 특색 있는 음식을 먹어 보는 것도 또한 여행의 맛이다. 이다. 광시좡족자치구의 우저우(梧州)에서 식사한 것이 인상적으로 남는다. 점심을 먹으러 식당에 가서 아무 생각 없

농가락 숙소 가족과 함께 식사

이 이곳의 별미를 달라고 했다. 한참 후에 나온 요리는 쥐 같은 동물로 만든 요리 같다. 하지만 쥐보다 두세 배 큰 것으로 보아 쥐는 아닌 듯하다. 그저 지역 특별 요리를 맛보았다는 생각만으로 만족하면서 음식점을 나왔던 기억이 있다.

여행의 맛은 그 나라의 모든 생활과 상황을 접하면서 다니는 것이다. 이건 맛이 어때서 싫고 이건 또 이래서 싫고 하면서 투덜대면 결국 그것은 스스로 불만스러운 여행을 자초하는 일이다.

이런 방법도 있다. 농가락(农家乐)에 투숙하면서 가족과 식사를 같이하고 싶다고 말한다. 여행 중에 이런 제의를 했을 때 거부하는 사례를 한 번도 접하지 않았다. 오히려 흔쾌히 승낙하고 손님에게 더욱 잘 대접하려는 친절한 모습을 볼 수 있었다. 게다가 이런저런 이야기를 하면서 화기애애한 시간도 가질 수 있었다. 가족과 함께 식사하면 그 지방의 산야초와 버섯, 별미의 탕(국) 등등 토속적인 음식들을 맛보는 기회도 얻는다. 한 잔의 술도 먹고 싶다면 그들은 쌀로 만든 '농촌주'라는 도수가 높은 술을 내오기도 한다. 음식에 대한 값은 그리 걱정하지 않아도 된다. 숙소를 떠날 때 여행하면서 먹는 가격에 준해서 지불하면 고맙다는 표정을 보인다.

또 식당에 온 손님과 이야기를 나누다가 함께 식사를 하자고 제의해도 좋다. 물론 사교성을 충분히 발휘할 수 있어야 한다. 외국인과의 소통은 언어와 웃음이다. 늘 웃음 띤 얼굴로 다가가는 자세가 필요하다.

칭하이성 시닝(西宁)의 회교 사원에서는 난징(南京)의 삼성전자에 근무한다는 중국 여성과 식사를 같이했고, 닝샤후이족자치구(宁夏回族自治区)의 중웨이(中卫)에 있는 사포터우(사파두, 沙坡头)에 갔을 때, 베이징의 석유대학에 다니는 여학생과도 함께 식사한 적이 있다.

원탁의 식사

　겨울에 윈난성 취징(曲靖)의 주장위안(珠江源)에 갔을 때는 건장한 남자 다섯 명과 함께 여행했다. 내가 한국인이라고 해도 믿지 않았다. 아마 나의 언어가 그만큼 능숙했나 하는 뿌듯한 마음도 가져보았다. 그들은 산을 내려와서 나를 데리고 온 운전기사에게 잠시 기다려 달라고 하고 나에게 식사 대접을 했다. 헤어질 때는 음료수 한 병도 손에 쥐여주는 친절도 베풀었다. 이러한 행위들이 극진한 친절이라기보다 평소 그들의 생활처럼 자연스러웠다. 학생이든 직업을 가진 누구든 식사비를 지불하려고 하면 자기네 나라에 온 손님이라며 자신들이 식사비를 내곤 했다. 오죽하면 내가 '제발 좀 내가 낼 기회를 달라'고 하면서 그들의 성의에 보답하기까지 했을까.

　식사하는 데 있어 이런 요령을 갖는다면 외롭지 않게 사람도 사귀고 여행의 좋은 추억도 함께 얻을 수 있다고 생각한다. 세상에서 춥고 배고픈 사람이 가장 불쌍하다고 한다. 따뜻한 방에서 자고 맛있는 음식을 즐긴다는 것은 여행의 더없는 행복이다.

바퀴만 있으면 탄다

       14억 중국인이 대륙을 다니는 움직임과 교통수단은 그런대로 재미가 있다. 나는 아직도 중국에 가면 도시의 길을 횡단하여 건널 때는 늘 당황하기 일쑤다. 그래서 생각해 낸 편한 방법이 있다. 신호등에 관계없이 빨간불이라도 그들이 건너면 나도 건너고, 파란불이라도 건너는 사람이 없으면 건너기를 주저한다.

  중국은 시(市)가 우리나라 광역시(广域市) 정도이고 현(县)이 우리나라 시에 해당하며 진(鎭)이 읍에 해당한다. 그만큼 주거 형성의 규모나 인구가 우리나라보다 한 단계씩 높은 편이다. 그 이하 단위로는 촌(村)과 향(乡)이 있다. 동북의 헤이룽장성이나 지린성을 여행하다 보면 둔(屯)이란 단위도 있는데 이는 예전에 동족의 집단이 모여 사는 아주 작은 행정 단위라고 한다.

  대중 교통수단으로 도시 간의 교통은 큰 버스가 운행된다. 현급으로 움직이는 차는 소형버스도 함께 움직인다. 향과 촌으로 오가는 버스는 봉고차 규모의 미니버스가 자주 눈에 띄고, 오토바이까지 교통수단이 된다. 고속도로를 통하여 도시를 운행하는 버스가 중간 중간 현급이나 향급의 톨게이트에 들러 손님들을 내려 주고 떠난다. 손님이 내리면 톨게이트에서 마을로 데려다주는 봉고차 이하 택시, 오토바이가 그들을 기다리고 있다.

또 한 가지는 현급 이상의 도시에서는 항상 터미널이 두 개 이상이라고 생각해 두어야 한다. 그래서 내가 가고자 하는 목적지로 가는 차가 어느 터미널에서 떠나는지 미리 알아두어야 한다. 중심 터미널이 있는가 하면 방향에 따라 붙여진 동 터미널, 서 터미널 같은 이름이 붙어 있다. 게다가 가까운 마을로 가는 작은 터미널이 있는가 하면 장거리 버스가 운행되는 큰 터미널이 별도로 존재한다. 그래서 항상 미리 목적지로 가는 차가 어느 터미널에 있는지를 알아두어야 한다.

버스표를 사러 가면 가끔 신분증을 보여 달라고 하기도 한다. 여권을 보여주면 이상하다는 표정 외에는 아무 말 없이 표를 준

시내버스 여자 운전기사

중국 유랑 하

다. 표를 사고 대합실인 후차실(候车室)로 갈 때는 짐 검사기에 짐을 넣는다. 폭발물이나 인화물 등 위험 물질을 검사한다. 이들은 '안전제일'이라는 이유를 내세워 탑승 절차가 조금은 번거롭기도 하다.

후차실에 가서 자기가 갈 목적지의 개찰구를 미리 알아두면 좋다. 큰 도시에서는 가는 목적지의 개찰 창구를 반드시 지켜야 한다. 다수의 승객을 위한 질서를 유지하기 위해서 만든 제도라니 더 할 말이 없다.

후차실에서 근무하는 직원이 개찰을 하기 전까지는 차를 타기 위해 후차실을 나갈 수가 없다. 인구가 많다 보니 이런 질서를 유지하지 않으면 언제든 위험한 사고를 초래할 수 있기 때문이다.

지금도 의아스러운 것이 있다. 버스에 손님들이 많을 때 어쩌다 내가 먼저 타서 좋은 자리에 앉으면 직원이 좌석 번호대로 앉으라고 한다. 그런데 어느 때는 내 번호의 좌석에 손님이 앉아 있어 내 자리라고 하면, 직원은 그냥 빈 자리에 앉으라고 한다. 매번 재수가 없는 걸까.

버스가 출발하기 전 터미널 직원이 올라와 인원수를 확인 점검한다. 터미널을 빠져나올 때 출구에서 다시 버스 출발에 대한 점검 사항을 확인한다. 때로는 시외로 벗어나는 지점에서 다시 경찰로부터 뭔가 서류를 확인받고 떠나기도 한다. 참으로 번거롭기는 하지만 그런 규정에 아무도 불평이나 이의를 달지 않는다.

이뿐만이 아니다. 영문도 모른 채 차가 가다가 멈추어 20여 분을 지체하기도 한다. 그러다가 어느 한 사람이 어디선가 나타나 차에 오른 후에 다시 길을 떠나도 아무 불만이 없다. 그 영문을 나만 몰랐을까?

중간에 멈추어 화장실을 가기 위해 10분 정도의 여유를 줄 때가 있다. 출발할 때는 운전기사가 인원을 다시 점검하는 일도 잊지 않는다. 차는 고속도로에서 상황에 따라 후진도 하고, 짐 배달을 부탁받아 약속된 곳에서 기다리는 사람에게 전달해 주는 일도 한다. 우리가 보기에는 이상한 것 같지만 시간상으로 불편한 것이 아니면 불평할 것도 없다. 여행하면서 기다리고 인내하는 미덕을 나에게 충분히 일깨워주고 있다고 생각하면 편하다.

사람들은 중국의 사회 문화를 우리나라 60년대, 70년대와 비교하곤 한다. 나는 그런 말을 들을 때마다 혐오스러울 정도로 듣기 싫다. 아직도 중국을 후진국으로 보는 시각을 버리지 못하고 있는 사람들이 있다. 베이징, 상하이 등 대도시의 발전을 보고서도 합리화를 위해 중국의 농촌과 더러운 면을 부각하여 말하곤 한다.

과연 문명이 우리나라보다 그렇게 뒤처져 있을까? 인공위성이 하늘에 오르고 '뚱처(동차, 动车)'라는 기차가 시속 300㎞ 이상으로 대륙을 횡단한다. 요즘 정보 전자시대에 휴대전화의 이용 가능지역도 우리나라보다 훨씬 넓다.

교통수단의 연결 도시를 보아도 놀랍다. 서부의 현급 도시에서 동부의 도시들로 운행하는 버스들을 보면 놀라지 않을 수 없다. 우리나라로 예를 들면 전라도 목포에서 강원도 태백, 고성 등지로 직접 가는 차가 있다는 것이다. 특히 촌 지방을 여행하면서 새삼 느끼는 것은 굴러다니는 것이면 언제든 교통수단으로 이용한다. 내가 필요할 때 세우기만 하면 언제든 응해 주기도 한다. 때로는 돈을 주기도 하지만 어느 때는 돈을 주어도 사양하는 사람들도 있어 고맙다.

윈난성 동쪽 빠바오(八宝)를 보려고 갔을 때나, 간쑤성 우웨이(武威)의 백탑사(百塔寺), 충칭 동쪽에 위치한 중현(忠县)에서 완저우(万州)의 청룡 폭포 등등을 구경하러 갈 때의 일이다. 촌으로 가는 좁은 도로에서 버스를 만나지 못하면 자가용이나 오토바이 등도 태워달라고 세울 필요가 있다. 그러면 길을 지나는 자가용이나 오토바이가 구세주처럼 나를 태워 주었다.

더더욱 고마웠던 이야기가 있다.

충칭(重庆) 장강의 물길을 따라 싼샤(三峡)를 가는 강변에 있는 윈양(云阳)현에서 룽강(龙缸)풍경구에 갈 때의 일이다. 룽강에 가기 위해 윈양에서 남쪽에 있는 칭쉐이(淸水鎭)로 가는 버스를 탔다. 도착하여 다시 풍경구 입구까지 가는 차가 없어 길에서 잠시 머뭇거리고 있었다.

오토바이 한 대가 눈에 들어와 다가가서 말했다. 룽강까지 나를 데려다줄 수 있느냐고 물었다. 그는 물건을 사러 갔다가 돌아온 아내와 몇 마디 상의하였다. 오토바이 뒤에 실어 놓은 짐을 풀어 내리고는 아내의 헬멧을 나에게 주며 쓰라고 한다. 아마 이들은 집에서 사용할 물건을 사서 돌아가려는 참이었던 것 같다. 오토바이로 10여 분 정도 산길을 올라 룽강 입구까지 태워 주었다. 젊은 삼십 대의 남자에게 고마운 표시로 내 기준에 맞추어 10위안을 주었더니 몇 번을 사양하다 받고 돌아갔다. 그의 뒷모습을 보며 나는 지난 여행에서의 고마웠던 많은 사람을 생각했다

구이저우성의 소수민족촌을 간다고 헤매면서 트럭도 얻어 타보기도 했다. 때로는 돼지와 닭을 실은 경운기도 타보면서 자연과 그들의 삶에 빠져 지낸 시간들도 있었다. 이래서 여행은 재미있고 감동이 있고 즐거운가 보다.

잠깐 나의 실수한 일에 대해 이야기하고 싶다. 헤이룽장성 이춘(伊春)에서의 일이다. 자인(嘉荫)이란 곳에서 버스를 타고 쟈무쓰(佳木斯)로 가는 길에 우잉(五营)이란 곳이 있는데 이곳에서 차가 잠시 멈추었다. 화장실을 잠시 다녀왔는데 어느새 차가 출발하고 말

마을 택시

왔다. 마침 주변에 있는 자가용을 섭외하여 버스를 따라가기 시작했다. 한 시간 정도를 가서야 버스를 세워 다시 탈 수 있었다. 차비보다 세 배의 값을 자가용 기사에게 지불했다. 버스 기사에게 야무지게 따졌지만 기사는 변상하지 않는다. 당연히 운전기사가 그런 돈을 줄 리도 없다. 차가 휴게소에서 쉬었다가 출발할 때는 일반적으로 조수나 운전기사가 인원을 점검한다. 그래서 마음 놓고 화장실을 간 것이 화근이었다. 여행하다 보면 이런 일도 겪는다는 경험이다.

이제 기차를 알아보자. 기차는 평소에도 표를 구하기가 어렵지만 주말이면 더욱 곤란을 겪는다. 창구마다 표를 사려는 사람들이 길게 늘어서 있다. 게다가 어느 때는 한 사람이 표를 사는데 4-5분이 걸리기도 한다. 한참을 기다려 창구에 도착하면 안내원이 시간과 장소 등등을 물어온다. 그런데 마이크 소리가 울려 잘 알아들을 수 없다. 시간을 지체하면 뒷사람에게 미안하기도 하여 매표원에게 여러 말을 하기가 민망할 때도 있다.

때로는 가려는 시간의 표가 매진되었다고도 한다. 이러면 번거롭지만 다시 다른 시간대의 열차를 알아보아야 한다. 다시 표를 사려고 한다면 기차표를 알아본 후 처음과 같이 긴 줄의 끝에 서야만 한다. 이런 이유로 이후에 기차표를 구입할 때 종이에 써 가지고 간다. 여러 시간대의 열차 시간을 알아가지고 표를 구하러 가기도 하고, 매표원에게 '오늘 중으로 가는 기차면 모두 가능하다.'라는 말을 하기도 한다.

이렇게 기차를 타기 위해 몸부림치는 이런 행위가 그들에게는 당연한 일인 것처럼 보인다. 표를 샀다면 후차실로 미리 들어가 기다리는 것이 좋다. 가끔 연착되기도 하면 개찰 창구가 변경되기도 한다. 이럴 때는 시간의 여유가 없으면 당황하여 조바심을 내기 마련이다.

개찰이 시작되면 먼저 기차에 오르려고 서두른다. 그 이유는 기차의 비어있는 짐칸을 차지하기 위해서다. 선반 위에 짐이 가득 차면 정말 자그마한 짐이라도 둘 장소가 없어 애를 먹는 일이 한두 번이 아니다. 이렇게 힘들고 번거롭지만 그들은 가급적 기차를

동북의 겨울 기차를 타고

이용하려고 한다. 장거리 여행길일 때 더욱 그러한데 비용도 싸고 안전하기 때문이다.

　여행에서 교통수단은 매우 중요하다. 늘 현명한 선택을 요구한다. 함께하는 동료가 있다면 더욱 힘든 결정을 해야하기도 한다. 어차피 여행이라면 버스나 기차 등 나름대로의 매력을 만끽할 준비가 더욱 필요하다.

중국의 환전과 위조지폐

우리가 일상생활에서 소중하게 생각하면서 갖고 싶어 하는 것은 무엇일까? 보이지 않는 것을 두고는 여러 가지 의미 있는 이야기들이 오갈 수 있다. 순수한 마음으로는 '희망이 있는 삶'이라고 말하기도 하고, '가정의 평화'를 기원하기도 한다. 그리고 어떤 철학자다운 이는 '시간과 자연의 소중함'을 이야기할 수도 있을 것이다.

그러나 막상 사회생활을 하면서 현실에 직면하게 되면 가장 소중한 것이 '돈'이란 단어일 수도 있다. 돈은 꿀맛 같은 유혹을 가진 물건이다. 점잖은 말로는 돈이 가장 더럽다고 말하기도 한다. 돈을 두고 사회의 불행한 일들이 얼마나 많이 일어나고 있는가를 생각하면 소름이 끼칠 정도이다.

힘이 솟구치는 젊은이들은 유산이 필요치 않다는 듯이 부모님에게 말하고 행동한다. 그러나 가정을 이루고 사회생활을 하게 되면 부모에게 금전적으로 기대는 일이 비일비재하고, 유산을 두고 형제들끼리 다툼이 일어나기도 한다. 이를 보면 돈의 위력은 무시

할 수가 없다.

　수많은 권력자도 재물욕에 휩싸여 부패하고 망하면서도 돈의 끈을 놓지 못한다. 이 정도인데 돈을 더럽다고만 치부하고 가볍게 볼 수 있을까? 어찌 보면 세상에서 가장 소중한 것이 돈이다. 누가 나에게 가장 소중한 것을 하나 고르라고 한다면 '건강', '사랑'이라는 아름다운 단어가 아니라 '돈'을 만질 것만 같다.

　공자님도 '가난하면 예를 모르고 남의 집 담을 타 넘는다.'고 하였다. 돈이 없으면 친구도 멀어지고 모든 것을 잃는 것은 아닐까? 하이난에서 버스를 타고 갈 때 옆에 앉은 중국인이 기념 화폐첩을 보여 주었다. 그는 이 화폐첩이 중국에 만 부만 발행되었다고 한다. 그의 얼굴은 황금을 쥔 모습처럼 의기양양하게 보였다. 나 역시 여행하면서 호주머니에 돈이 두둑하면 왠지 마음이 푸근하고 발걸음에 힘이 들어가는 것을 느낀다.

　2001년 신장웨이우얼자치구를 여행하다 쿠얼러(庫尔勒)라는 도시에 들른 적이 있었다. 은행에 가서 돈을 환전한다고 미화(달러)를 주었더니 은행원이 주판알을 두드리기 시작했다. 그러면서 미화가 진짜 화폐인지 보고 또 보기를 여러 번 거듭하고 있다. 아마 반 시간은 지체한 것 같았다. 철창을 앞에 두고 사람의 인상착의까지 살피는 눈치다.

　나중에 인민폐를 받았을 때 보니 아주 작은 종잇조각 같은 돈이 있는 것을 보았다. 1펀(分)이란 돈인데 이 돈의 가치가 얼마인지 생각해 보았다. 1펀이 열 개 모여서 1자오(角)가 되고, 1자오가 열 개 모여 1위안(元)이 된다. 중국 돈 1원이 쉽게 계산해서 우리나라의 200원 정도 된다면 1펀은 우리나라 돈 2원에 해당하는 금액이다. 우리나라에서 2원을 가지고 어떤 물건을 살 수 있는 일이 없듯이, 중국돈 1펀도 거의 소용될 수 없는 돈이다. 유료 화장실을 갈 때 5자오(角)이나 1위안을 지불하기도 하고, 현급의 도시에서 시내버스를 탈 때 1위안을 내기도 한다. 가끔 고기나 채소 과일 등을 살 때 저울로 달아서 파는데. 이때 1자오, 2자오, 5자오 등의 지폐가 통용된다. 하지만 요즈음에는 장사꾼이 물건을 더 얹어주고는 원 단위로 값을 부르는 경우가 많다.

그 때 은행에서 받은 '1펀'이란 돈은 전혀 통용되는 돈이 아니다. 여태껏 중국을 여행하면서 한 번도 본 적이 없는 돈이다. 중국인도 처음 본다는 사람이 대부분이다. 은행원이 반 시간이나 걸려 환전의 저울추를 아주 정확히 잰 금액의 결과물이다. 나는 이 1펀의 지폐를 지금도 기념품으로 지갑에 간직해 두고 있다.

중국에서 생활하다 보면 1위안에서 20위안 사이의 화폐가 자주 사용된다. 1위안짜리를 늘 20장 정도는 몸에 지니고 있어야 무엇을 살 때 편리하다. 여행자인 내가 100위안 지폐는 남에게 줄 때 사용된다. 남이 나에게 줄 일은 거의 없다. 중국에서는 숙박을 할 때 '야진(押金, 보증금)'이라는 돈을 요구한다. 100위안의 숙박비라면 보증금으로 2-300위안 정도를 요구한다. 다음 날 숙소에서 나올 때 100위안을 제외한 나머지 돈을 돌려주는데 이때 가짜 돈을 받을 우려가 있다. 광시촹족자치구의 허츠(河池)시에서 하루를 묵고 떠날 때 숙소 아가씨가 나에게 100위안짜리 위조지폐를 주었다. 이후로 나는 숙소에서 받는 100위안짜리 지폐는 유심히 살펴보는 습관이 생겼다.

위조지폐는 50위안짜리, 100위안짜리에서 자주 나타나는데 내가 본 50위안짜리 위조지폐는 너무 조잡해서 쉽게 구분을 할 수 있었다. 100위안짜리 위조지폐는 만져보면 두께가 진폐에 비해 두껍다는 기분이 든다. 어두운 데서 돈을 받을 때는 두께를 손 감각으로 우선 느껴보는 것도 필요하다.

이후에 진폐와 위폐를
알아보는 몇 가지 방법을
알아두었다. 진폐는 마오
쩌둥 초상의 목 부분이 오
톨도톨하다. 왼쪽 하단의 100이란 숫
자가 보는 각도에 따라 색이 변한다.
오른쪽 하단에 두 개의 'ㄴ자' 같은 것
이 오톨도톨하다. 흰 공간을 밝은 곳
에 비추면 마오쩌둥 상이 선명하게 보

중국 화폐

인다. 가짜 지폐로 물건을 사려고 두 군데를 다녔으나 이들은 보
자마자 바로 위조지폐를 알아보았다. 중국을 여행하면서 돈에 대
한 나의 경험 일부분을 적어 보았다. 네이멍구 북부 자란툰(扎兰屯)
에서 알게 된 부 은행장이 준 100위안짜리 기념 지폐를 보면서 뿌
듯함을 느끼며 다음 여행지를 꿈꾸어 본다.

위조지폐라도 내 머리에 눈송이처럼 펑펑 떨어져 주면 좋겠다
는 엉뚱한 상상을 해본다.

2005년도 겨울. 저장성 원저우(溫州)에 갔을 때의 일이다. 원저
우는 둘러볼 풍경구가 많아 며칠 묵고 싶은 곳이다. 아침 일찍 가
까이 있는 역 앞을 가보니 광장에 심어있는 나무 아래로 눈발이
내려앉았다.

중국의 남부 지방에도 눈이 내리는가 하고 의아해하면서 산책
을 마치고 숙소로 돌아왔다. 그리고 식사하려고 작은 손가방을 들
고 숙소의 이층에 있는 식당으로 올라갔다. 손가방을 창가 옆 테
이블에 놓고 앉아 원저우의 겨울 날씨를 바라보며 식사했다. 식당
에는 손님들이 그리 많지 않았다.

식사를 마치고 프런트로 내려와 종업원과 이곳의 풍경구에 대해서 가는 길과 시간 등을 물었다. 이야기를 마치고 방으로 들어가려는데 들고 다니던 작은 가방이 보이지 않았다. 순간 놀라고 당황하면서도 어디서 잃어버렸나 생각해 보았다. 식당에 두고 온 것 같아 급히 이층으로 올라가 둘러보니 가방이 보이지 않았다. 식사를 했던 자리에서 몇 번을 찾으며 두리번거리고 있었다.

주방에서 일하던 아주머니가 나를 보더니 이 가방을 찾느냐고 하면서 보여 주었다. 너무 고마워 챙겨 들고는 감사의 의미로 사례를 하려 했다. 아주머니는 극구 사양하면서 이곳 원저우는 어린 아이들이 자주 물건을 훔친다고 말한다. 그러면서 짐을 늘 앞으로 챙겨서 다니라는 염려의 말도 잊지 않았다. 하필이면 이날 아침에 있는 돈과 여권 모두를 작은 가방에 넣고 나왔었다. 만약에 잃어버렸다면 어떻게 되었을까 생각하니 눈앞이 아찔할 정도였다. 여행 내내 이 생각이 떠나지 않았고 그 아주머니의 고마운 마음씨도 늘 나를 따라다녔다.

또 한 번은 이런 일도 있었다.

2007년 여름의 일이다. 산시성(섬서성)과 산시성(산서성)을 둘러보고 시안(西安)에서 귀국을 앞두고 화산(華山)을 등반했다. 6년 전에도 신장웨이우얼자치구를 여행하기 위해 시안에 왔을 때도 이곳 화산에 올랐었다.

화산은 중국의 오악(五岳)이라 불리는 험준한 산으로 서쪽에 위치한다. 깎아지른 절벽을 타고 걷는 스릴도 등반의 매력이다. 케이블카를 타고 오르고서도 한동안 위로 올라가야 정상에 다다를 수 있다.

나는 화산풍경구에 가기 위해 매표소에 나의 배낭을 맡기고 가볍게 화산을 향해 출발했다. 저녁 6시쯤에 내려올 수 있다고 생각하고 충분한 시간을 가지고 일찍 출발했다. 이곳 여름의 어둠은 8시가 넘어야 서서히 찾아올 정도다.

그런데 문제가 발생했다. 화산 등반을 즐기고 내려오려는데 케이블카를 타고 내려오려는 사람들의 행렬이 끝이 보이지 않았다. 앞뒤로 꽉 막힌 상태로 2시간 이상을 소비했다. 간신히 내 차례가 되어 내려와 서둘러 매표소로 향했다. 매표소에는 모두 퇴근하고 아무도 없었다. 나는 배낭을 두고 떠날 수가 없었다. 배낭의 소품들은 언제나 내가 사용하는 일상의 물건이기도 하지만 숙소로 갔다가 내일 다시 와야 한다는 것은 마음속으로 너무 견디기 어려웠다.

어둠 속에서 주변을 기웃거리다 주차장 관리인에게 다가가 사정을 이야기했다. 관리인은 나의 사정을 듣고는 어디론가 전화하더니 한 20분 정도를 기다리라고 한다. 20분 정도 지났을까 한 30대 정도의 여자가 차를 타고 와서 나의 신분과 물건을 확인하고는 짐 보관소에서 배낭을 꺼내 주었다. 무척 감사하다는 말을 남기고 가려는데 자신도 시내로 가는 길이니 인근의 숙소까지 태워다 주겠다고 한다. 이 밤에 자가용만이 오갈 뿐 내가 대중교통을 이용하기에는 너무 무리였다. 하루 종일 산행을 하고 피로에 지친 몸이다. 너무 감사한 마음이다. 그리고 더 놀라운 도움도 주었다. 귀국을 앞둔 시기라 중국의 인민폐가 바닥이 나고 달러만을 가지고 있었다. 환전이 필요했지만 모든 관공서는 당연히 문을 닫은 상태였다. 이런 사정을 말했더니 여자는 숙소에 가서 나의 사정을 말해 주고 내일 환전을 하여 숙박비를 낼 수 있도록 숙소 주인에게 부탁까지 해 주고는 떠났다. 잠자리에 누워 한참을 뒤척였다. 주차장 관리인이나 매표소 여직원이나 모두가 너무 고마웠다. 여행

산시성 화산에서

중에 나에게 오는 행운일 수도 있겠지만 그들의 친절함을 지금도 잊을 수가 없다.

이러한 사람들이 있어 여행은 나에게 많은 것을 일깨워주는 것 같다. 선행을 한다는 것은 자신에게도 더 넓은 마음을 안겨다 준다. 애써 행하려 하는 마음이든 자연스레 우러나와 행하는 것이든 마땅히 본받아야 할 행동이다.

이번에는 정저우(鄭州)의 허난성 박물관을 보고 기차로 장자지에(張家界)에 갔을 때의 일이다. 아름다운 장자지에의 경치에 젖어 이틀을 보냈다. 장자지에는 우리나라 여행자가 가장 많이 찾는 곳이다. 오죽하면 장자지에는 대한민국이 먹여 살리는 도시라고도 하고, 대한민국 장자지에시라고 하는 웃지 못할 이름을 붙이기도 할 정도이다.

구경을 마치고 장자지에시로 들어와 중국은행에서 미화를 인민폐로 환전했다. 환전을 마치고 은행 안에서 급히 쓸 때 사용하려고 뒷주머니에 약간의 돈을 챙기고 기차역으로 가는 시내버스에 올랐다. 버스에 오르는데 젊은 청년이 등 뒤에서 내 짐에 자신의 발이 부딪혀 아프다고 한다. 나는 돌아서서 미안하다고 하고는 빈 자리에 가서 앉았다.

잠시 후 조금 가다가 뒷주머니를 만져보니 주머니 속이 밖으로 나와 있었다. 돈을 잃어버렸다는 생각이 순간적으로 스쳐갔다. 운전기사에게 말을 하려는데 주변의 사람들이 말한다. 내가 버스에 오를 때 네 명의 청년이 탔다고 한다. 두 명은 앞으로 타고 두 명은 뒤로 탔다고 한다. 내가 발이 부딪힌 젊은이에게 미안하다고 돌아서서 말하는 사이에 뒤의 탄 두 명이 주머니를 뒤져 가져갔다는 것이다. 참으로 기가 막힐 일이었지만 어쩔 도리도 없었다.

그러나 곰곰이 생각해보니 은행에서 환전할 때가 생각났다. 뒷주머니에 돈을 넣는 장면을 유심히 본 은행 안의 청원 경찰이 의심스러웠다. 아마도 내가 은행을 나온 뒤 청원 경찰이 네 명의 소매치기에게 알려준 것 같았다. 나의 모양새와 뒷주머니에 돈을 넣은 것을 알려준 것이 아닐까 하는 생각이 떠나질 않았다. 윈저우에서의 고마운 아주머니의 말씀을 잠시 잊고 다녔다.

구이저우성에 여행할 때도 어느 아주머니가 소매치기 당한 것을 보았다. 구이양(貴阳)을 지나 황궈수 폭포가 있는 전닝(镇宁)에 갔을 때였다. 소매치기가 아주머니 가슴 속 주머니에 넣어둔 돈을 노리고 있었는가 보다. 안순(安顺)에 가서 물건을 팔아 번 돈을 주머니에 챙겨 오는 길에 소매치기를 만난 것이다. 버스의 좁은 공간에서 대낮인데도 소매치기는 대담하게 칼을 들고 이런 행위를 했던 것이다. 아주머니는 돈을 잃은 푸념을 하면서 칼에 찢긴 옷을 열심히 꿰매고 있었다. 몸을 안 다친 것만으로도 다행인 듯싶었다.

농촌의 이들에게는 천 위안은 한 달 생활비에 버금가는 상당한
금액이다. 아주머니는 절대로 밤에는 다니지 말고, 지나가는 오토
바이를 경계하고, 여자는 좋은 귀걸이를 하면 안 된다고 말한다.
당연하지만 꼭 귀담아 들어야 할 이야기다. 구이양과 안순의 소매
치기는 아주 유명한가 보다. 밤에 누군가에게 100위안 짜리의 돈
뭉치를 보여주었다면, 소매치기는 상대가 가지고 있는 돈을 절대
로 놓치지 않는가 보다.

우리나라에서도 예전에는 버스에서 소매치기를 당하는 일들이
종종 있었다.

돈이나 물건을 도난당한다는 것은 돈의 액수나 물건의 가치가
크고 작음에 관계없이 마음을 아프게 한다. 손수건, 색안경, 볼펜
등의 생활용품은 여행 중에 잃어버리기 쉬운 물건들이지만 여행
에 특별히 지장을 주지는 않는다. 하지만 해외에서 여권인 신분증
을 분실한다는 것은 여행을 포기할 수밖에 없는 것과 마찬가지다.

후난성 장자지에

중국에서 숙소를 정하거나 기차를 탈 때 반드시 필요한 신분증은 생명만큼이나 중요하다. 중국에서 외출할 때는 '身手鈅钱'이라고 하는 말이 있다. 즉 신분증, 휴대전화, 열쇠, 돈을 잘 챙기라는 의미다. 급하면 서두르게 되고 서두르면 꼭 실수가 뒤따른다. 이로 인하여 소지품을 소홀히하게 되고 자칫 잃어버리는 수가 있다. 외국 여행에서는 늘 위험을 멀리할 수 있는 여유로운 마음 자세가 필요하다.

장사꾼 후이족(回族)

중국에서 소수민족으로 살아가는 후이족은 대부분 신장웨이우얼자치구를 중심으로 간쑤성 란저우(兰州)와 칭하이성 시닝(西宁) 그리고 닝샤후이족자치구에 분포한다. 이들은 중국의 한족과 얼굴이 어느 정도 구별된다. 한족(漢族) 사회에서 이들 후이족이 갖는 직업은 대부분 식당의 운영이다. 식당에 들어가 보면 란저우 도삭면(刀削麵)이나 소고기면(뉴러우미엔)을 많이 팔고 있다.

특히 도삭면은 반죽한 밀가루 뭉치를 손에 들고 칼로 튕기듯 잘라내는 것인데 만드는 것을 보면 재미가 더해진다. 잘린 밀가루 조각들이 선을 긋듯이 하면서 끓는 솥으로 들어가는 모양이 무척 신기하다. 카메라를 들이대면 요리사는 자랑이라도 하듯 칼질이 더 빨라진다.

이들 후이족 식당은 '청진(淸眞)'이란 글자가 쓰여 있는데 '후이족의 장소'라는 의미가 있다고 한다. 후이족 사원의 현판에 이 글자가 쓰인 것을 보아도 짐작할 수 있다. '깨끗하고 진솔하게 손님을 대접한다.'는 의미로 보면 또 그리 틀릴 것도 없다. 후이족 식당에 들어가면 한 끼의 음식이 그리 비싸지 않다. 실제로 먹어보면 맛도 있고 가격의 부담을 느끼지 않는다. 그래서 서민층의 중국인들도 후이족 식당을 자주 이용한다.

후이족은 여행할 때 미리 후이족 상점에서 간식을 사서 가져가기도 한다. 그들은 철저히 후이족 식당에서만 식사를 한다. 후이족 식당이 보이지 않으면 아주 자연스럽게 일정한 장소에서 싸 가지고 온 간식으로 해결한다.

이들은 이슬람교를 숭상하는데 기도 시간이 되면 코란의 경전에 충실한다. 신장웨이우얼지역을 여행하면서 중국의 가장 서쪽인 카스(喀什)에서 옥(玉) 산출지로 유명한 허티엔(和田)에 갈 때의 일이다. 버스가 주유소에 들렀다. 그런데 주유를 다 마치고도 차가 떠날 줄을 모른다. 영문도 모른 채 두리번거리며 창밖을 보았더니 청년 서너 명이 차에서 내려 주유소 벽을 바라보고 무릎을

장쑤성(江蘇省) 쑤저우 후이족 식당

중국 유랑 하

꿇은 채 기도를 하고 있다. 한 10여 분을 더 기다린 후에야 차가 출발했다. 아마도 이곳을 여행했던 사람이라면 겪었을 일인지도 모른다.

그런데 후이족들은 일반적으로 교육 수준이 그리 높지 않은 편이다. 식당이나 사원에 가서 물어보면 거의 초등학교만 졸업했다고 말한다. 이유는 머리가 나빠서도 아니고 교육열이 없어서도 아니다. 단지 교육의 혜택을 충분히 받을 정도의 경제적 수준이 높지 않아서라는 생각이 들었다.

지금껏 여행하면서 후이족이 나에게 준 인상은 그리 나쁘지 않았다. 여행 중에 후이족과의 특별한 인상을 남긴 곳은 윈난성의 젠수이(建水)에 있는 옌즈둥(연자동, 燕子洞)에서의 일이다. 힘들게 찾아간 연자동을 구경하는데 동굴 안의 배를 함께 탄 사람들이 후이족의 두 가정 식구들이었다. 동굴을 둘러보고 나왔는데 아이들이 무척 예뻐 보였다. 신장웨이우얼자치구를 여행할 때도 웨이우얼족 아이가 예뻐서 기념사진을 남기고 싶다고 허락받았던 기억도 있다. 예쁜 아이들에게 선물로 여행 중 가지고 다니던 볼펜을 주었다. 그리고 그들과 기념사진을 남기면서 내가 한국인이고 이곳을 여행하고 있다고 했다. 이들은 나의 친절에 답하기라도 하듯 나를 젠수이 숙소까지 태워다 주고 떠났다.

그런데 여행하다 보면 터미널 부근에서 노점상을 하는 후이족을 가끔 만난다.

이런 일이 있었다. 터미널 부근에서 후이족이 꿀 같은 엿 과자나 투루판에서 생산되는 건포도를 파는 것을 본다. 사먹어 보겠다고 엿 과자를 어느 정도 달라고 했다. 주인이 칼로 자르기에 먹기 좋게 자그마한 크기로 잘라달라고 했다. 얼마냐고 물었더니 값을 부르는데 너무 터무니가 없었다. 황당하여 싸우다시피 언성

윈난 젠수이(建水) 옌즈둥(연자 동굴)

을 높였지만 상품이 손상된 상태라 원래대로 물릴 수도 없다. 간신히 약간의 가격을 낮추며 바가지를 쓴 채 사고 말았다. 차를 타고 있는데 후이족과 흥정을 하던 광경을 본 중국인이 나에게 말했다. 그런 노점에 후이족 장사꾼은 늘 그런 사기 행위를 한다고 했다. 여행에서 얻은 경험으로 삼고 앞으로는 주의하겠다는 다짐을 했다.

  그런데도 다음 여행에서 또 후이족의 장사꾼을 만났다. 지난번을 회상하며 피하고 싶었지만 예전에 투루판에서 산 건포도가 너무 맛있었던 기억이 났다. 이번에는 많이 사지 않겠다는 다짐을 하고 갖가지 색깔의 건포도를 조금씩 달라고 했다. 또 엄청난 가격을 말하여 역시 당황했다. 이 또한 색이 다른 건포도를 모두 섞어놓았으니 안 살 수가 없었다. 다툴 때마다 어디서 나타나는지 사람들이 모여 들었다. 중국인들은 싸움 구경하면서 나와 장사꾼을 에워싸고 즐기고 있다. 많이 사지 않은 것을 다행이라고 생각했다.

네이멍구를 여행하다 자란툰(扎兰屯)에서도 꿀로 만든 엿 과자를 팔고 있어 값을 물어 보았다. 역시 예상외로 비싸다는 생각이 들었다. 하지만 당연한 가격이라는 듯 중국인도 사가지고 가는 것을 보았다. 그렇다면 예전에 사먹었던 엿 과자가 정말 바가지였을까? 에라 모르겠다. 혼란스럽다.

윈난성 세외도원(世外桃園) 빠메이(坝美)

　　윈난성 동부를 여행한다고 하면 빼놓을 수 없는 곳이 하나 있다. 북송 시대에 소수민족인 쫭족(壯族)이 전쟁을 피하고자 가장 오지인 곳을 찾아 피신한 곳이 '빠메이'다.

　　윈난 동부의 교통 중심도시인 원산(文山)에서 네 시간 정도 걸려 광난(广南)에 도착했다. 다시 광시쫭족자치구 시린(西林)으로 가는 버스로 갈아탔다. 빠메이에 도착하기까지 반 시간 정도 걸렸다. 빠메이에 간다고 버스기사에게 말하니 '세외도원(世外桃園)'이라고 하면서 그곳에 도착하면 알려주겠다고 한다. 운전기사가 걱정하지 말라고 하는 말에 안심하고 버스에 올라 창밖을 바라보고 갔다.

　　지난겨울 광시쫭족자치구를 여행할 때 룽린(龙林)을 들른 적이 있다. 룽린에서 시린은 인근에 있는 가까운 현이다. 룽린의 어느 공원에 올라 학생들의 축제 예행연습을 보았던 기억이 새롭다. 도로 표지판에 '빠메이'라는 글은 보이지 않았다. 세외도원에 도착한 운전기사는 나에게 즐거운 여행을 기원한다는 말로 이별을 대신했다. 알고 보니 이 마을의 이름이 존재하지 않기 때문에 주변의 '빠메이쩐'이라는 면 소재지의 이름으로 '세외도원'을 말하고 있을 뿐이다.

농촌의 겨울, 어둠이 내린 주변의 조용하고 쓸쓸한 기운이 마음을 차갑게 누른다. 허름한 매표소에서 초췌한 노인이 입장표를 팔고 있어 더욱 그렇게 보였나 보다.

매표소 주변에서 모닥불을 피워놓고 추위를 녹이며 손님을 기다리는 몇몇 청년들과 이야기를 나누었다. 조금 있으니 또 다른 차가 지나가면서 나보다 더 나이 듬직한 부부를 내려놓고 떠났다. 이 부부는 주변을 카메라에 잠시 담고는 나와 함께 빠메이로 들어가는 동굴을 향해 1㎞ 정도 마차에 올랐다. 언제 동굴에 도착하느냐는 물음에 젊은이가 '마샹(马上)' 이라고 말한다. '마샹'이라는 말은 '곧, 머지않아'라는 의미다. 중국 사람은 '언제 되느냐.'고 물으면 늘 '마샹'이라고 한다면서 서로 웃었다.

한국에서 중국 식당에 음식 주문을 하면 항상 이렇게 말한다고 했다. 부부가 나에게 한국 사람이냐고 물어왔다. 그렇다고 했더니 이 부부와 젊은이가 무척 놀라워했다. 그러면서 '마샹 따오'란 말을 한국어로는 어떻게 말하느냐고 하기에 '금방 가'라고 말해 주었다. 이후로 청년은 묻기만 하면 '금방 가'라는 말로 대답하며 길을 재촉했다.

아주 작게 보이는 동굴 입구에 도착해 배에 올랐다. 불빛 하나없는 1㎞ 정도의 동굴을 지나고서야 작은 마을이 드러났다. 이곳이 세외도원이다. 이렇게 배로 동굴을 지나야만 존재하는 조용한 마을을 본 적이 없다. 배의 젊은 청년이 운영하는 숙소에 방을 정했다. 그리고 그들 가족과 함께 식사하면서 한 잔의 술도 즐겼다. 어둠이 잦아드니 온 세상이 잠들어 버린 듯하다. 나도 오랜 시간 차를 탄 피로를 잊고자 일찍 잠자리에 들었다. 이른 새벽에 보슬비가 처마 밑에 한두 방울씩 떨어지는 소리가 들렸다. 어제 밤새

윈난성 광난 빠메이

도록 비가 오더니 마지막 아쉬움의 빗방울인 듯싶다. 가늘어지는 빗줄기로 그나마 마음을 위로받았다.

새벽에 마을을 산책하려고 이층에서 내려오니 비는 다행히 멎었다. 마당에는 이미 부부로 보였던 여자분이 먼저 나와 있어 이야기를 나누었다. 어디서 왔으며 무엇을 하시는 분이고 등등 몇 가지를 물었다. 같이 온 분은 자기의 한 살 어린 동생이고 베이징에서 농업대학 교수로 있다가 퇴직했다고 한다.

나는 여자분과 마을을 산책한다고 길을 걸었다. 아침의 닭 울음소리는 새벽부터 시간을 잊은 듯 계속되고, 이 작은 마을의 또다른 소리는 집집마다 들리는 돼지의 울음소리이다. 맞은편에서 마을을 바라보니 참으로 평화롭다. 야트막한 산기슭 아래 커다란 한 그루의 나무를 중심으로 늘어선 집들과 마을 길을 따라 흐르는 시냇물, 그리 넓지 않은 논의 푸르름이 더없이 평온해 보인다.

작은 동굴을 지나 처음으로 이곳에 들어온 사람은 누구였으며,

윈난성 광난 빠메이

이곳에 정착하려고 마음먹었던 사람은 또 누구였을까? 이곳은 1998년도에 개방이 되었다고 한다. 쫭족이 들어오기 이전에는 정말 꿈의 세상으로 남아있었을는지도 모른다.

마침 동생이 저 멀리서 우리를 향하여 걸어오고 있다. 그는 우리 둘을 기념으로 사진에 담아 주었다. 여자분은 나에게 온갖 것을 물어왔다. 내가 대답을 서투르게 할 적마다 동생은 눈치 빠르게 통역해 주었다. 이 누나는 우리나라도 똑같이 춘절(설)을 보낸다는 것을 이제야 알았다고 한다. 여행하면서 중국 사람을 만났을 때 춘절 전에 귀국한다고 하면 한국도 설을 쇠느냐고 물어오는 사람이 많았다.

숙소로 돌아와 식사를 마치고 잠시 쉬었다. 동생은 컴퓨터를 꺼내 놓고 여행에서 일어났던 일들을 기록하고 있다. 그리고는 자기가 여행한 곳의 여행 기록과 사진을 보여주었다. 가본 곳은 마음을 공유하고 가보지 못한 곳은 소상히 설명해 주었다. 다시 마을 주변을 둘러보는데 돼지의 울음소리가 유난히 시끄럽다. 돼지를 잡는다고 하기에 그 장면을 담으려고 그곳으로 갔다. 솥에 돼지를 삶기 위해 물을 끓이고, 몇몇 청년들이 돼지의 다리를 잡고 칼로 목을 찌른다. 숨이 멎고 내장이 발라지고 두 동강 난 돼지가 되기까지의 장면을 모두 확인했다. 춘절을 두고 그들의 잔치를 위해서 농촌에서는 돼지의 울음소리가 그치지 않는다고 한다. 우리가 아침에 구경 나서기까지 세 마리의 돼지가 춘절이라는 제대에 바쳐졌다.

구름이 잔뜩 낀 하늘에 잠시 햇살이 얼굴을 내민다. 마을 뒷산에 올라 평화롭기만 한 마을을 바라보았다. 산마다 한두 개 정도의 동굴이 보인다. 이 동굴들은 아마도 어디론가 뚫려서 서로 다 통할 것 같다.

'고용수(古榕樹)'라는 오래된 나무를 지나 마을을 흐르는 물길을 따라 걸었다. 한 아주머니가 물레방아 옆에서 토란(芋头)을 캐서 바구니에 담고 있다. 이 토란은 돼지 먹이로 쓰인다고 한다. 남동생이 베이징에서 생산되는 토란은 굵기가 가늘고 맛도 그다지 좋지 않다고 한다. 그러면서 옛날에 베이징의 황제에게 진상하던 광시좡족자치구의 토란을 여기서는 돼지에게 주고 있다고 말한다. 여기서 1위안에 사가지고 베이징에 가서 20위안에 팔아도 수입이 되겠다는 웃음 섞인 이야기도 한다.

냇가로 가서 배에 올랐다. 1㎞ 정도 가서 원숭이가 있다는 '호우파옌(猴爬岩)'이라는 바위와 '허구(河谷)' 풍광이라는 협곡의 경치를 구경했다. 다시 마차를 타고 1㎞ 정도 산기슭으로 난 길을 갔다. 또 배를 타고 '탕나동(湯那洞)'이라는 1㎞ 정도의 불빛 화려한 동굴을 지나서야 반대편에서 들어오는 입구까지 갈 수 있었다. 이곳에서의 매표소는 그럴듯하다. 하지만 대부분 여행자들은 우리가 들어온 허름한 매표소가 있는 법리촌(法利村)으로 들어온다.

윈난성 광난 빠메이

이 빠메이의 주민은 4~5백 명의 쫭족이 살아가고 있다. 아이들은 초등학교 때서부터 법리촌에 있는 학교로 다닌다. 모두 기숙사에서 지내다가 주말이 되어야 집으로 온다. 학비는 한 달에 80위안이고 기숙사의 식비는 월 60위안이라고 한다.

이곳에 차가 있기에 남동생에게 어떻게 들어왔을까를 물었다. 자신도 생각지 못했던 질문이라고 하면서 나에게 관찰력이 좋다고 한다. 아침에 숙소의 벽에 있던 지도를 보면서도 물었다. 왜 동해 바다를 굳이 국가 이름으로 들어 '일본해'라고 표기하느냐는 질문에도 아마 정치적인 문제일 거라고만 했다.

되돌아오면서 궁금했던 것을 마을 주민에게 물었다. 버스가 다니는 도로에서 산길로 5㎞ 정도 뚫린 길이 있다고 한다. 지금은 길이 좁고 험하여 비가 오면 통행할 수 없으나, 날씨가 좋을 때 간신히 왕래하고 있다고 한다. 국경일, 단오절, 춘절, 중추절에 손님이 많을 때는 차를 이용해 마을로 들어오기도 한다. 이때는 축제도 있으니 또 오라는 말에 우리는 서로 마음이 맞은 듯이 말했다. 그렇게 번잡할 때 오면 무슨 세외도원의 의미를 느낄 수 있겠느냐고.

손님은 200명 정도 투숙할 10여 개의 숙소가 있다. 손님이 많아 방이 없으면 법리촌이나 광난이란 큰 현으로 전화해서 손님이 오지 못하도록 연락을 취한다. 성수기 때는 방값이 300위안 정도까지 치솟는다.

'탕나허'의 물길을 따라 아이들이 배를 타고 노를 저으며 지나가고 있다. 아저씨 아줌마들은 소를 몰고 어디선가 나타나 집으로 돌아가고 있다. 바로 눈앞의 산봉우리에는 여전히 가냘픈 안개구름이 걸쳐져 있다. 어둠이 서서히 스며드는 세외도원에서 이틀 밤을 보내고 있다.

남매는 내가 앞으로 갈 추베이(丘北)에서 왔고, 나는 그들이 갈 원산에서 왔기 때문에 우리는 내일 헤어져야 한다. 두 분의 고향은 윈난성 다리(大理) 위에 있는 젠촨(劍川)이라고 한다. 그러면서 그곳의 좋은 풍경구도 소개해 주면서 꼭 가보라고 권한다.

아침에 세외도원을 떠나면서 숙소의 젊은 청년에게 즐거운 춘절이 되기를 바란다고 인사를 했다. 이 젊은이는 '금방 가'라는 말로 서로 웃음을 나누고 헤어졌다. 이 두 분과 광난까지 오면서도 누나는 내 옆에 앉았다. 누나분은 내가 잘 알지도 못하는 한국의 양로원 실태를 묻는다. 나는 아는 대로 들은 대로 양로원에 대한 실태를 말해 주었다. 광난 터미널에서 서로 짧은 포옹으로 이틀 동안 함께 즐거워했던 시간을 뒤로했다. 끝나지 않는 잔치 없듯 이별 없는 만남이 어디 있을까?

나는 동쪽의 빠바오(八宝)라는 작은 도시로 떠났고, 그들은 내가 거쳐 온 원산이라는 서쪽의 도시를 향해 떠났다. 세외도원의 같은 시간 같은 추억을 공유하면서……

위무자이(魚木寨), 대수정 고건축군(大水井古建築群)에서

　　　　　　　후베이성 서쪽의 리촨(利川)에서 충칭구 완
저우(万州)로 가는 길에 위무자이(어목채, 魚木寨)이라는 곳이 있다. 위
무자이는 투쟈족(토가족, 土家族)의 전통 마을이다. 투쟈족이 부족으
로서 가장 왕성했던 시기에 이들 족장들이 모셔진 제단들이 있는 곳
이다. 숙소에서 직원이 꼭 들러보라고 추천해 준 장소이기도 하다.

　위무자이를 가려면 차를 타고 모도(谟道)라는 곳까지 간 뒤 오토
바이를 타고 들어간다. 아침 일찍 첫차를 탄다고 서둘렀다. 차에 오
르니 이미 자리가 없어 바닥의 작은 의자에 앉을 수밖에 없었다. 이
들은 위무자이를 가는 사람들이 아니고 모도에 사는 주민들이다.

　한참을 가다가 산길로 접어들어 힘겹게 오르더니 갑자기 엔진
에서 연기가 피어올랐다. 사람들이 급히 차에서 내려 나도 서둘러
내렸다. 운전기사는 도로변의 집으로 달려가 양동이에 물을 받아
엔진을 식히기 위해 냉각수를 채우느라 바쁘게 움직였다. 차의 엔
진을 진정시키는 데 반 시간 정도를 지체한 후 출발했다.

　산을 넘어 도착한 모도는 그리 덥지 않았다. 위무자이를 가려고

후베이성 리촨 위무자이

주변을 두리번거렸다. 터미널 부근에 많은 오토바이들이 위무자이로 가려는 손님을 태우기 위해 기다리고 있다.

이들 중 인상이 좋고 값도 싸게 부르는 오토바이 기사를 선택했다. 차 한 대 간신히 갈 수 있는 길은 비로 인하여 파인 곳도 많았다. 비포장인 부분도 많고 산길이라 매우 투덜거렸다. 나는 이 젊은 오토바이 기사의 허리를 한순간도 놓지 않았다.

한 시간을 오토바이 기사와 둘이 재미있게 웃으면서 인연을 쌓기에 바빴다. 너무 덜컹거려 등에 멘 보따리의 물통이 떨어져 다시 돌아가 줍기도 했다. 주변에 관광지 개발 차원인지 피서지로 사용할 산장이 많이 건축되고 있다. 해발이 높아 시원하다면서 잠시 쉬어 산천도 둘러보고, 호흡 조절도 하는 여유로움이 마음을 편안하게 해 주었다. 구부러진 길에서 한 트럭이 숲속으로 넘어져 있는 것을 보고 조심해서 가자는 당부의 말도 잊지 않았다.

위무자이에 도착하여 구경을 하려니 아무 것도 보이지 않았다. 오토바이 기사에게 물으니 자기를 따라오라고 한다. 그를 따라다니면서 구경을 하고 보니 혼자서는 구경할 수가 없는 환경이란 것을 느꼈다. 볼만한 것들이 여기 저기 흩어져 있고 표지판도 없다. 일반 가옥들 사이로 길이 나 있는 데다가 갈림길이 많아 혼자는 다닐 수가 없다.

어느새 친구가 되어 버린 오토바이 기사와 나는 논과 밭둑의 징검다리처럼 놓인 돌들로 된 길을 걸어 다녔다. 오토바이 친구는 주변에 심은 갖가지 농작물에 대한 설명도 아끼지 않았다. 이런 곳에 어떻게 집을 지었을까 물으니 벽돌을 모두 등에 지고 운반했다고 한다. 지금의 상황으로는 이해가 안 되지만 예전의 도로와 교통 상황을 고려하면 달리 뾰족한 방법도 없어 보였다. 융성했던 시절에 죽어간 족장들의 무덤이 폐허가 되다시피 하다. 영원한 영광은 존재하지 않았다.

이 친구가 아래로 약 1.5㎞ 가면 삼양관(三阳关)이 있는데 가고 싶으냐고 물었다. 삼양관이 뭐냐고 물었더니 절벽 위에 세워진 협곡의 작은 성곽이라고 한다. 여기까지 와서 못보면 후회가 될 것 같았다. 덥지만 가자고 하면서 서둘렀다.

밭들 사이로 내려가기를 한참 한 후에야 성곽에 도달할 수 있었다. 오토바이 기사는 이곳의 역사와 상황을 간단히 설명해 주었다. 보기에는 이 절벽으로 올라올 적병은 하나도 없을 것같이 보였다. 그래서 더욱 신기하고 이상한 역사가 있을지도 모른다. 다시 되돌아 올라간다는 것이 엄두가 나질 않았다. 등줄기의 땀은 뼛속의 골수까지 다 쏟아내는 것 같았다.

산을 오르다가 민가에 들르니 노인 어른이 차를 대접해 주었다. 이곳의 차가 아주 유명하여 높은 가격에 거래된다고 한다. 몇 잔을 마시고 나니 힘이 생겼을까. 노인에게 감사를 표하고 다시 오르기를 계속했다. 입구에 다다르니 마음이 한결 가벼워졌다. 노인이 말해 준 여기의 자랑인 '부서차(富硒茶)'를 하나 챙겼다. 돌아오는 길에 보니 숲속에 뒹군 트럭을 빼내려고 하는 작업이 시작되고 있다.

모도로 돌아왔다. 오토바이 친구에게 너무 고마워 약속한 100위안에 20위안을 더 얹어 주었다. 점심을 같이 하고 싶었지만 시간에 쫓겨 작별의 인사를 나누고는 대수정 고건축군으로 향했다. 이곳을 꼭 가보고 싶은 이유가 있다. 예전에 윈난성 동쪽에 있는 빠메이(坝美)에서 만난 베이징 교수가 있다. 이분이 후베이성 리촨(利川)에 가면 꼭 들려보라고 간곡히 말해 주었기 때문이다.

위무자이를 보고 리촨으로 가는 갈림길에서 백양(柏楊)으로 가는 차를 탔다. 백양에 도착하여 봉고차를 왕복 100위안을 주기로 했지만 지도상의 거리로 보아 너무 비싸다는 생각이 들었다. 대수정에 도착하여 차에서 내리니 운전기사가 돈을 달라고 한다. 통상적으로 구경을 마치고 온 길을 되돌아가서야 지불하는 것이 일반적이다. 백양으로 가서 주겠다고 했더니 여기까지 온 반값인 50원

후베이성 리촨 대수정 고건축군

을 먼저 달라고 한다. 할 수 없이 50위안을 주고는 대수정고건축군의 경내를 걸었다.

역사의 이해보다 고건축의 건물에 감탄했다. '정가장원(鄭家莊園)'이라고 쓰인 것을 보니 정씨 가문의 고택(古宅)이었음을 증명하는 듯하다. 후당(後堂)의 길을 따라 걸었다. 맨 뒤 조용한 곳에 우물이 보였다. 나는 대수정(大水井)이라는 의미로 보아 크고 특별한 우물인 줄 알았다. 그런데 우물은 지극히 평범한 형태의 우물이다. 아마 엄청난 가뭄에도 이 우물은 마르지 않았다는 의미를 주는 것이 더 맞는 말일지도 모른다.

구경을 마친 후에 내려오니 운전기사가 나에게 가자고 한다. 나는 당신 차로 안 가는 이유를 말했다. '여기 왔을 때 50원을 준 그것으로 우리의 계약은 끝났다.'고 했다. 운전기사는 '원래의 약속을 지키라.'고 고집했다. 나는 다시 말했다. '너는 만약에 다른 손님이 있었다면 나를 그냥 두고 갔을 것이다. 지금 손님이 없으니까 이제 나더러 가자고 하는 것 아니냐.'라고 말했다. 옆에서 냉음료를 팔고 있던 아가씨와 15세 정도의 아이들이 우리의 이야기를 듣고 있었다. 이해를 못하는 운전기사에게 이들이 다시 부연해서 나의 말을 설명해 주었다. 그리고는 내 말이 맞는 것 같다고 하니 운전기사는 그제야 말이 없었다. 다른 손님을 몇 분 태우더니 나더러 20위안에 가자고 한다. 서슴없이 승낙하고 백양으로 되돌아왔다.

위무자이의 오토바이 운전기사는 약속한 금액보다 더 받았고, 대수정 고건축군에 데려다 준 운전기사는 약속한 금액보다 덜 받았다. 그 이유는 뭘까? 자기만의 유리함을 가지고 남을 대하는 행동을 삼가야 한다는 것을 말하고 싶었다. 사람들은 가훈으로 정직, 성실 등등을 말하곤 한다. 나는 우리 아이들에게 자주 말한다. '남을 위태롭게 하지 말라.'고.

닝샤후이족자치구의 사포터우(사파두, 沙坡头)

간쑤성 우웨이(武威)에서 오후 기차를 타고 닝샤후이족자치구의 중웨이(中卫)로 향했다. 중웨이로 가는 도중에 잠시 네이멍구 사막지대의 황토 벌판을 지났다. 촉촉이 내리는 빗속을 미끄러지듯 기차는 소리 없이 달리고 있다. 어느 한 마을에서 기차가 멈추었다. 겨우 서너 명 정도가 타고 내리는 가운데 기차는 다시 출발했다. 사람이 살 것 같지 않은 이곳에 황토로 만든 토담집들이 벌판에 잘 보이지 않을 정도로 낮게 자리하고 있다. 이런 곳에서 무엇을 하며 생활할까 하는 궁금증이 일었다. 현지인의 말로는 양, 염소, 소 등 가축을 기른다고 한다. 하지만 초원도 보이지 않고 비가 와서 그런지 가축들도 전혀 보이지 않았다.

어둠이 내리고 있었다. 나의 열차표를 보고는 왜 중닝(中宁)까지 표를 사고 중웨이에서 내리려 하느냐고 물었다. 나는 사포터우를 가려고 표를 샀는데 지명을 혼동해서 잘못 샀다고 했다. 그래도 그들은 내가 잘못 내릴까 몇 번을 확인해 주었다.

닝샤후이족자치구 중웨이 사포터우

어둠이 내린 중웨이에 비가 내리고 있다. 우산이 없어 서둘러 역 가까운 숙소를 찾아 들어갔다. 비를 피해 들어온 손님이 나뿐만은 아니었다. 간신히 남은 방을 얻을 수 있었다. 역 가까이 있는 식당에서 한 끼를 때웠다. 다음 날 청명한 아침을 만났다. 중웨이에는 유명한 두 곳의 풍경구가 있는데 바로 가오묘(高庙)와 사포터우(沙坡头)이다. 사포터우로 가기에는 너무 이르다 싶어 역 앞의 시장과 가오묘를 둘러보았다. 시장에는 말린 구기자 열매를 진열하여 놓은 상점이 많다. 닝샤후이족자치구의 성도인 인촨(银川)을 중심으로 구기자가 많이 생산된다고 한다.

아기자기하고 화려한 건축물인 가오묘는 유교, 불교, 도교의 세 종교가 모인 삼교 합일의 사원이다. 좁은 공간의 묘당을 오르락내리락하고 나니 아침부터 다리가 아프다.

짐을 꾸려 숙소를 나와 시내버스를 타고 사포터우로 향했다. 사포터우 공원 앞으로 황하가 유유히 흘러간다. 사포터우는 하나의 모래사막인데 여행자들이 유희를 즐길 수 있는 각종 위락 시설이

갖추어져 있다. 여기서 우연히 베이징에서 석유 대학에 다닌다는
여학생을 만났다.

중국에 석유 대학이 있다는 것도 이때 처음 알았다. 학생은 자
연스레 나와 동행하면서 사막의 이곳저곳을 안내했다. 우리는 함
께 사진을 찍자고 하면서 어린 학생에게 카메라를 주었다. 아이가
사진을 찍어주고는 '고맙다.'는 말을 했다. 아이의 어머니는 웃으
면서 '네가 왜 그런 말을 하느냐.'고 핀잔 아닌 핀잔의 말을 한다.
우리도 함께 한동안 웃었다. 아마 열 살 정도의 아이가 어른인 우
리에게 긴장한 나머지 나온 말일 게다.

사막의 한가운데 있는 식당에서 식사하면서 잠시 햇빛을 피했
다. 여행자를 태운 낙타의 행렬이 사막의 능선을 따라 지나가고,
사막을 달리는 모래차도 모래 둔덕을 넘어 어딘가를 향하여 질주
한다. 행글라이더가 날고 사막의 모래 썰매가 황하의 물결을 향해
아래로 쏜살같이 미끄러져 내려간다. 이곳은 신발을 신고 걷기에
는 너무 불편하여 모두가 신발을 벗어 들고 다닌다.

닝샤후이족자치구 중웨이 황하

오후의 태양볕 아래 몸은 점점 더워지고 있다. 경사진 모래 둔덕에서 미끄럼을 타고 내려오니 온몸에 흙이 부스스 떨어진다. 그리고 이내 우리는 황하 물결에 배를 띄웠다. 이 배는 '양피파즈(羊皮筏子, 양가죽 뗏목)'라고 하는데 양가죽으로 만든 뗏목 같은 형태를 하고 있다. 공기를 주입한 양가죽 여러 개를 엮어서 물에 뜨도록 만든 것이다. 수많은 여행자들이 이 '양피파즈'를 타고 오르내리는 즐거움에 우리도 한몫했다. 작은 보트가 황하의 물결을 타고 빠른 속도로 지나가면 양피파즈는 출렁이는 황톳빛 물결에 잠겨버릴 것만 같았다. 황하를 건너는 사람들은 아슬아슬한 스릴을 만끽하며 사포터우 공원을 즐겼다.

이렇게 사포터우에서 여학생과 함께 즐긴 하루다. 시내로 돌아와 그 여학생과 헤어졌다. 학생은 내가 온 간쑤성으로 여행을 계속한다고 했다. 그쪽으로 가면 치차이산(칠채산, 七彩山)을 꼭 들러보라고 사진을 보여 주었다. 서로 여행의 안전과 즐거움을 기원해 주었다.

학생과 헤어진 후 나는 칭퉁샤(청동협, 靑銅峽)로 떠났다. 차창으로 보이는 길가에는 멍석을 깔고 구기자를 말리느라 농민들이 바쁘게 움직이고 있다. 종아리가 따갑고 가려운 것을 느꼈다. 나도 모르게 종아리 부분이 벌겋게 그을려 있음을 알았다. 사포터우의 추억이 묻어나는 그을림이다.

창장 싼샤 (장강 삼협, 長江三峽)

1) 아! 다닝허(대녕하, 大宁河)

충칭(重庆)의 장강 삼협에 우산(巫山)이 있다. 우산에서 배를 타고 북쪽의 우시(무계, 巫溪)로 가는 방향에 하나의 큰 강줄기가 길게 흐른다. 이것이 바로 다닝허다. 다닝허는 우산에서 우시까지 뱃길로도 이어지지만 중간에 있는 다창(大昌)이란 곳까지의 풍경구를 지나는 물줄기를 일컫는다. 한 번 들른 곳은 가능한 한 가지 않기로 마음먹은 탓에 20년 전 들렀던 소삼협은 마음에 두지 않았다.

나의 여행은 우시에서 우산으로 내려가는 여정이었다. 뱃길이 없는 줄 알고 우산으로 가는 터미널을 찾고 있었다. 한 아주머니가 나를 보고 배를 타고 가라고 부둣가까지 안내했다. 허름한 부둣가에 들러 다창까지 가는 배를 물었더니 두 시간을 기다려야 했다. 배를 타고 가면 주변의 아름다운 풍광을 즐길 수 있다는 아주머니의 말을 믿고 배를 기다렸다. 배는 이곳 주민들이 이용하는 교통수단이다. 시장과 가까운 광장을 둘러본 후 떠날 시간이 되니

충칭 우시에서 다창 가는 배

어디서 나타났는지 스무 명 정도의 사람이 올라탔다.

　배가 떠난 지 얼마 되지 않아 협곡으로 접어들었다. 굽어진 협곡의 물길에서는 방향을 잡느라 건장한 두 분이 긴 막대를 물에 드리우고 왔다 갔다 하고 있다. 다창까지의 다닝허 줄기는 물길이 그리 깊지 않다. 가끔 배 밑바닥이 자갈 바닥에 긁히는 소리가 들려올 때는 마음이 불안했는데 이곳 주민들은 전혀 동요도 하지 않고 있다. 굽이치는 물결에 몸을 맡기고 가다 보면 산이 가로막아 물길이 없는 듯이 보인다. 산 아래에 다다르고서야 또 다른 방향으로 물길이 나 있음을 알 수 있다. 가끔 통통배가 소리를 내며 쏜살같이 시원스럽게 지나가곤 한다. 마을은 어쩌다 보이곤 하지만 사람들은 전혀 보이지 않고 매미의 울음소리만 가득하다.

　한참을 가다가 배 주인이 배를 뭍으로 대더니 모두 내리라고 한다. 게다가 짐까지 모두 들고 내리라고 하여 무슨 일인지 궁금했다. 우리는 배에서 내려 강의 둑길을 따라 걸었다. 배낭을 지고 따가운 햇볕을 받으며 맨 뒤에 걸었다. 한 이십여 분 정도 걸었을 때

우리 배가 옆으로 다가왔다. 수위가 너무 낮아 배가 지날 수가 없어 우리를 내리라고 한 것이다. 짐만이라도 두게 했으면 그리 힘들지는 않았을 텐데 하는 생각이 들었다.

 다창에 도착하여 오토바이 기사 뒤에 타고 구전(古鎮)으로 향했다. 여기서 인상이 별로 좋지 않은 세 명의 젊은이들을 만났다. 사람이 없어 이들에게 사진을 부탁하고 함께 찍기도 했다. 다른 여행자는 보이지 않았지만 이곳의 친절한 중년 남자의 도움으로 구전(고진, 古鎮)의 이모저모를 잘 소개 받았다. 그를 따라다닌 곳 중에 인상에 남는 곳이 하나 있다. 다창 구전의 남문 벽에 붙어있는 한 그루의 고목이 있다. 소개에 의하면 '황각수(黃桷樹)'라는 나무인데 이 구전의 역사를 함께 한 나무라고 한다. 이곳을 찾는 사람은 이 나무의 역사를 이해하고, 나무 그늘 아래서 잠시 더위를 식혀보는 시간을 가져볼 일이다.

 다창에서 우산으로 가는 배 시간에 맞추어 서둘러 부둣가로 갔

후베이성 리촨 대수정 고건축군

중국 유랑 하

다. 부둣가에 가니 다창 구전에서 만났던 청년들도 이 배를 타려고 왔다. 모두 오토바이를 가지고 있어 오토바이족인가 하는 생각이 들었다. 타고 온 배보다 큰 배였지만 아주머니 한 분과 청년 세 명 그리고 나뿐이다.

배는 이제 다닝허의 물길을 흘러가기 시작했다. 물길을 따라 이어지는 협곡의 경관은 장관이다. 수많은 봉우리들이 나타났다가 사라지기도 하고, 가끔 원숭이들도 나타나 절벽을 타고 재주를 부린다. 다닝허의 깎아지른 절벽으로 난 잔도는 십 리에 이어져 걸쳐 있다.

중간에 아주머니가 내렸다. 지도를 보니 수많은 봉우리들의 이름이 쓰여 있다. 청년들도 가이드가 아닌지라 이곳의 지리와 풍경구에 대하여 물어도 대답은 그리 신통치가 못했다. 현관(懸棺)을 보고서는 나더러 그곳을 가리키며 보라고 한다.

중국의 각 지방을 여행하다 보면 바로 현관(懸棺)이라는 것을 볼 수 있다. 쓰촨성 이빈(宜宾)에 있는 현관도 아주 유명한 명소로 여행자들이 즐겨 찾는 곳이다. 현관은 중국의 다양한 장례문화 중 가장 오래되고 특별한 장례로, 관을 높은 절벽에 매달기도 하고 절벽의 구멍 난 공간에 밀어 넣어두기도 한 절벽 묘지를 말한다. 굳이 이렇게 해야 할 이유는 알 수가 없다. 다만 그들의 풍습이라고 이해하면 될 것이다. 이 현관에 대해서 그 의미를 말해줄 사람은 이미 모두 이 세상을 떠났기 때문이다. 부족 시대에 지위가 높을수록 더욱 높은 곳에 두었다는 말도 의문이고, 남이 접근하지 못하게 하려고 했다는 말도 너무 허무맹랑하기만 하다.

나는 현관을 보고 생각했다. 우리나라는 부모가 돌아가시면 매장을 하거나 화장을 한다. 중국의 티베트 지역은 새가 쪼아 먹게 하여 영혼이 하늘로 올라가도록 한다는 조장(鸟葬)을 하며, 때로는 수장(水葬)을 하기도 한다. 이렇게 국가 또는 지역에 따라 장례

문화를 달리한다. 세상에는 인간이 상상할 수 있는 영혼의 세계가 너무 넓다. 분명 이들도 조상의 영혼이 하늘나라에서 행복하기를 바라는 행위임에는 틀림없을 것이다.

배는 협곡을 흘러흘러 우산에 도착했다. 배 주인에게 뱃삯을 주려고 했더니 세 명의 청년이 대신 돈을 냈다는 것이다. 청년들에게 깊은 고마움의 인사를 보냈다. 얼굴을 보고 첫인상을 판단해서야 되겠는가 하는 생각이 들었다. 청년들에게 미안했다. 다창에서 처음 만났을 때 인상이 안 좋아 경계하면서 마주 대한 시간이 있었기 때문이다. 우리는 자신의 주관적인 자(尺)를 들이대면서 남을 생각하고 판단하는 경향이 많다. 가끔 사람들이 여럿이 모이면 남을 험담하는 말이 오가기도 한다. 삼가야 할 대목이다. 이 세상에서 빛보다 더 빠른 것이 남을 험담하는 말이기 때문이다. 어떠한 사실이나 상황을 두고 어떤 이는 좋게 평가하고 어떤 이는 나쁘게 평가한다. 예를 들어 보트로 태평양을 횡단하는 사람을 두고 '대단한 모험가'라고 말하는 사람이 있는가 하면 '죽을 짓을 한다.'고 폄하하는 말을 하기도 한다. 더욱이 나와 어떤 관계에 있느냐에 따라 더 극명하게 표현하기도 한다.

여하튼 버스로 왔다면 크게 후회했을 하루였다. 이곳으로 올 때 배를 타고 가라고 알려준 고마운 아주머니가 생각난다.

2) 션눙시(신농계, 神農溪)

20년 전 싼샤댐의 건설로 많은 유적지가 잠긴다기에 다녀간 장강 싼샤이다. 우산(巫山)에서 쾌속선으로 선녀봉을 바라보며 후베이성의 바둥(巴东)에 도착했다. 오후의 더위가 강바람을 타고 살

후베이성 바둥 선눙시(신농계) 옛 모습

갖에 스친다. 부두에 있는 사람들도 더위를 피하느라 모두 그늘로 숨어들었다. 선눙시로 가는 배가 몇 시에 있느냐고 현지인에게 물었다. 하지만 조금 있으면 온다는 배를 네 시간이나 기다렸다.

기다리는 동안 배 안에서 선원들과 함께 에어컨을 마주 보며 더위를 식혔다. 가끔 밖으로 나와 무료함을 달래려고 주변을 어슬렁거리기도 했다. 오후 4시가 되어서야 저 멀리서 유람선이 모습을 드러냈다. 나중에 알았지만 우한(武汉)에서 오는 유람선을 탄 여행자를 기다린 것이다. 이 유람선에는 외국인과 중국인들이 타고 있었다. 그들을 데리고 갈 작은 유람선은 결국 내 옆에 있었던 것이다.

선눙시 여행은 바로 바둥의 옆 지류로 흘러 들어간다. 선눙시는 투쟈족(土家族)이 살아가는 지역으로 옛날에 배를 역류해서 움직일 때는 사람이 직접 끌고 갔다고 한다. 그것도 옷을 다 벗은 채로 배를 밧줄로 몸에 묶고 끌고 갔다고 한다. 옷을 걸치면 살에 부딪혀 상처를 입을 우려가 있다고 한다. 이렇게 배를 밧줄로 몸에 메고 끌고 가는 이들을 '견부(纤夫)'라고 한다. 심한 급류에서는 힘에 부쳐 배와 함께 떠내려가 모두 죽기도 했다는 슬픈 이야기도 전해진다. 그러나 지금은 싼샤댐으로 인하여 수위가 오른 탓인지 그런 곳은 볼 수가 없다.

우리나라에서도 얼마 전에 예전의 방식대로 배를 끌고 가는 장면을 방영한 적이 있다. 하지만 지금은 전혀 그렇지 않다. 앞으로 이런 방영은 현실에 맞게 보여 주었으면 하는 생각이 든다.

여하튼 배에 오르니 20명 정도의 독일인 단체 여행자들이 함께했다. 이들에게 이번 2014년 월드컵 우승을 축하한다고 말해 주었더니 한국 축구도 아주 훌륭하다고 한다. 이럴 적마다 독일의 바덴바덴에서 사는 외조카가 생각나기도 한다. 아울러 독일어를 조금이라도 배워둘 걸 하는 아쉬움도 남는다.

선눙시 협곡으로 접어들었다. 협곡의 아름다움과 웅장함은 이제 새삼 표현할 필요가 없다. 가이드가 절벽으로 원숭이가 나타났다고 하면 여행자들은 신기한 듯 카메라를 들이대곤 한다. 한가롭기 그지없는 투쟈족의 평온한 마을도 지났다. 한 시간 정도 흘러 들어간 곳에서 배가 멈추었다.

더 좁은 협곡을 가기 위해 이곳에서 다시 작은 배로 갈아타야만 한다. 여행자들은 열 명씩 인원수를 맞추느라고 잠시 애를 먹고 있었다. 열 명이 채워지는 대로 나룻배는 줄을 지어 출발했다. 아가씨 가이드가 가끔 투쟈족의 방언인 '휘찌, 아리꾸' 등등의 언어를 가르쳐 주기도 하고, 투쟈족의 전통 가요도 불러준다. 나는 가이드에게 잠시 앉아달라고 부탁을 했다. 나룻배의 노를 젓고 있는 세 사람의 모습을 사진으로 담고 싶었다. 그들은 허름한 청바지를 입었는데 상체는 모두 벗어버렸다. 그들의 햇볕에 그을린 등에는 생계를 위한 삶의 고통이 여실히 묻어나고 있었다. 젊은이도 있지

후베이성 선눙시 뱃사람

만 예순을 넘긴 노인도 이 노를 젓는 데 한몫하고 있다. 노인은 주름으로 젊은이는 까만 피부로 온갖 애환을 드러내고 있다. 그들의 얼굴은 이승의 모든 고통을 다 짊어지고 있는 듯 보인다.

마지막 지점에 가서 돌아오기까지 한 시간 이상을 그들은 노를 저었다. 되돌아오는 강물에 그림자가 드리우기 시작했다. 대개는 구경을 마치면 사람들은 조용해진다. 아무리 좋은 볼거리라도 구경 후에는 기대감과 차이도 있기 마련이다. 유람선에 꽂힌 중국 오성홍기(五星紅旗)만이 펄럭이고 있다. 숙소에 들어와 방의 놓인 책자를 들췄다. 옛날 선눙시에서 배를 끌고 다녔던 사진들을 모아 둔 책자다. 나는 그들의 애환이 담긴 이 사진을 보고 또 보았다. 이번 여행에서 가장 인상적으로 남을 선눙시의 여행이기 때문이다.

충칭 홍즈바(홍지파, 紅池坝)와 진포산(금불산, 金佛山)

1) 우시(巫溪)의 홍즈바

충칭(重庆) 동북쪽에 장강을 끼고 있는 펑제(奉节)이란 곳이 있다. 펑제는 백제성(白帝城)이 있어 유명한 곳이다. 유비가 아들 유선을 제갈량에게 맡기고 여생을 마친 곳이 백제성이다. 장강이 흐르는 펑제에서 백제성을 둘러보고 우시로 발길을 옮겼다.

펑제에서 우시를 가는 고속버스는 많은 터널을 지났다. 우시에서 다시 홍즈바를 가려면 구불구불 험준한 산속을 오른다. 홍즈바는 날씨가 서늘하여 한여름의 더위를 피하기 위한 피서지로 주목을 받는다. 산 위에 자리 잡은 두 개의 마을을 지나는데, 오를 적마다 이곳이 산인지 평지인지 구분이 안 될 정도로 마을이 무척 넓다. 정상이다 싶으면 또 위에 산이 나타나곤 했다. 우시에서 세 시간 정도를 달렸다.

홍즈바로 가는 버스 안에서 충칭에서 온 두 명의 고등학교 여선생들을 만났다. 늘 여행에서 현지인이나 중국인 여행자들을 만나면

충칭 우시 훙즈바

헤어질 때까지는 편하다. 그들이 알아서 모든 것을 계획하고 해결해 주기 때문이다. 나는 이들의 의견에 맞추어 함께 하면 그만이다.

초원을 구경한다고 하면서 말을 섭외하는 것도 이들이 알아서 흥정한다. 그럴 적마다 나에게 상의를 하곤 했지만, 무조건 그들의 의견을 존중했다. 식사할 때도 음식의 이름을 말하며 맛의 느낌까지 말해 주곤 한다. 하루의 여행 일정도 알려주면서 자기들이 알아서 계획한다. 그들을 따라다니며 여행을 즐기다 보면 모든 것이 걱정 없이 만족스럽다.

말을 타고 초원과 양 떼의 무리를 향해 달려갔다. 고산의 시원한 바람이 오랜만에 여름을 잊게 해 주었다. 훙즈바는 하나의 초원이고 이곳에는 화해(花海)라고 하는 넓은 꽃밭이 있다. 산기슭과 언덕을 타고 노란 금계화의 물결이 바람에 춤을 춘다.

말에서 내려 꽃길을 걸었다. 수많은 여행자가 이미 화해(花海)의 꽃밭을 헤치고 지나갔다. 하지만 이듬해를 걱정하지 않아도 된다.

이곳의 화원 관리사가 한쪽 구석에서 훼손된 곳을 채울 수 있는 꽃씨를 뿌리고 관리하고 있기 때문이다.

우리는 꽃밭에서 오후를 보냈다. 따가운 햇볕을 피하려고 꽃밭 속의 한 그루 나무 아래로 들어갔다. 벌과 나비들이 윙윙거리며 꽃밭을 날아다닌다. 우리는 꽃밭에 앉아서 가지고 온 과자와 먹을거리를 놓고서 이런저런 대화를 나누었다.

학교 교직원들의 체계와 학생 수업, 그리고 학생의 학교생활 등에 대한 이야기를 주고받았다. 한 여선생은 학생 흡연 문제로 부모와 상담한 내용을 흥분된 어조로 말했다. 때로는 너무 빨리 말해도 알아들은 척하면 더욱 기운을 내며 말하기도 했다.

해외여행을 한다고 하면 제일 먼저 곤란하게 다가오는 것이 그 나라의 언어다. 그래서 어떤 이는 작은 책자를 구입하여 다니기도 하고, 간단한 인사와 몇 가지 중요한 회화를 외워가기도 한다. 하지만 실제로 그 나라에 여행하는 동안 그리 쓸모 있게 사용된 적

충칭 우시 훙즈바

은 극히 적다. 게다가 사람들을 만나면 몇 가지 적어간 대화를 한 이후로는 더 많은 시간을 함께 할 수가 없다. 어느 나라의 말은 쉽고 어느 나라의 말은 어렵다는 편협한 생각도 버려야 한다. 외국어는 어느 나라 언어든 배운다는 것이 힘들 수밖에 없다. 언어는 수많은 반복에 의해서 자연스럽게 익히는 것이지 배우고 외우고 하는 것이 아니다. 그래서 외국어를 공부하면 그 나라 사람처럼 할 수 있기를 기대하지 말아야 한다.

해가 기울어지는 시간에 우시로 돌아갈 준비를 했다. 버스 정류장에 가니 마침 차가 대기하고 있다. 이들은 어느새 마지막 버스 시간도 알아 두었던 것이다. 우시로 돌아오니 어둠이 내려앉고 있다. 오늘 너무 고마운 나머지 저녁 식사를 같이하자고 했다. 하지만 두 여선생은 이곳에 있는 친척과 이미 약속을 하여 친척집으로 가야한다고 했다.

어둠 속에서 여선생들과 헤어진 후 숙소로 돌아왔다. 다음 날 나는 다닝허(大宁河)의 물결을 타고 우산(巫山)으로 향했다.

2) 난촨(남천, 南川)의 진포산(금불산, 金佛山)

충칭(重庆)에서 남쪽으로 한 시간 정도 가면 난촨이란 곳이 있다. 진포산(금불산)은 난촨에서 멀지 않은 곳에 있다. 진포산을 여행할 때는 충칭 의대 졸업을 앞두고 난촨으로 실습을 나왔다는 두 명의 여학생을 만났다.

이들도 훙즈바에서 만난 여선생들과 조금도 다르지 않았다. 외국인이라는 그것 하나로 나에게 이렇게 잘해주는 것인지 의문이 갈 정도다. 내 딸도 지금 의과대학 졸업을 앞두고 있다는 말에 더욱 친절을 아끼지 않았다. 산에 오르니 이곳도 훙즈바처럼 날씨가 서늘하다. 안개인지 구름인지 산을 휘감고 돌 때마다 언뜻언뜻 보이는 산봉우리들이 가히 절경이다.

오늘 몸이 무거운 것은 어제 우룽(武隆)에 있는 티엔성산치아오(천생삼교, 天生三桥)라는 풍경구를 다녀서일까? 천천히 걸었다. 우리는 동굴과 생태 석림을 둘러보고 잔도를 걸었다. 내려오기 전에 '天下第一佛洞'이라 쓰여 있는 고불동(古佛洞)을 들어갔다. 화려한 조명 아래 금색의 커다란 좌불과 마주했다.

진포산(금불산)이란 명칭은 저녁노을에 비친 산세의 형상이 금색의 불상과 같다고 하여 이렇게 이름 지어졌다. 하지만 이 금색의 좌불이 있어 금불산이라 했는지도 모른다. 부처님께 안전한 여행과 평안을 빌었다.

동굴을 나와 우연히 여학생들의 동기들을 만났다. 여학생들은 나를 소개해 주면서 함께 기념 사진도 남겼다.

구경을 마치고 버스를 기다리는데 나에게 앉아 있으라고 하면서 둘이 교대로 줄에 서 있다. 버스를 타려는데 다른 사람들이 자리를 잡으려고 짐을 집어 던지듯 차창 안으로 밀어 넣는다. 여학생도 급히 자기의 짐을 차 안으로 넣었다. 차 안에 들어가서 나에게 앉으라고 권한다.

무질서에서도 어른을 공경하는 자세를 보고 감동했다. 이들은 난촨의 내 숙소까지 와서 나의 불편한 것이나 부족한 것은 없나 하고 살펴주는 일도 잊지 않았다.

요즘은 우리나라에서 시내버스를 타면 어른에게 자리를 양보하는 경우가 드물다. 시청에 전화를 걸어 차 안에서 자리를 양보하라는 방송이나 자막을 내보내 달라고 한 적도 있다. 이런 말을 하면 사람들은 '그럼 중국 가서 살아.'라고 하는 빈정대는 말도 여러 번 했다.

충칭 난촨 금불산에서 의대생과 함께

고등학교 시절에는 시내버스 안에서 친구나 내가 앉아있고 어른이 올라오시면 우리는 당연하다는 듯이 자리를 어른에게 양보했다. 오늘날은 더 발전했는데 우리 젊은이들은 왜 이럴까. '이게 우리나라의 발전한 모습인가.' 하는 마음이 나를 무겁게 짓누른다.

인간의 삶은 가진 것에 비례하지 않는다. 아시아에서 가장 행복하게 사는 나라가 '부탄'이라고 하는 말이 무엇을 의미하는지 잘 말해주고 있다. 인간미 있게 사는 사회가 되었으면 좋겠다. 유독 나에게만 그렇게 부정적으로 보인 사회였는지 부끄럽다.

여학생들은 병원의 기숙사로 가고, 나는 다음 여정을 위해 완성(万盛)의 헤이산구(黑山谷)로 향했다.

우루무치(烏魯木齊) 빙촨(冰川)에서

　　　　　　신장웨이우얼자치구(新疆維吾尔自治区)를 여
행할 때의 일이다. 시안(西安)에서 기차를 타고 44시간을 달려 투
루판(吐魯番)에 도착했다. 투루판의 건포도는 중국 어디에서나 이
름이 나 있을 정도로 유명한 상품이다. 가오창구청(高昌古城)과 자
오허구청(交河古城)을 둘러보며 지낸 시간도 이틀이 걸렸다.

　투루판을 떠나 우루무치로 가면서 황토 벌판에 석유 시추기가
돌아가고 있는 것을 보았다. 이것이 웨이우얼족의 독립을 가장 방
해하고 있는 것은 아닐까 하는 생각도 해 보았다. 그만큼 중국이
탐내고 있는 유전지대의 한 곳이기 때문이다. 우루무치에 도착하
니 먹구름이 드리우고 비가 올 것 같다. 도심의 밤거리는 웨이우
얼족 상인들이 굽고 있는 양꼬치 냄새로 가득하다.

　이튿날 아침 다행히도 밝은 햇살이 창문을 비집고 들어왔다. 간
단히 짐을 챙긴 후 제일 먼저 찾은 곳이 빙촨(冰川)이다. 본래 이곳
을 오는 여행자 대부분은 남산 목장(南山牧场)과 톈산(天山)을 보고
자 한다. 이처럼 미리 계획하고 오는 곳도 있지만, 현지 사람들이

우루무치 빙촨

추천해 주는 곳도 많다. 빙촨이라는 곳도 전혀 모르고 온 우루무치의 풍경구다. 빙촨은 우루무치에서 차로 3시간 정도의 험준한 계곡을 따라 찾아간 곳이다. 계곡을 흐르는 물은 산상(山上)의 눈이 녹아 흐르는 물이라 맑다.

빙촨에 가는데 초원의 양들과 하얀 뭉게구름이 수많은 변화를 거듭하며 우리를 반기고 있다. 빙촨이 더욱 가까워 오니 만년설로 덮인 산봉우리들에 눈을 뗄 수가 없었다. 여름이지만 초원의 기온은 약간 서늘하다. 빙촨에 거의 도착하였을 때 운전기사가 주차장을 두고 어딘가를 향해서 가려고 했다. 하지만 길을 가로막는 그들은 이곳에 사는 소수민족인 허사크족이다. 한족(汉族)인 운전기사가 차로 미는 듯이 하자, 말을 타고 있는 허사크족도 화를 내는 듯이 하였다. 거기까지는 모두 그런대로 장난인 줄 알았다. 그런데 갑자기 나의 발밑에서 대검을 꺼내어 허사크족을 찌르려고 내렸다. 허사크족도 지지 않으려는 듯이 더 긴 칼을 들고 대항했다.

허사크족이 도망가다 넘어졌는데 한족 기사가 칼로 찌른 곳은 등의 허리 부분이다. 허사크족은 쓰러져 벽에 기대어 피가 흐르는 부분을 움켜쥐고 도움을 구하고 있다. 그러나 이곳에 병원이 있을리 없고, 병원을 가려면 우루무치까지 3시간을 가야 한다. 말을 탄허사크족들은 이런 상황을 보고 운전기사를 향하여 돌을 던졌다. 허사크족 여인들은 울면서 빨리 병원으로 데려가야 한다고 외친다. 이런 시간이 10여 분 정도 흘러갔다.

우리는 무서워서 차 안에서 내리지도 못하고 있었다. 차 문을 발로 차고 돌아다니는 허사크족은 아직도 한족의 운전기사와 다투고 있었다. 갑자기 이런 일이 발생한 이유가 있다. 이곳이 관광지로 되면서 허사크족은 돈이 되는 걸 알았다. 이들은 입장료라는 약간의 돈을 탐하게 되었고, 한족 운전기사는 이번 기회에 버릇을 고쳐야겠다고 생각한 것이다. 나중에 또 안 것이지만 다른 한 명의 허사크족이 차에 앉아 있는 운전기사 뒤통수를 때렸다고 한다.

우루무치 빙촨

중국 유랑 하

이에 격분하여 한족 기사가 칼을 빼든 것이다.

여하튼 차바퀴는 허사크족의 칼에 모두 펑크가 났다. 우리는 겨우 내려 빙촨 정상을 가기 위해 말을 탔다. 허사크족 말 주인과 1인당 45위안에 가격을 정했다. 말 주인은 '핑궈'라는 이름의 예쁜 아가씨다. 2-3년 정도 말을 탔다는 그녀와 함께 말고삐를 이리저리 바꿔가며 빙촨으로 향했다.

1시간 정도 오르니 설산이 빙벽처럼 내 앞을 막아서 있다. 산상(山上)의 눈이 녹아 사계절 물을 내려주는 자연의 섭리는 위대하기만 하다. 구름이 이곳을 지나다 머물러 눈이 되고, 산은 조금씩 그 눈을 절삭하면서 우루무치의 누런 대지에 푸른 초원을 만들어 내는 것이다. 한마디로 신의 사랑이고 베풂이다. 내려올 때는 말 타는 것이 위험하다 싶어 걸어서 내려 왔다. 내려오니 차는 아직도 펑크난 채로 눌러앉아 있다. 가이드가 연락한 다른 차가 곧 올 거라 해서 허사크족의 멍구빠오(蒙古包)에서 점심을 먹고 있었다. 일정으로는 남산 목장까지 구경하기로 되어 있었다. 다른 차라도 섭외를 하여 일정에 맞게 남산 목장으로 가야 하는데, 가이드는 다른 운전기사와 몇 푼의 돈을 가지고 흥정하다가 빈 차로 가는 차를 놓쳐 버렸다.

오후 해가 기우니 추위는 조금씩 더해지고 있었다. 만약 더 추워지는 밤을 생각하니 추위와 그들의 거친 행동이 더욱 마음을 짓누르고 있다. 허사크족 아이는 내가 손목에 차고 있는 시계가 탐이 나는지 자기에게 선물을 하라고 치근대며 붙어 다녔다. 말채찍이 신기하여 값을 물었더니 계속 사라고 하는 그들의 행동도 두려웠다.

이러는 와중에도 빙촨의 초원에 무지개가 떠올랐다. 멍구빠오를 감싸고 떠오른 무지개가 얼마나 아름다운지 잠시나마 공포의 시간도 잊은 채 사진을 남기기에 바빴다. 랴오닝성 친구가 우루무치에 있는 공안에게 전화를 걸었다. 감기로 아픈 아이와 외국인 (한국인) 그리고 일행 모두가 이곳에서 어려운 상황을 맞고 있으니 빨리 대책을 세우라고 말했다. 두세 번 전화를 한 후에야 기다리던 차가 왔다. 버스에는 혹시나 또 사태가 안 좋을까 싶어 공안과 한족 가이드 4-5명이 함께 왔다. 공안이 묻는 상황을 랴오닝성 친구가 사실대로 말했다. 공안이 조서를 작성한 후 차에 올라 우루무치에 도착한 시간은 저녁 10시다.

오늘 남산 목장을 가지 못한 것에 대한 보상을 받아야겠다고 생각하여 여행사 직원들에게 말했다. '오늘 아침 9시에 출발한다는 차가 10시 반이 되어서야 출발하였고, 빙촨에서 가이드의 대처 방법도 현명하지 못했으며, 차를 불러도 이렇게 늦게 오는 이유가 무엇인가?'를 따지듯 물었다. 그들은 무조건 잘못하였다고 하면서 내일 톈산과 남산 목장(南山牧場)에 함께 가겠다고 한다.

시안에서 고기값을 깎으려다 정육점 주인이 칼로 내 팔목을 자르려는 시늉에 놀라기도 했던 기억이 되살아나기도 했다. 이런 것을 여행의 추억으로 치부할 수도 있겠지만, 두 번 다시 일어나지 않기를 간절히 빌었다. 아울러 허사크족 청년의 건강이 크게 다치지 않았기를 기도했다. 빙촨에서의 위험했던 순간도 하루해가 저물 듯 망각의 시간으로 돌아눕고 있었다. 다음 날 남산 목장과 톈산을 돌아보고 서부 도시 이닝(伊宁)을 향하여 떠났다.

구이저우성 완자이(완채, 碗寨) 마을의 화재

　　　　　　길을 걷는다. 조그만 배낭을 등에 지고 가벼운 마음으로 길을 걷는다. 약간의 과일과 마실 물이면 족하다. 더 필요한 것이 있다면 '찰칵' 소리와 함께 영원한 추억을 담을 수 있는 사진기다. 필요한 것이 있어도 무거운 것이면 짐이 되어 버린다는 욕심의 한계를 잘 느끼고 있다.

　구이저우성 룽장(榕江)에서 자이하오(寨蒿)를 지나 완자이(碗寨)에 갔을 때의 일이다. 자이하오에서 완자이로 가는 길은 교통이 불편한 정도가 아니라 아예 버스가 없는 곳이다. 차가 다닌다면 산에 나무를 실어 나르는 트럭 정도이다. 완자이 마을 사람들조차 자이하오에서 차를 전세 내야만 갈 수 있는 곳이다. 다행히 완자이로 가려는 사람들이 있어 비교적 요금을 절약할 수 있다는 생각에 함께 가기로 했다.

　얼마 가지 않아 피할 수 없는 비탈진 산길에서 나무를 실어 나르는 트럭과 마주쳤다. 좁은 길에서 상황을 살피느라 한동안 시간을 소비했다. 운전기사의 갈 수 없다는 말을 듣고서야 어쩔 수 없

구이저우성 완자이마을

이 걸어서 가기로 했다. 굽어진 산길을 넘어서 도착한 완자이는 산 전체를 덮어버린 집 짓는 대공사가 진행되고 있었다. 이 공사의 장면을 보는 것도 장관이었다.

마을 사람을 만나 이런 사정의 내막을 들었다. 어처구니없게도 어린아이의 불장난으로 2006년 12월 26일 모두 화재로 소실됐다는 것이다. 다시 집을 지을 돈이 있느냐는 물음에 약간의 정부 보조와 은행 대출을 받아서 짓는다고 한다. 이 공사는 일 년이 지났지만 아직도 낮이면 망치질과 톱질로 삶의 터전을 하나하나 세우고 있다.

지난번 자오싱(肇兴)에서 탕안(堂安)에 갔을 때도 젊은 친구가 마을에 못 들어가게 했다. 이유를 물으니 화재가 있었다는 것이다. 양해를 얻어 막상 들어가니 주민들이 아주 반갑게 맞아 주었다. 화재로 소실된 부분을 다시 복구하느라 힘겨운 주민들의 모습을 볼 수 있었다.

구이저우성의 농촌 가옥들은 대부분 나무로 건축되어 있다. 집

구이저우성 완자이 마을에서

안으로 들어가 보면 밥을 짓는 부엌이나 거실에서 피우는 화로 등으로 인하여 화재가 날 위험이 높다. 게다가 가옥들도 서로 가깝게 붙어 있어 화재로 인하여 이웃집으로 번질 가능성도 매우 크다.

어린 시절에 담배를 피워 본다고 하다가 화재가 발생할 뻔한 적이 있다. 이후로 집안에서 담배를 피우고 나면 한 10여 분이 지난 뒤에야 집을 나가곤 했다. 금방 나가면 혹시 잔 불씨로 인하여 화재가 나면 어쩌나 하는 불안감이 따라다녔기 때문이다. 엄히 말하면 이것도 정신적인 병이다. 이것을 치료하는 최선의 길은 담배를 끊는 것이다.

완자이 마을에 둘러보다가 식사를 준비하는 한 가족을 만났다. 이들은 식사를 같이 하자고 청했다. 이 와중에도 같이 식사하자고 하는 마음이 얼마나 고마운지 말할 수 없었다. 사람이 고마워하는 것은 필요할 때 도움을 받는 일이고, 서운해하는 것은 작은 소홀함에서 오는 것이다. 집에서 만든 쌀 술도 한 잔을 건네받았다.

내가 도와줄 수 없다는 것을 알면서도 그들은 지금의 상황을 소상히 말해 주었다. 주변을 둘러보니 다행히 조그만 소학교는 화재로부터 벗어나 있었다. 마당 같은 운동장에서 몇몇 아이들이 뛰어놀고 있다. 마침 교장이라며 허름한 복장을 한 분이 다가왔다. 잠시 이야기를 나누고는 교무실로 안내하여 두 분의 선생님을 소개받았다.

그중 한 분과 화재 현장의 이곳저곳을 둘러보았다. 구호 적십자단 천막이 임시로 이 지역 주민의 잠자리를 제공하고 있다. 한 순간의 방심과 어린아이의 불장난이 만들어 놓은 결과다. 온 마을을 불태워 버린 상황에 원망하거나 분노하는 빛은 이미 사라졌을까. 빨리 복구해서 예전의 생활로 돌아갈 수 있기를 간절히 바랐다.

덤덤한 표정의 그들을 멀리하고 다시 학교로 돌아왔다. 자이하오로 나오는 길은 걱정하지 않아도 되었다. 자이하오에서 출퇴근하는 소학교 선생이 오토바이를 태워주겠다고 약속했기 때문이다. 완자이 마을을 떠나면서도 목수의 망치질 소리가 귓가에서 떠나질 않았다.

윈난(云南) 징훙(景洪)의 포쉐이제(泼水节)

20년 전 중국을 여행한다고 첫발을 디딘 곳이 윈난의 시솽반나(西雙版納)라고 하는 징훙(景洪)이다. 이후로 윈난의 징훙은 어쩌다가 다섯 번이나 찾아갔다. 매번 겨울 휴가철이었으니 색다른 징훙의 풍경을 그동안 느끼지 못했다.

이제 퇴직을 하고서 제일 먼저 찾은 곳이 또 윈난이다. 3-4월의 윈난은 청명한 날씨 속에 따뜻하기 그지없다. 중국을 간다고 하면 왜 매번 중국을 가느냐고 묻는 지인들이 많았다. 아무런 이유를 말하지 않았지만 윈난은 동남아 지역의 한 부분처럼 느껴진다. '사계절 봄'이라고 하지만 징훙 지역은 아열대 지역에 속한다.

이곳의 여러 소수민족이 살아가는 모습은 언제나 나의 마음을 푸근하게 만들어 주곤 한다. 윈난의 농촌 지역을 여행하면 욕심을 버린 순수한 삶의 문화에 젖어들게 된다. 변명 같은 이유가 또 하나 있다면, 우리나라의 3-4월 날씨는 나의 건강을 괴롭혔다. 건조한 날씨와 황사 그리고 꽃샘추위로 인하여 늘 감기에 시달렸다. 기침하면서 직장을 다니는 동안 건강을 의심하는 스트레스 속에 생활했다. 이런 이유로 윈난을 찾았는지도 모른다. 아마 매년 3-4월에는 이곳을 찾지 않을까 하는 생각을 해보기도 한다.

운 좋게도 이맘때가 징훙에 살고 있는 다이족(태족, 傣族)의 춘절이 들어 있다고 한다. 이 때 '포쉐이제(泼水节)'라는 다이족의 성대한 축제가 열린다. 양력으로 4월 보름쯤에 열리는데 서로에게 물을 뿌림으로써 새해의 안녕을 기원한다고 한다. 물론 징훙에서만 열리는 것은 아니다. 징훙 주변에 있는 소도시에서도 나름대로 즐거운 축제를 준비한다. 나는 이 축제를 마음껏 즐기겠다는 생각으로 보름 동안을 이곳에 있었다.

3시간 이상 걸려 찾아간 멍한(勐罕)에서도 엄숙한 의식 속에 치러진 포쉐이제라는 축제를 즐기고 돌아왔지만, 징훙의 포쉐이제 축제는 앞으로 열흘이나 남았다. 그동안 나는 높은 나무 사이로 난 그물 다리를 타고 다니며 마음껏 스릴을 느낄 수 있는 멍라(勐臘)의 왕톈수(망천수, 望天树), 멍윈(勐运)의 신선이 놀았다는 아름다운 선경(仙景), 미얀마와 국경을 접하고 있는 다루오(打洛)의 외롭

윈난성 멍한(勐罕) 물축제

게 서 있는 큰 두수청린(독수성림, 独树成林), 멍하이(勐海)의 특별한 정자로 이름을 얻은 징전(경진, 景真) 팔각정(八角亭)과 차밭으로 유명한 운차원(云茶园), 푸얼(普洱)의 코뿔소가 있는 시뉴핑(犀牛坪)과 매이즈화 공원(梅子花公园), 샤오멍양(小勐养)의 야생 코끼리 무리를 보기 위하여 찾아간 예샹구(野象谷) 등 징훙 주변을 돌아다녔다.

드디어 축제의 이브 날이 다가왔다. 란창강(澜沧江) 대교에 어둠이 내리고 사람들이 몰려들기 시작했다. 밤하늘에 폭죽이 터지고 불꽃놀이가 이어지면서 사람들은 밤거리로 나와 '공명등'을 띄우기 시작했다. '공명등'이란 제갈량이 쓰고 다니던 모자의 형상이라 해서 붙여진 이름이다. 어떤 이는 '구명등'이라고도 한다. 유비가 병상에 누워있을 때 전쟁에 나간 제갈량이 살아있음을 알리기 위해 띄웠다고 한다. 이를 보고 유비가 마음을 편히 했다는 의미로 '구명등'이란 이름을 붙였다고도 한다. 그들 틈새에서 나도 '공명등'을 하나 띄우면서 소원을 빌었다. 내가 띄워 올린 공명등은 어두운 밤하늘 어딘가로 저 멀리 날아갔다.

윈난성 징훙(景洪)의 공명등 띄우기

다리 아래로 보이는 야식(夜食) 거리도 발 디딜 틈이 없어 보인다. 란창강을 따라 야경의 불빛을 토해내는 한 척의 유람선이 물길을 거슬러 오른다. 밤하늘과 징훙의 시가가 환희에 젖는다. 다리 아래로 내려가 야식 거리를 걸으면서 이것저것 맛을 보는 것도 즐거움이다. 숙소로 돌아오는 길거리에는 내일을 위한 물총을 파느라 장사꾼들의 움직임이 분주하다. 12시가 넘어서야 숙소로 돌아왔지만 언제 시간이 흘러갔는지 가늠을 할 수가 없을 정도다.

윈난의 다리(大里) 아래에 있는 웨이산(巍山)이란 곳에서 '샤오츠지에(小吃节)'라는 축제의 거리를 걸을 때도 이와 같았다. 약 한 달 전 웨이산 고성을 중심으로 난 고가의 좁은 길을 걸으며 먹거리를 즐긴 기억이 새롭다.

아침에 눈을 뜨니 벌써 거리가 소란스럽다. 창문을 열고 밖을 보니 젊은이들이 삼삼오오 무리를 지어 물장난한다. 지나가는 사람들에게 물을 뿌리며 서로 장난하는 모습을 보면서 오늘 하루 기대되는 바가 컸다.

일찍 식사를 마치고 서둘러 포쉐이 광장(泼水广场)으로 향했다. 길을 가면서 몇 대 얻어맞은 물총에 옷은 이미 젖어 있다. 나도 '즈쉐이챵(滋水槍)'이라고 부르는 물총을 하나 샀다. 광장에는 이미 많은 인파가 인산인해를 이루고 있었다. 어디선가 방송으로 축제의 흥을 돋우는 소리가 흘러나온다. 사람들은 일제히 서로에게 물을 뿌려대고 있다. 광장에는 하얀 포말의 물결이 공중으로 휘산되고 있다. 한마디로 장관이다.

도로변에서도 차를 타고 지나가면서 사람들에게 물을 퍼붓기도 한다. 멍한에서는 약간의 의식을 거행하면서 탑 주위에 준비된 물을 뿌리는 축제이고, 푸얼시의 매이즈화 공원(梅子花公园)에서는 물풍선을 던지며 즐기는 축제이었다. 점심때가 되어 식당에 들어가

윈난성 징훙(景洪)의 포쉐이제(泼水节)

려는데 식당 주인도 손님인 나에게 물을 뿌려 도망처 나왔다. 알고
보니 이날은 식당도 영업을 손 놓고 축제를 함께 즐기는 것이다.

우스운 이야기지만 예쁜 아가씨들에게는 더 많은 물세례가 행
해진다고 한다. 물세례를 많이 받을수록 더 많은 축복과 은총이
있는가 보다. 이 축제에도 약간의 예법을 지켜야 한다는 말도 들
었다. 아주 연세 많은 노인이나 아주 어린아이에게는 물을 뿌리지
말라고 한다. 또 상대방의 눈에는 물총을 쏘면 안 된다고 한다. 어
느덧 광장의 물이 말라가는 오후가 되어서야 축제는 끝이 났다.
이 축제를 즐기려고 보름을 징훙에 있었다. 4월 이맘때가 되면 이
날의 기억이 언제나 되살아날 것만 같다. 축제를 마치고 윈난에서
차밭으로 제일 유명하다는 이우(易武)로 떠났다. 이우로 가는 버스
에서 란창강을 바라보았다. 이틀 전 공명등을 날리고 야식 거리를
거닐고 물총을 쏘며 즐겼던 추억이 머리에서 아른거린다.

쑹산(嵩山)에서 이런 일이

　　허난성(河南省) 덩펑(登封)시에 있는 샤오린스(소림사, 少林寺)라는 유명한 절을 찾았다. 오늘따라 무더운 날씨에 먹구름까지 내려앉아 금방이라도 비가 올 것만 같다. 오히려 이런 날씨가 더위로 땀을 흘리는 것보다 나을지도 모른다.

　　이곳에는 쑹산의 절경을 구경하러 가는 쑹양 케이블카가 있다. 쑹산소림 케이블카도 있고 또 하나는 기억이 나지 않는다. 그런데 비가 올 것 같은 날씨 관계로 다른 곳은 운행을 정지하고 쑹양 케이블카만 운행하고 있다. 먹구름만 가득하고 비가 내리지 않기에 쑹산을 보고자 케이블카에 올랐다.

　　간간 내려오는 케이블카에 탄 사람들이 스쳐갔다. 어느 정도 정상에 다가갔는가 싶었는데 케이블카가 갑자기 움직이지를 않았다. 아래를 내려다보니 높은 공중에 매달려 있음을 실감했다. 조금 있다가 다시 운행되는가 싶더니 1분도 채 못 가서 또 멈추어버렸다. 거의 산 정상에 다다른 것인지 아래가 그리 깊지는 않았다.

　　이 케이블카는 긴 의자로 되어있고 위에 덮개만 있을 뿐 밀폐되

허난성 샤오린스 공연

어 있지 않다. 오르는 케이블카의 바로 앞뒤로는 사람이 타지 않았
다. 다행히 내려오는 케이블카에 아주머니와 초등학생 정도의 아이
가 타고 있다. 무섭냐고 물었더니 전혀 무섭지 않다고 한다. 어디서
왔느냐고 물었더니 장시성(강서성, 江西省) 성도인 난창(南昌)에서 왔
다고 한다. 이렇게 아주머니와 대화를 나누면서 시간을 보냈다.

　가끔 빗방울이 떨어지는 가운데 공중에 매달려 있는 시간이 길어
질수록 두려운 마음이 더해졌다. 떨어지면 굴러서 저 아래로 곤두
박질칠 것 같은 기분이 떠나질 않았다. 오후 다섯 시 정도인데 산의
9부 능선에서는 추위가 일찍 살 속으로 잦아들고 있다. 아이도 추워
하는지 어머니가 치마로 아이를 감쌌다. 아주머니는 매표소 사무실
로 전화를 하려 했다. 아주머니는 표의 전화번호를 가지고 있고, 뒷
칸에 탄 또 다른 아주머니는 휴대전화가 있었다. 큰소리로 전화번
호를 불러 주기를 여러 번 반복하여 전화를 했다. 하지만 직원들이
아무런 조처를 하지 않고 있는 것 같았다. 우리나라에서 이러한 일
이 발생하면 관계자인 사장이 책임을 면할 수 없다고 말해 주었다.

쑹산(嵩山)에서 이런 일이　　　**85**

한 시간 이상 흐르는 동안에 산에서는 천둥소리가 연이어 들려왔다. 몇 마리의 까마귀가 '까악 까악' 음산한 울음을 쑹산의 한가운데에 선명하게 토해내고 있다. 뒤돌아본 저 아래는 많은 사람들이 분주히 이리저리 움직이고 있다. 그런데 수풀 사이로 사람들의 목소리가 들려왔다. 내려다보니 세 사람이 사다리를 들고 산을 오르고 있다. 땅에서 높이 매달려 있는 케이블카에 탄 사람들은 어찌할 수 없었다. 우리를 위해서 오르고 있는 것 같았다. 몇 칸 뒤에 있는 다른 사람을 사다리로 내려주었다. 나에게로 와서 '위로 가겠느냐 아래로 가겠느냐.'고 물어왔다. 어차피 많은 시간이 흘러 구경을 하기에는 늦었다 싶어 내려가겠다고 했다. 사다리를 걸치고 간신히 균형을 잡으면서 케이블카에서 내렸다. 아주머니와 아이도 내렸다. 비에 젖은 데다가 높은 산 속의 저온으로 인하여 몸이 굳어버릴 것 같았다. 입술도 덜덜 떨렸다. 산에서 내려가면서 땀을 내면 괜찮을 것 같다. 숲속으로 난 좁은 길이 비에 젖어 축축하고 미끄러웠다. 가끔 1-2m 정도의 낭떠러지가 나타났다.

허난성 쑹산

하이힐을 신은 아주머니와 어린아이는 나의 도움 없이는 내려가기가 어려웠다. 아이를 안아 내려주고, 아주머니도 허리춤을 안으면서 위험한 길을 내려오기 시작했다. 때로는 풀숲의 가시덤불에 살이 긁히고, 내려오는 길에 엉덩방아를 찧어 바지가 흙에 더럽혀지기를 여러 번 했다. 큰길로 접어드는데도 한 시간 정도 흘렀다.

아주머니 일행과 나는 매표소로 향했다. 내려오니 두 명의 아주머니와 두 명의 초등생 아이가 더 있었다. 아마 어머니 셋이 각기 자녀를 데리고 난창에서 여행을 온 모양이다. 여섯 시를 훌쩍 넘긴 시간에 매표소에 오니 모두 퇴근했다. 매표소에는 직원 혼자 앉아 있었다. 내가 환불을 해달라고 표를 내미니 표값 25위안만 돌려주려 했다. 돈을 다시 창문으로 확 던지면서 말했다. 이런 사태를 발생시켜 힘들게 산에서 내려왔고, 풀숲에 긁혀 살에서 피도 나고 옷도 다 버렸는데 표값만 환불하면 되느냐고 항의했다. 하지만 자신이 어찌할 수 없는지 전혀 보상할 기미가 보이지 않았다. 아주머니들도 한동안 매표소 창문을 깰 듯이 거세게 항의했지만

허난성 쑹산 삼황채

아무 소용이 없었다. 다투기를 한동안 하고 있는데 경찰차가 왔다. 아주머니들이 자초지종을 다 설명했는데 경찰들도 아무런 말도 없이 가 버리고 말았다. 어느 정도 보상을 기대했으나 결국 틀렸다 싶어 표값만 받고 돌아섰다.

이렇게 살아가는 것이 사회주의의 방식이라고 간단히 해석하고 말았다. 숙소로 돌아와 주인의 허락을 받고 세탁기에 옷을 넣었는데, 꺼내놓지 않은 인민폐 잔돈들도 세탁기 속에서 열심히 세탁되었다.

아침에 일어나 창문을 보니 날씨가 청명했다. 햇살이 어제의 먹구름 속에서 일어났던 모든 일들을 기억 속에서 지우고 있었다. 쑹산을 향한 어제의 케이블카에 다시 올랐다. 매표소에서 실랑이를 할 때 있었던 주변의 사람들이 나를 알아보고 웃음으로 인사를 나누었다.

케이블카는 어제의 사고를 잊은 듯 조용히 미끄러져 올라가고 있었다. 어제 그 자리의 위치가 가까워오자 '내가 여기서 한 시간 반 동안을 추위와 두려움에 있었다.' 생각하고 있는데 또 바로 이 지점에서 멈추었다.

너무도 두렵고 무서웠다. 어제의 악몽이 되살아나고 있었다. 뭐라고 이해를 할 수가 없는 상황이다. 내가 죽어야 할 장소처럼 불길하게 느껴지기조차 했다. 신이 쑹산에서 일어날 위험한 상황으로부터 나를 보호하느라 미리 계시를 주는 것은 아닌가 하는 생각도 해 보았다. 2~3분 후에 케이블카가 운행을 재개했지만, 짧은 순간에 수많은 상념이 스쳐갔다. 2km 정도의 거리에서 두 번이나 같은 자리에서 이런 일이 발생했다.

쑹산이 나를 더욱 겸손하고 성숙하도록 만들고 있는 것은 아닌가 하는 생각도 들었다. 오악 중의 하나인 쑹산은 이렇게 나에게 다가왔다.

쓰꾸냥산(四姑娘山)에서 이런 일이

쓰촨성 르롱(日隆)에서 쓰꾸냥산을 보러 가기 위해 숙소에서 아침을 먹고 차 한 잔을 준비했다. 어제 저녁에 식사하면서 다른 테이블 손님과 어울려 함께 노래를 부르며 즐겼던 화기애애한 시간이 있었다. 그때에 집주인 아주머니는 내 옆에 앉아 술도 따라주면서 자신의 고향 이야기도 해주었다. 아주머니가 따라주는 술에 취해 밤을 보낸 르롱의 추억이 인상 깊게 다가왔다. 중국에서 흔하게 마시는 우롱차를 넣고 보온병을 들고 따르려는 순간 보온병이 터져 버렸다. 갑자기 튀는 뜨거운 물방울이 나의 허벅지로 스며들었다. 재빠르게 피하기는 했지만 급히 바지를 벗어 살펴보니 허벅지의 피부가 군데군데 벌겋게 변하고 있다.

식당 아주머니가 급히 나오더니 찬 수건으로 감싸주었다. 알코올이 있는 술이 좋다고 했더니 다시 술을 갖다 발라 주었다. 그리고는 아주머니가 어디론가 가서 붕대와 약을 가지고 왔다. 이런 곳에 약국이 있을 리도 만무했는데 하는 생각이 들었다. 아주머니는 미안한 표정을 지으며 안절부절못하고 있다. 오히려 내가 더 미안할 정도다.

쓰촨성 르롱 쓰꾸냥산

이곳 여행이 지리적으로 위험하여 다행히 고국에서 여행자보험
도 들고 왔다. 아주머니는 오늘 산행을 하지 말고 하루를 쉬라고
한다. 서서히 피부의 쓰라림이 번져 오기는 했으나 근육은 괜찮아
보여 간단히 치료한 후 산행에 나섰다. 상황이 안 좋으면 바로 내
려와 치료에 전념하겠다는 마음의 준비도 잊지 않았다. 다행스럽
게도 산행하는 동안 큰 불편은 없었다. 아침의 차가운 공기가 더
걸음을 위축시키고 있었다. 구름도 낮게 드리워있으니 대지도 축
축하고 습기가 온몸을 감돌았다.

중국의 위대한 혁명의 근대 역사로 우리는 '대장정'이란 말을 자
주 입에 올린다. 마오쩌둥의 홍군이 장제스의 국민당군과의 혈전
에서 열세를 면치 못했다. 이때 험준한 지세를 이용해 도주하면서
역전의 기회를 맞이한 곳이 이곳이다. 대장정의 이야기로는 수십
개의 강을 건너고 십여 개의 높은 설산을 넘어 국민당의 공격을 피
했던 기록이 있다. 이곳 쓰꾸냥산도 그중의 하나였을지도 모른다.

쓰꾸냥산을 자세히 보고자 한다면 사흘 정도의 트래킹이 요구

쓰촨성 르롱 쓰꾸냥산에서

된다고 한다. 물론 어떻게 즐기며 여행하느냐에 따라 다를 수 있다는 전제를 두고 하는 말이다. 쓰꾸냥산은 아름다운 네 자매의 전설이 있어 이렇게 이름 지어졌다고 한다. 마치 우뚝 솟은 아름답고 웅장한 네 봉우리가 네 자매의 모습으로 보여 봉우리마다 각기 이름을 붙여 주었다.

산 아래에서는 서서히 화창한 날씨를 보이고 있었다. 만년 설산인 쓰꾸냥산의 정상 봉우리가 산들 사이를 비집고 내게로 다가왔다. 수줍음을 머금고 우아한 자태를 뽐내듯 설산은 선명하게 모습을 드러냈다. 그래서 '꾸냥(아가씨)'이라는 명칭을 주었나 보다. 라마탑에서 산행의 안전을 기도하는 의식도 하고, 사찰에 들어가서는 넉살 좋게 넙죽 엎드려 절하는 것도 서슴지 않았다. 산기슭에 다다르니 산이 안개에 휩싸여 잘 보이지 않았다.

내려올 때는 말을 타고 작은 호수로 이어지는 숲길을 택했다. 옷깃에 스치는 허벅지가 점점 더 쓰려왔다. 4-5시간의 산행을 마치고 돌아온 나에게 아주머니는 허벅지를 다시 보자고 한다. 며칠

후면 청두(成都)로 가서 귀국을 하여 병원 치료를 하겠다고 안심시
켜 주었다.

아주머니는 청두에 가면 꼭 '샹즈(寬蒼子)'라는 거리를 가보라
고 한다. 떠나는 나에게 아주머니는 헤어짐의 아쉬움을 포옹으로
대신해 주었다. 어찌보면 자기 집에서 일어난 불상사에 대한 미안
함의 표현이기도 했다. 무척 걱정해 주는 아주머니에게 나는 고맙
다는 말로 거듭 감사를 표했다.

며칠 후 청두에 도착하여 '샹즈' 거리를 즐기고 귀국했다.

바로 병원에서 치료받고 여행자보험에 알려 치료비를 청구했
다. 의외였다. 삼만 원의 여행자보험을 들고 여행을 했다. 여러
가지 혜택을 모두 받을 듯이 한참을 이야기했던 보험사 직원이
다. 하지만 치료비 십 육만 원을 청구한 결과 육만 원을 보상받았
다. 보험회사의 이유는 이랬다. 어느 병원은 안 되고, 어떤 약은
안 되며, 하루에 자신의 경비도 만 원씩은 지불해야 된다고 하는
답변을 들었다. 이것 가지고 실랑이하기에는 시간적 소모와 번거
로움에서 오는 정신적 스트레스가 더 클 것 같았다. 그래도 무사
히 돌아온 여행, 정성을 다하여 간호해 준 고마운 아주머니가 있
어 행복했다.

두만강에서 압록강까지

중국을 여행하자고 하면 늘 더러운 곳이라고 했던 아내다. 달력을 보니 5월 1일 나흘간의 휴일이 이어지고 있다. 아내에게 모처럼 백두산을 가보자고 이야기를 꺼냈다. 아내는 의외로 선뜻 내 말에 응했다. 우리는 한 달 전부터 준비했다. 드디어 옌지(연길, 延吉)행 비행기를 타고 백두산 여행에 나섰다. 2009년 5월의 봄날은 여왕의 계절이라 불릴 만했다. 화창한 오월 첫날 나흘간의 연휴를 이용하여 아내와 중국 지린성에 위치한 백두산 여행에 나섰다.

아내와는 처음으로 외국 여행을 준비한 것이다. 옌지(延吉) 공항에 도착하여 내가 공항의 직원에게 말하는 것을 보고는 아내가 무척 안심을 했는가 보다. 궁금한 것이 있으면 나에게 서슴없이 물어보라고 했다. 다음 날 아침 일기가 고르지 못한 가운데 백두산 단체 관광버스에 올랐다. 이곳 옌지와 백두산과의 날씨는 누구도 알 수 없을 정도로 변화가 있기에 운이 좋으면 백두산의 아름다운 풍광을 볼 수 있다고도 한다. 출발할 때는 구름이 내려앉고, 가면서 비가 내리더니 거의 도착할 즈음에는 진눈깨비가 내리고 있었다. 우비를 하나씩 사서 걸치고 날씨가 개길 간절히 바라며 저 멀리 보이는 장백폭포 주변을 돌아다녔다. 날씨가 개었으나 정오가 되어도 눈이 쌓여 차량이 갈 수가 없다고 한다. 아쉽게도 백두산 오르기를 포기하고 버스에 오르려는데 어디선가 백두산을 갈 수가 있다는 말이 들렸다. 버스 안의 승객들이 결정할 수 밖에 없었는데, 일부는 내리고 일부는 돌아가기로 했다. 나는 아내와 내려 백두산으로 가는 지프차를 기다렸다. 긴 줄에 서서 기다리는 마음은 무척 초조하기 그지없었다.

얼마간의 기다린 시간이 지나고 드디어 지프차에 올라 백두산으로 향했다. 가끔 제설차와 마주치곤 했다. 제설차가 주변에 쌓아놓은 눈이 차 높이의 두 배는 되어 보였다. 간간이 불어오는 바람에 하얀 눈발이 길에서 춤을 추듯 흩날리고 있다. 천지로 가는

지린성 백두산

중국 유랑 하

여정의 기분은 점점 감동으로 다가왔다. 날씨로 일찍 포기하고 간 사람들과 비교되는 기쁨이었을까?

오후 네 시에 드디어 천지에 올랐다. 온 천하가 발아래 있다. 아내와 나는 서로 환하게 웃으며 감탄 속에 천지를 바라보았다. 하얀 천지에 파란 하늘, 그리고 하얗게 피어나는 뭉게구름은 영원히 잊지 못할 풍경이다. 하지만 내 조국 내 땅을 중국에서 올랐다는 슬픈 생각도 함께 교차하고 있었다.

열 번 이상을 왔어도 늘 일기가 안 좋아 포기하고 돌아갔다는 사람도 있다. 그래서 나는 그저 하나님의 은총으로 믿었다. 백두산과 아쉬운 이별을 하고 아내와 나는 얼다오바이허(이도백하, 二道白河)로 가서 하루를 묵고 옌지(연길)로 돌아왔다. 〈별 헤는 밤〉이란 시로 내 마음을 훔친 윤동주 시인의 흔적을 더듬고, 룽징(용정, 龙井)의 우물터를 산책하고, 일송정에서 해란강을 굽어보았다. 말 달리던 독립군들의 모습이 '선구자'란 노래에 들어 있다.

이후로 간 곳이 투먼(도문, 图们)의 두만강이다.

두만강을 처음 보는 순간 많은 감동도 밀려왔지만 한편으로는 실망도 컸다. 강이라고 하기에는 국경을 이루는 강폭이 무척 실망스러웠다. 뗏목을 태워 돈을 벌려는 중국인의 끈질긴 상술에 뗏목에 올랐다. 다음으로 실망스러운 것은 두만강 노래 가사에 어울리지 않게 물도 푸르지 않아 보였다. 중국과 달리 투먼을 마주한 북한 땅은 집 한 채가 보이지 않을 정도로 조용하다. 아니 저 멀리 건물은 한 무더기 보이지만 사람은 볼 수가 없다. 건물 뒤로 보이는 민둥산은 북한의 생활만큼이나 불쌍해 보였다. 조금 더 북한 쪽으로 가보자는 말에 뗏목 주인이 갈대숲에서 북한군이 총을 쏠지도 모른다고 겁을 준다. 이것이 내가 처음 접한 호기심에 대한 대답이었다.

이후 6년 뒤인 2015년 훈춘(琿春)에서 단둥(丹东)까지 국경을 따라 여행했다. 아마도 6년 전의 호기심에 스스로 만족하지 못했는가 보다.

헤이룽장성의 동남쪽 도시 쉐이펀허(綏芬河)에서 버스를 타고 지린성의 동남쪽 도시 훈춘(琿春)에 도착했다. 훈춘은 러시아 그리고 북한과 국경을 같이하고 있는 지역이다. 쉐이펀허나 훈춘 두 곳 모두가 예전에 러시아의 지배를 받았다. 이때 건축된 것인지는 모르나 역이나 터미널에 러시아풍의 건물들이 광장을 앞에 두고 웅장한 자태를 드러낸다. 그리고 훈춘은 조선족 자치구에 있어 우리 한글로 된 간판과 표지판이 한자와 함께 쓰여 있다. 훈춘을 오는 도중의 촌락을 지날 때도 도로 표지판에 마을을 알리는 이름들이 한글로 된 것을 보고 우리나라를 여행하는 듯한 착각도 들 정도이다.

훈춘의 끝 팡촨(防川) 풍경구를 가다가 청나라 때 오대징(吳大澂)이란 관리를 기념하는 기념관에 잠시 들렀다. 이는 1886년 중러조약을 통해서 훈춘과 러시아와의 경계를 체결한 인물로 유명한 학자이기도 하다.

풍경구에 도착하니 용호각이란 높은 건물이 보이고 그 위에 오르니 러시아와 북한의 영토가 한눈에 들어온다. 그리고 저 멀리 두만강의 물줄기로 러시아와 북한을 잇는 철교가 외롭게 강물에 걸쳐 있다. 북한이라는 나라도 이 강대국 사이에서 엄연히 국토를 수호하고 있다. 두만강의 끝자락에서 한동안 시원한 바람을 맞으며 그곳에 있었다. 며칠이 지난 뒤 6년 전 아내와 왔던 옌지의 거리를 다시 거닐고 있다. 인민공원에서 주민들과 함께한 즐거움을 뒤로 하고 룽징으로 이동하여 열차를 탔다.

장위안(江源)에 도착하여 북한의 중강진과 맞대고 있는 도시 린장(臨江)으로 향했다. 린장에 도착하여 압록강을 사이에 두고 있는 중강진을 바라보았다. 중강진은 겨울이 오면 우리 한반도에서 가장 추운 날씨를 기록하는 곳이다. 강 건너 개울가에 두 분의 아주머니가 빨래를 하고 초소에는 한 명의 경비병이 졸고 있다. 튜브 배를 타고 강을 거스르면서 가는데 아이들이 물놀이하고 낚시하는 어른의 모습이 눈에 들어왔다. 낚시하는 사람에게 '고기가 잘 잡히느냐.'고 물었더니 '안 잡힌다.'고 말한다. '어디서 왔느냐.'는 물음에 '한국에서 왔다.'고 하는데 내가 탄 튜브 배는 물살에 지나가고 있었다. 압록강 변에 세워진 아파트 건물은 유리창이 하나도 없다고 하는 중국인의 말도 들었고, 우마차가 짐을 싣고 가는 모습도 보았다. 그런데 건물을 보면 창가로 널어놓은 빨래나 사람들의 움직임은 이상할 정도로 보이지 않았다. 중강진의 모습은 오직 압록강을 타고 흘러가는 뗏목의 움직임 뿐인 듯 보였다. 아이들도 보이지 않는 자그마한 학교도 보았다. 건물 중앙에는 '지덕체'라고 쓰여 있고 밑에는 '경애하는 김정은 장군님의 참된 아들딸이 되자!'라고 쓰여 있다. 고국에서 생활하면서 들었던 그대로의 모습이었다. 이곳은 조선인과 중국인의 항일운동이 활발히 이루어진 곳이기도 하다. 그래서일까? 이곳의 강변에 있는 공원에 가면 '진운(陳云) 동상'이 세워져 있는데 아마 항일 운동에 앞장선 인물이라는 짐작이 앞선다.

압록강변의 북한 학교

다음은 북한의 만포시와 접하고 있는 지안(집안, 集安)으로 향했다. 지안의 터미널 앞 작은 공원에서 어린 여자아이가 태권도 연습을 하고 있다. 한국인이라는 나의 말을 듣고는 자랑스럽게 훈련의 모습을 선보인다. 강폭이 그리 넓지 않은 북한과의 경계를 두고 많은 사람이 더위를 식히러 강변을 산책하고 있다. 강 건너 북한 땅에는 산과 골짜기마다 견본으로 지어진 건물인지 깨끗한 한옥 가옥이 10여 채씩 들어서 있을 뿐이다. 역시 이곳도 북한 초소에 있는 한 명의 병사가 가끔 밖을 나올 뿐 모두가 더위에 지쳐있는 모양이다. 두 세대의 트럭이 초소 부근에서 모래나 자갈을 싣는 작업이 북한 땅에서 보이는 유일한 움직임이다.

지안 상류에 만포로 통하는 다리가 있다. 이곳이 북한으로 많은 생필품이 오가고 북한의 석탄이 중국으로 운반된다고 한다. 알게 모르게 금지된 물품들의 밀거래가 많이 이루어지는 곳이기도 하다.

아침에 다리 주변을 걸었다. 대부분 자전거를 타고 출근하고 있다. 차라고는 한 대도 보이지 않았다. 가끔 리어카도 강변의 언덕을 힘들게 오르고 있다. 밀집된 5층 정도 아파트의 창문으로는 살아 숨 쉬는 생활 모습이 느껴지지 않았다.

이제 압록강 끝자락에 있는 최대의 도시 신의주를 보고자 단둥으로 갔다. 이곳은 우리나라 6.25 전쟁 시 철교를 두고 미·중간의 치열한 전투가 있었던 곳이다. 지금은 끊어진 철교 옆으로 다시 건설한 철교가 있다. 그리고 끊어진 철교는 역사의 현장으로 두어 많은 관광객이 구경삼아 다리 주변을 오고 간다. 신의주와 단둥을 잇는 다리와 철교는 대부분의 인적 물적 교류가 활발히 이루어지는 유일한 통로라 해도 과언이 아니다. 단둥의 숙소에서 갑자기 나의 신분증을 보고는 놀라는 표정을 짓는다. 이내 한국인은 묵을 수 없지만 조용히 지내면 될 거라면서 스스로 불안감을 감추지 못한다. 단둥 강변을 거닐었다. 공원의 도처에는 압록강이라는 표지석들이 세워져 있고 기념의 조각품들도 공원의 아름다움을 더해 주고 있다. 어둠이 스며드는 가운데 입장표를 사고 끊어진 철교도 거닐어 보면서 강 건너 신의주를 바라보았다. 고층의 건물도 보이지 않지만 단둥의 화려한 불빛과는 극명하게 달랐다. 하나의 전깃불도 내 눈에 들어오지 않았다. 독일의 베를린 장벽이 무너지면서 민주주의와 공산주의의 빈부 차이를 보고 놀랐다는 서독인들이 생각났다. 나의 생각도 이와 전혀 다르지 않았다. 신의주가 이 정도이면 북한 내의 다른 도시나 개마고원 촌락의 생활은 어떠할까? 지금도 호롱불로 밤을 밝힐까? 어린 시절 아버지가 커다란 대두병(大斗甁)이라고 하는 큰 술병과 30원의 돈을 주시면서 석유를 받아 오라고 하신 기억이 되살아났다. 그리고 나중에 호야불(남포등)이 생겨났고 저수지의 물을 이용하여 형광등에 불을 맞이했다. 그나마도 저녁 6시에 불이 들어오고 12시가 되면 '꼬르륵'하면서 전기가 끊어졌다. 이것이 1960년대 내 고향 속리산에서 겪었던 삶의 모습이다.

이런 상황을 볼 때마다 국가의 지도자, 한 가정의 아버지의 역할이 어찌해야 되는가를 생각해 본다. 입으로는 수없는 바른말로 현혹하고, 행동으로는 자기 권력과 사욕에 거침이 없는 지도자를 우리는 많이 보아왔다. 열 명의 충신과 현인이 있어도 한 명의 간신과 바보가 나라를 망친다고 한다. 두만강 압록강을 여행하면서 가슴으로 배운 나의 이야기다. 오늘도 두만강은 동해로 흐르고 압록강은 황해로 흐른다.

아내와 함께

　　　　　　백두산을 다녀온 지 3개월이 흘렀다. 이번
에도 중국 여행을 별로 좋아하지 않는 아내를 꼬드겨 베이징행 비
행기에 올랐다. 허베이성(河北省) 스자좡(석가장, 石家庄)을 중심으
로 주변의 풍경구를 보고자 했다.

　여행을 준비하면서 지도를 보니 스자좡 주변으로 볼거리들이
눈에 많이 들어왔다. 베이징에 도착하자마자 바로 스자좡으로 이
동했다. 이번에는 아내에게 중국 서민들이 살아가는 실생활을 보
여주고 싶었다. 밤에 도착한 스자좡 터미널의 어느 골목에 숙소를
정하고 거리의 노점상에서 식사를 했다.

　중국은 늘 더럽다고 했던 아내가 며칠이 지나자 길거리에서 먹
는 음식에도 잘 적응했다. 여행하면서 산행도 즐겼고 명승고적뿐
만 아니라 혁명유적지도 들러 보았다. 볼거리로 제일 먼저 찾아간
곳이 바오두자이(포독채, 抱犢寨)다. 바오두자이는 스자좡에서 가까
이 있는 명산으로 이곳은 중국 한(漢)나라 초의 무장 한신(韓信)이
배수진을 쳤던 옛 전쟁터이다. 기이한 경치를 가졌다 하여, '천하

기책(天下奇寨)'이라는 별명이 붙어 있고 많은 관광객이 즐겨 찾는 유명 관광지이다. 아내는 바오두자이를 등반하는 내내 계단을 오르기가 무척 힘들다고 투덜거렸지만, 정상에서는 산하의 경치를 내려다보면서 감탄했다.

구경을 마치고 돌아 나오면서 중국 고등학교 학생들을 만났다. 서로 말은 통하지 않았지만 아내는 눈웃음만으로도 자식 같은 아이들이 무척 사랑스러웠는가 보다. 그들도 한국 부부와 함께하는 시간이 즐거웠는지 선생님을 뒤로 하고 우리에게 몰려와 기념사진을 남겼다.

중국영화 '와호장룡'의 마지막 장면의 촬영지인 창옌산(蒼巖山)에도 올랐다. 정상에 오르니 계곡을 연결하는 다리를 두고 쌍둥이 건축물이 보인다. 영화 속의 주인공 '장쯔이'가 여기서 떨어져 죽는 장면을 촬영했다고 한다. 우리는 이 계곡의 다리 아래 공터에서 춤을 추었다. 1년 동안 배운 '자이브'라는 춤이다. 중국인들이 보고 박수를 보내 주었다. 늘 산을 오를 때면 힘들다고 투덜대는 아내였지만 이런 시간을 가질 때면 무척 즐거워했다. 이렇게 허베이성 서편에서 기억되는 여행은 계속되었다.

장스암(嶂石岩)이란 산도 올랐다. 장스암에는 중국 최고의 회음벽(回音壁)이 있다. 물론 베이징의 천단(天坛)에도 있다지만 엄연히 천단의 회음벽은 자연적인 것이 아닌 인공 회음벽이다. 회음벽이란 바위벽을 향하여 소리를 지르면 메아리쳐 돌아오는 울림이 있다 하여 붙여진 이름이다. 장스암의 회음벽은 백 미터 정도의 타원형으로 둘러쳐진 높다란 바위로 되어 있다. 이곳에서 소리를 지르거나 말을 하면 분명한 소리로 되돌아온다. 아내와 나는 서로 '사랑한다.'는 외침을 몇 번이고 반복했다. 아내는 이런 곳이 있는 줄 어떻게 알았느냐고 물어왔다. 나는 주로 중국 지도와 인터넷을 통하여 가 볼 만한 곳을 찾아보곤 한다.

스자좡에서 베이징 쪽으로 가다 보면 안신(安新)이란 곳에 거대한 습지 호수인 바이양뎬(백양정, 白洋淀)이 있다. 이곳은 배를 타고 갈대숲의 물길을 지나면 엄청난 연꽃의 향연을 볼 수 있다. 연꽃 숲 사이로 작은 나룻배를 타고 다니는 여유를 즐겨보는 것도 여행의 잊지 못할 추억이다. 젊은 청춘의 연인이 탄 조각배가 연꽃들 사이로 숨바꼭질을 하고 있다. 중국 4대 기서(奇書) 중 하나인 《수호지》의 이야기가 생각났다. 양산박으로 들어가기 위해서는 호수가 있는 늪지를 거쳐야 했는데, 관군이 양산박의 두령들을 잡기 위해 이곳을 들어가다 양산박 의적들에게 붙잡히거나 죽곤 했다는 내용이다. 연꽃 길을 걷다 보면 내가 어디에 있는지 가늠이 서지 않았다.

마침 또 다른 한편에서는 중국 전역에 있는 '사팔달집단(思八达集团)'이라는 자회사 직원들이 연수를 왔다. 연수장 안으로 들어가니 노래하는데 공교롭게도 우리나라 가수 이정현의 '와'라는 노래이다. 강당 안의 수많은 젊은이가 모두 일어나 손뼉을 치면서 음악에 맞추어 춤을 추었다. 아내도 한자리 잡고는 그들의 율동을

허베이성 바오두자이에서

따라 했다. 잠시 후 마당의 테이블 위에 수박이 나왔다. 우리는 오랜만에 한여름의 더위를 수박으로 날려 보냈다. 아내와 나는 연꽃을 보면서 오랜만의 여유로운 시간을 즐겼다. 규모가 워낙 커서 어디를 다녔는지 연꽃 늪지에 빠져버린 하루의 여행이었다.

텐진에서 온 사람들과 함께 식사를 하는데 이들이 바이양뎬의 역사를 말해 주었다. 이곳이 유일하게 일본과의 전투에서 패한 적이 없는 곳이라고 한다. 돌아오는 길에도 갈대숲이 우리를 비켜가고 있다. 우리는 '숨어 우는 바람 소리'라는 노래를 부르면서 뱃길에 출렁이는 흐드러진 갈대를 바라보았다. 배 주인이 우리를 보고 노래를 잘한다고 '하오 하오!'라면서 칭찬을 아끼지 않았다.

이제 중국의 역사 여행으로 마오쩌둥의 혁명 사적지인 시바이포(서백파, 西柏坡) 기념관이나 청나라 시대의 왕릉인 칭시링(청서릉, 淸西陵)을 구경하자고 했다. 아내는 '중국 역사를 알아서 뭐하겠느냐.'고 얼굴을 찌푸렸다. 여기까지 와서 가보지 않으면 후회한다고 하면서 시바이포(서백파, 西柏坡) 기념관으로 갔다. 내가 본 혁명기념관 중 규모나 시설 모두가 최고에 가까웠다. 신분증만 제시하면 입장하여 관람할 수 있다. 한국인이라서 더욱 환대받은 것이 아닌가 하는 느낌이 들었다.

귀국길에는 정딩(正定)이라는 곳에 들렀다. 이곳은 중국 북방지역 최대 불교사원인 룽싱스(융흥사, 隆興寺)가 있다. 청동으로 만든 대불(大佛)상이 있어 대불사(大佛寺)라고도 불린다. 수(隋)나라 때부터 축조된 이 사찰은 허베이성에서 제일의 규모가 큰 사찰로 수많은 불자들이 다녀간다고 한다.

칭시링을 보러 갔을 때 능(陵)의 규모에 놀라기는 아내도 마찬가지다. 청나라 황제들의 능인데 베이징을 중심으로 동쪽에도 있다. 이렇게 열흘의 여행을 마치고 베이징으로 돌아와 이허위안(이화원, 颐和园)을 산책했다. 이허위안은 역사적 인물인 서태후라는 여황후가 즐기던 공원이고 정원이며 큰 호수다. 아내에게 이런 호수를 선물은 못 하지만 즐겁게 할 수 있었다는 마음으로 뿌듯했다.

귀국을 앞두고 아내에게 중국 여행의 소감을 물었다. 바오두자이에서 학생들과 함께 한 시간과 바이양뎬에서의 하루가 무척 즐거웠다고 한다. 하지만 바오두자이와 창옌산 그리고 장스암을 다니면서 수많은 계단을 오르느라 무척 지겨웠다는 말도 거침이 없었다. 진정 힘든 중국의 계단 산행을 아직도 맛보지 않은 아내의 푸념이다.

아내는 끝으로 중국의 발전된 모습에는 참으로 놀랍다고 말했다. 아내에게 중국은 더럽다는 인상을 지울 수 있게 해준 것만으로도 여행의 값진 소득이다. 아내와 함께한 소중한 여행이었다.

아들딸과 함께

　　　　　　　　아내와 여행한 지 1년이 지난 후 아들딸과
도 해외여행을 준비했다. 아내는 중국에 다녀온 후로 중국을 보는
시각이 달라져 있었다. 발전하는 중국을 보고 10년 후에는 경제적
으로 우리나라가 뒤질 것이라고 말하기도 한다. 귀국 후 이런 말
을 듣고 있던 아들딸도 질투가 났는지도 모른다.

　도전은 불확실한 앞일에 대하여 스스로 직면하는 것이다. 여기
에는 항상 위험과 용기가 수반되어야 한다. 아들딸에게 여행을 통
해서 조금이라도 이런 경험을 일깨워주고 싶었다. 마침 아들은 해
병대를 제대하고, 딸은 휴가를 맞을 시기였다. 여행은 준비하는
시간이 즐겁다. 어찌 보면 여행을 마친 후의 뿌듯함보다 여행 전
의 기대감과 궁금함이 더욱 여행의 매력인지도 모른다. 아들딸은
하루하루를 세면서 기다렸다. 공항에 가서야 정말 해외여행을 하
는구나 하고 실감했다고 한다.
　중국 제일의 항구 상하이로 들어가 제일 먼저 저장성(절강성, 浙

江省)에 천 개의 섬이 있다는 바다 같은 첸다오호(천도호, 千島湖)로 향했다. 쌀쌀한 날씨 속에서도 도착하자마자 배를 타서 일렁이는 호수의 물결에 몸을 맡겼다. 이곳에서 나는 술 한 잔을 함께 기울이는 나이가 된 아들딸을 보니 대견스럽기 그지없다. 숙소에 와서도 첸다오후에서 나는 커다란 물고기를 탕으로 끓여 술 한 잔을 곁들였다. 자녀와 함께 하는 동안은 최고의 별미와 특별한 음식으로 해주고 싶었다. 그러면서도 짧은 일정이지만 중국 빈부의 생활을 골고루 체험하는 일정도 나름대로 준비해 두었다.

다음으로 장시성(강서성, 江西省) 제일의 풍경을 자랑하는 싼칭산(三淸山)을 찾았다. 싼칭산으로 가려면 우선 장시성 위산(玉山)현에서 버스를 타고 가야 한다. 싼칭산 입구를 들어가니 바로 케이블카를 타고 산을 오를 수 있다. 케이블카에서 아들딸은 아래의 산들을 보고 벌써부터 절경에 감동하고 있다. 케이블카에서 내리자마자 절벽의 잔도를 걸었다. 눈이 내렸었는지 빙판 진 잔도를 걸으면서 오빠가 동생을 데리고 장난을 친다. 나뭇잎에 피어있는 얼음꽃을 만지면서 서로의 얼굴에 뿌리고 있다. 이를 보는 나는 한없이 행복했다. 여행하는 동안 늘 이렇게 지냈으면 좋겠다.

정상에 올라 산 아래 밝은 햇살이 내리쬐고 있는 가운데 '야호~'라고 외쳤다. 우리의 외침은 메아리로 계곡을 타고 흩어져 갔다. 오랜만에 산의 맑은 공기에 흠뻑 젖었다. 햇빛이 비치는 바위의 절벽은 금빛으로 빛나고 있고, 기암의 뾰족한 부분마다 한 그루의 작은 소나무가 깃발처럼 꽂혀있다. 여자의 가슴과 흡사한 형상을 가진 바위를 보고도 딸아이는 수줍어하지 않았다. 이제 성년으로 자란 한 여성으로서의 딸이다.

구이저우성의 전펑(貞丰)에 있는 쌍유봉이 여인의 가슴과 아주 흡사하다. 이런 기암을 보다 보면 인공인지 자연적으로 생긴 것인지가 궁금하다. 산둥성(산동성, 山東省) 타이산(태산, 泰山)에 가보면 산 정상 뒤편에 이상하게 생긴 볼거리가 있다. 두 바위의 절벽 사이로 다섯 개의 바위가 공중에 균형을 이루어 가로질러 아치형을 그리며 놓여 있다. 이 형상을 보고도 인공인지 자연적인지 매우 신기해한 적이 있다. 인공으로 만들었어도 놀랍고, 자연적으로 생성된 그 자체도 놀랍기는 마찬가지다.

일선천(一線天)으로 이루어진 몇 개의 급경사진 계단을 오르내리며 싼칭산을 내려왔다. 그 때마다 나타나는 기암절벽에 취한 아들딸과의 여행이다. 산행을 거의 다 마쳤을 때 자연이 주는 한 그릇의 샘물은 더없는 은총이다. 먼 산 먼 하늘을 바라보고 있는 나의 마음은 행복했다. 귀엽고 사랑스러운 내 아들딸이 있기에.

우리는 빗속에 도교의 발원지인 장시성 룽후산(용호산, 龙虎山)과 중국 최고의 도자기 산지인 징더전(경덕진, 景德镇)을 둘러보고 우위안(무원, 婺源)으로 떠났다. 우위안에 가려고 하는 이유가 있다. 아들딸에게 짧은 시간에 중국의 모든 것을 보여준다는 것이 불가

장시성 싼칭산

능하지만, 가능한 한 많은 것을 보여줄 수 있는 곳이 우위안이라는 생각이 들었다. 아주 특별한 것은 없지만 또 무엇이든 있는 곳이 우위안이다. 유채밭과 계단식 논이 있고, 아름다운 산과 동굴 그리고 폭포와 어우러진 계곡도 있다. 게다가 촌락의 형태가 아름다워 구전(古鎭)과 같은 형태의 마을이 있다. 여기가 바로 장쩌민(강택민, 江澤民) 주석의 고향이기도 하다.

부호대주점(富豪大酒店)이라는 숙소에 방을 정하고 들어가니 방에 컴퓨터가 있다. 저녁 식사를 하고 들어오자마자 아들딸이 서로 컴퓨터를 차지하려고 다투고 있다. 요즘 젊은이들의 일반적인 현상이다. 프로그램을 만지더니 내가 좋아하는 바둑도 두게 해 주었다. 아들딸은 내일의 여행은 제쳐두고 늦은 밤까지 정신없이 컴퓨터를 만지작거렸다.

이곳은 구경거리가 산재해 있어 다니다 보면 농촌의 풍경은 절로 눈에 들어온다.

맑은 아침이다. 봉고차도 하나 대절했다. 통표(通票)라고 하는 표를 샀다. 통표는 이 지역의 어느 풍경구든 들어갈 수 있는 입장표다. 표를 구입하는데 엄지손가락의 지문을 찍어야 했다. 제일 먼저 리컹(이갱, 李坑)이란 곳에 들렀다.

입구에 손님을 기다리는 뗏목이 쓸쓸하기만 하다. 유채밭의 유채는 3-4월의 봄을 기다리고 있고, 한적한 마을 사이로 흐르는 개울물도 외로워만 보였다. 아들딸은 마을 집들을 두고 가운데를 흐르는 작은 개울물의 다리를 재미있는 듯 이리저리 건너 다녔다. 마을 사람들은 벽에 기대어 아침 햇살에 몸을 녹이고, 아낙네들은 밑에 숯불을 넣은 의자 난로에 발을 올려놓고 앉아 바느질이나 뜨개질하고 있다.

학교를 구경한다고 잠시 들렀더니 어린 학생들이 공부를 하다가 우리를 보고 쑥스러운 듯 책상 밑으로 숨어 버린다. 가끔 들려오는 빨래하는 소리와 닭 울음소리가 마을을 깨우는 리컹의 아침이다. 딸은 액세서리나 옷가게를 보면 그냥 지나치지 않았다. 아침부터 딸은 힘들다고 오빠 등에 매달린다.

리컹에서 나와 왕커우(汪口)로 갔다. 풍경구에 들어가려고 표를 내밀고 지문 검사를 하는데 '삐' 소리가 났다. 다른 카드를 대니 또 '삐'소리가 났다. 직원이 자기 카드는 자기가 들고 다녀야 한다고 말한다. 그래서 나의 카드를 집어넣으니 '들어오십시오.'라는 뜻의 '칭쩐(请进)'이란 말이 나온다. 물레방아가 돌고 있는 입구를 지나니 '쟝탕(姜糖, 생강엿)'이란 엿을 팔고 있는 상점이 눈에 들어왔다. 한 봉지를 사들고 마을 거리를 산책했다. 전형적인 농촌의 모습을 보는 아들딸은 무척 신기해한다.

마을의 '유씨종사(俞氏宗祠)'라는 사당에 들렀다. 마을에 규모가 큰 고택이 있다면 그 옛날 이 지역 또는 이 마을의 지체 높은 분이 거처했을 거라는 짐작은 쉽게 할 수가 있다. 마을을 둘러본 후 쟝만(강만, 江湾)으로 출발했다. 구전(古鎮)과 같은 마을이다. 쟝만에 도착하여 쟝쩌민의 생가를 찾았다. 뜻밖에도 쟝쩌민의 생가라고 하는 기와집이 폐허가 되어 있다. 조그만 연못이 있는 주변은 잘 정리되어 있었는데, 중국 최고의 지도자인 쟝쩌민의 저택이 이렇게 폐허로 남아 있다는 것이 이해가 되지 않았다. 연세가 많으신 할아버지가 자신이 쟝쩌민 주석과 가까운 친족이라며 우리에게 쟝쩌민 주석의 일화도 말해 주었다.

오후에는 계단식 논을 보겠다고 쟝링(江岭)의 마을 뒷산을 올랐다. 겨울나기를 하고 있는 농촌의 풍경이 아늑하기 그지없다. 계단식 논이라고는 윈난의 위안양(元阳)에 미치지 못하지만, 우위안의 농촌 어디서든 흔히 볼 수가 있다. 오늘은 하루 종일 우위안의 마을을 둘러보았다. 중국에서 가장 아름다운 농촌 마을이라는 이름에 전혀 손색이 없어 보인다.

다음 날 아침에 동굴을 본다고 간 곳이 함허동(涵虛洞)이란 동굴이다. 우리 셋만 다니는 여행이라 줄을 서서 기다리는 것이 없으니 더욱 좋았다. 아들딸에게 처음으로 보여주는 중국의 동굴이다. 의외로 기이한 형상의 석주들이 즐비하고, 규모도 작다 말할 수 없을 정도다. 동굴 안에서 배를 타고 다니면서 가이드의 말을 대충 아들딸에게 통역을 해 주었다. 아들딸도 중국의 동굴을 구경하면서 무척 신기해한다. 우리나라에서는 배를 타고 다니면서 즐기는 동굴을 보지 못했기 때문이다.

동굴을 나와 용이 누워있는 계곡이라는 와룡곡(臥龙谷)으로 향했다. 길을 가면서 마을을 보니 이곳의 가옥들은 모두 하얀색의 높은 벽을 가진 집들이다. 귀국 후에 나는 인터넷을 뒤졌다. 역시 이곳은 남다른 건축 기법을 가지고 있었다. 중국의 전통 건축 방식 중의 하나로 '휘파(徽派) 건축'이라고 하는데 이를 정의하려고 보니 그 역사도 깊다. 여하튼 휘파 건축은 '검은색에서 짙은 푸른색의 기와와 흰 벽, 조각이 있는 문'이 휘파 건축의 특징이다. 기와를 이은 지붕은 날아갈 듯한 형상을 한 것도 기이하다.

와룡곡 입구에 들어서자마자 겨울인데도 계곡을 따라 흐르는 물줄기가 세차게 흘러가고 있다. 석문(石門)을 지나 백룡담과 대룡담까지 협곡의 길은 수많은 작은 폭포의 물소리가 끊이질 않는다. 딸은 힘들다고 오빠에게 응석을 부리며 '고드름을 따 달라, 더우니 옷과 가방을 들어 달라.'하면서 아주 귀찮게 하고 있다. 도착한 두 용담의 물줄기는 메말라 있었지만 계곡의 깊이로 보아 폭포의 위용을 짐작할 수 있었다. 이 계곡을 오르고 내려오는 동안 사람이라고는 보이지 않았다. 우리 셋만이 이 계곡을 누비고 있다는 만

장시성 우위안 식당에서

족감을 감추지 못했다. '야~호'라고 소리 지르는 커다란 외침은 계곡마다 메아리로 되돌아왔다. 자녀와 함께 이런 시간을 즐기는 시간이 얼마나 행복한지 훗날 세월이 흐른 뒤에는 더 절실하게 다가올 거라는 생각이 든다.

돌아오는 길에 마을에서 갑자기 폭죽 소리가 나고, 하얀 옷을 입은 사람들이 차에서 내려 걸어가고 있다. 이 마을의 노인이 돌아가신 것이다. 운전기사에게 잠시 들러보자고 하면서 차에서 내려 마을로 들어갔다. 골목을 여기저기 돌아 어느 집에 들어갔다. 어둠침침한 곳에서는 이미 와 있던 상주들이 시신을 모실 관을 고르고 있었다. 자식으로 보이는 사람은 앉아 있는 마을 어른들의 손을 한 분씩 잡으며 무릎을 꿇고 한마디씩 하고는 지나갔다. 아마 '제가 불효자로서 어른을 잘 모시지 못해 이렇게 돌아가셨다.'고 하는 말을 하는 것 같았다. 어른들은 이 여인의 슬픔을 위로하는 말을 한마디씩 해 주었다. 잠시 그들의 슬픔과 우리의 여행이 교차하는 시간이다.

차이홍차오(彩虹桥, 무지개 다리)와 쓰청(石城)을 들르고 나니 오후 다섯 시, 이제는 숙소로 돌아간다. 이틀 동안 찾아간 식당을 또 들렀다. 얼굴을 알아보는 식당의 종업원들이 반갑게 맞아 준다. 힘들게 다닌 피로도 풀 겸 오랜만에 훌륭한 식사를 준비했다. 매일 저녁 아들과 함께 즐긴 술도 오늘은 멋진 술병으로 선택했다. 양고기를 뜯으며 한 잔의 술이 들어갈 적마다 얼굴이 따뜻해지고 눈동자가 흐려진다. 술이 얼근해지자 나는 종업원들과 노래 시합을 제의했다. 식당 지배인도 쾌히 승낙하고 식당에 노래방 기기를 틀어놓고 노래를 불렀다. 그들이 노래를 하면 우리는 음률에 따라 박수로 분위기를 돋워 주었다. 한동안 즐거운 시간이 계속되고 어둠은 깊어져만 갔다. 헤어질 때는 당연히 단체 사진으로 추억을 남겼다.

다음 날 우위안의 박물관을 잠시 둘러보고 안후이성(安徽省) 훙촌(宏村)으로 떠났다. 아들딸에게 중국의 모든 것을 볼 수 있는 시간이었다고 말했다. 아들딸도 말한다. '여행 중 제일 재미있는 시간이었다고…….' 우리는 이곳에서 사흘을 보냈다.

다시 찾은 만디엔(曼点)

　　내가 처음 중국을 여행할 때 윈난의 징훙(景洪)에 갔다. 윈난성에서도 시솽반나(西双版纳)라고 하는 지역의 중심도시인 징훙은 라오스, 미얀마와 국경을 접하고 있다. 이곳은 중국에서도 이국의 정취와 함께 순박한 소수민족의 삶을 보고자 여행자들이 많이 찾는 도시이다.

　　20년 전 이곳을 들러서 우연히 '만디엔'이라는 시골 마을을 갔다. 윈난의 남쪽은 산세가 그리 높지 않은 구릉지로 형성되어 있다. 그래서 매력적인 폭포가 없는지도 모른다. 그나마 밀림의 숲속에 폭포가 있다 하여 찾아간 곳이 만디엔으로 기억된다. 1월인데도 여름인 양 비포장도로의 먼지가 무더운 바람과 함께 차창으로 들어왔다.

　　만디엔에 도착하니 소수민족 의상을 입은 아가씨들이 폭포로 길을 안내하면서 자기 고장을 소개하고 있다. 볼품없는 작은 폭포를 구경하기 위해 밭길을 지나고 숲속의 계곡을 여러 번 건넜다. 울창한 숲은 덩굴 식물들로 인하여 온통 시야를 가리고 있다. 다행인 것은 더위를 식혀주는 그늘과 계곡의 흐르는 시원한 물소리

윈난성 만디엔(曼点)의 아가

가 더없이 좋았다.

마을로 내려와 음식과 망고 등의 과일을 먹었다. 처음으로 먹어
보는 열대 과일들이다. 마침 우루무치에서 오신 할머니와 함께 사
진을 남긴 기억도 잊히지 않는다. 할머니는 우루무치에 오면 자기
를 찾으라고 하면서 다정한 모습을 감추지 않았다. 이것이 20년
전 만디엔의 기억이다.

20년 세월이 흐른 뒤 징훙에 오니 만디엔을 다시 가보고 싶었
다. 만디엔을 이렇게 다시 찾을 거라는 운명을 어찌 알았겠는가?
살면서 다가오는 만남과 이별은 꼭 사람의 관계만도 아니다. 변해
있는 모든 것에 대한 그리움이나 호기심에서 오는 간절함 또한 애
틋하기 그지없다.

흰머리가 그랬고 20년 전 나를 안내했던 그 아가씨의 모습이 아
련하다. 하루의 시간을 갖고 만디엔을 찾았다. 징훙에서 2번 시내
버스를 타고 가똥(嘎棟)이란 곳에서 내렸다. 다시 하루 한 번만 운
행하는 만디엔행 미니 봉고차에 올랐다.

예순이 가까운 나이에도 운전기사에게 사진을 보여주는 내 마음이 괜스레 흥분되었다. 운전기사가 아가씨와 함께 찍은 사진을 보더니 지금도 그분이 그 곳에 살고 있다고 한다. 차에 오른 몇몇의 사람들도 사진을 보고는 자기들이 더 신기한 듯 이야기를 주고받는다. 출발 시간이 되고 차가 움직이니 마음이 더욱 설렌다. 도착해서 만나면 뭐라고 말할까? 이제 아줌마가 된 그녀가 나를 바라보는 첫 표정은 어떨까? 이런저런 생각을 하는 동안 차는 밀림의 숲속을 바쁘게 오르고 있다. '맞아! 그 당시 먼지가 풀풀 나는 이 길이었어.' 하는 생각이 스친다. 사흘 동안 내린 비가 길을 축축이 적셔 놓았고 아스팔트로 포장되어 있어 편하게 갈 수가 있다. 주변에 바나나 농장들도 집단을 이루어 대단위로 생산하는 계획된 농사를 짓고 있다.

1시간 정도 지나 마을에 도착했다. 운전기사가 보더니 모여 이야기하는 사람 중에 대머리인 약간 험한 얼굴의 남자를 가리킨다. 저 사람이 사진 속 여자의 남편이라고 한다. 나는 차에서 내리자마자 남편에게 가서 먼저 악수를 청하고 반가움의 포옹을 했다. 남자는 무슨 영문인지도 모르고 있었지만 이내 휴대전화에 담아둔 20년을 간직한 사진 한 장을 보여주었다. 남편은 분명 자기 아내인 것을 보고는 바로 옆에 있는 자기 집으로 안내했다. 아내는 지금 어디 있느냐는 물음에 징홍에서 일하고 있다고 한다.

오늘 징홍으로 돌아가면 연락하여 저녁을 함께 하고 싶다고 하면서 아내의 전화번호를 받아두었다. 남편은 차(茶)를 내주면서 20년 전의 자기 아내를 잊지 않고 찾아온 성의에 놀라워했다.

잠시 후 폭포를 보고 싶다는 나를 데리고 산으로 접어들었다. 사흘 동안 내린 비로 밭둑길이 미끄럽다. 밀림의 숲으로 들어가니 빗물을 머금은 잎이 스칠 적마다 옷이 흥건하게 적셔진다. 이 남편은 구두를 신었는데도 미끄러지는 모습도 없이 여유 있게 걸었다. 내리막이나 오르막길에서는 항상 나의 손을 잡아 주었다. 내가 미끄러질까봐 위험을 느껴 손을 뒤로 뻗을 때도 언제나 내 손을 잡아 주었다.

아무리 가도 폭포가 없어 물으니 3㎞를 가야 된다고 한다. 울창한 밀림으로 인해 낮인데도 어두워 길이 잘 보이지 않는다. 작은 갈림길도 많아 함께 오지 않았다면 갈 수 없을 정도다. 예전의 기억과는 전혀 달랐다. 1㎞ 정도만 가면 있었다는 기억인데 예전에 이렇게 힘든 길을 여행했었나 하는 생각이 들었다. 밀림의 폭포를 가는 사람은 우리 둘뿐이다.

혹시 이 남편이 나를 해친다면 하는 생각이 아주 잠깐 들었다. 중국을 여행하면서 여러 번 경험한 일이다. 만약에 이 남편이 나를 해친다면 마을 사람들이 다 알 거라고 생각하니 맘이 편해졌다. 밀림을 가는 동안 등줄기에 땀이 흐르고, 다리가 떨려 몇 번을 쉬기도 했다. 이 남편의 아내를 보러 온 것인데 느닷없이 산행을 하게 된 것이다.

드디어 도착한 폭포에서 힘에 겨웠는지 앉았다 일어설 때마다 머리가 현기증을 느꼈다. 남편이 잠시 보이지 않아 둘러보니 내가 바위에 놓았던 우산이 물에 떨어져 건지러 내려간 것이다. 나는 20년 전 이 남편의 아내와 함께 찍은 사진 속의 장소를 찾아보면서 휴식을 취했다. 내려가려니 너무 힘들어 길이 두렵기만 하다. 이렇게 멀고 빗속의 진창길인 줄 알았으면 안 왔을 텐데 하는 마음이 들었다.

천천히 아주 천천히 내려와 마을로 접어드니 다리의 힘과 마음의 긴장 모두가 쭉 빠져나가는 기분이다. 서너 번이나 미끄러지고 넘어진 무릎 아래의 바지는 온통 진흙이 묻어버렸다. 남편은 집에 도착하자마자 식사를 준비했다.

식사를 준비하는 동안 2층의 거실을 둘러보았다. 빛이 약간 바랜 결혼사진이 테이블에 놓여 있다. 사진 속의 앳된 남편이 어느덧 흰 머리카락에 약간의 대머리로 변해 있다. 나 또한 세월의 흐름을 비켜갈 수 없었음인지 산행 후 나른한 몸을 추스르고 있었다.

나는 가게에 가서 맥주와 음료수 그리고 담배를 사서 남편에게 주었다. 그리고 70세의 홀어머니에게 맛있는 것을 사 드리라고 하면서 200위안을 주었더니 극구 사양한다. 사실은 나를 위해서 힘든 길을 함께 해준 것에 대한 고마움의 표시였다. 징훙으로 되돌아가는 교통수단을 묻는 나에게 자기도 일이 있어 나갈 거라고 한다. 어느새 마을 사람들은 나를 보면 웃음으로 반겨주었다. 남편은 갑자기 음식 준비를 멈추더니 마침 자가용을 가진 사람이 징훙을 나간다고 하면서 그 차로 가자고 했다.

다시 돌아온 가똥에서 남편과 헤어진 후 징훙의 숙소에 오자마자 아내분에게 전화를 했다. 저녁을 함께 하자고 했더니 친구와 함께 숙소로 왔다. 아내는 남편으로부터 이야기를 전해 들었다고

20년 후의 만남

한다. 이들이 안내한 음식점에서 20년 전의 사진을 보여 주었다. 그리고 오늘 당신의 남편이 너무 고생을 하여 내가 사례를 하려 했는데 극구 사양을 했다고도 말했다.

식사를 하면서 남편에게 한 말을 재차 늘어놓았다. 한국의 3-4월은 꽃샘추위가 있어 늘 감기로 고생하는데 이곳에 오면 만디엔 집에 묵게 해 달라고 했다. 아내는 기회가 있으면 언제든지 오라고 한다. 옆에 있던 친구분은 이때가 바나나 수확기인데 언제든지 먹게 해 주겠다고 말한다. 이 여인은 아들이 둘이 있는데 22살과 20살이라고 했다. 그러고 보면 내가 아가씨인 줄 알고 만났을 당시에 아가씨는 이미 결혼을 한 여자였다.

식사비를 내는 식당에서도 먼 데서 온 손님을 대접해야 된다고 하면서 한동안 식사비를 놓고 실랑이를 했다. 한국에 가면 짧게나마 잘 왔다고 전화를 하겠다는 말을 남겼다. 아내분은 4월 '물 뿌리기' 축제에 꼭 오라는 말로 헤어짐을 대신했다. 부부의 따뜻한 호의에 감동했던 만디엔의 여행이었다.

윈난(云南) 메이리쉐산(매리설산, 梅里雪山)

　　　　　　　15년 전 윈난의 중뎬(中甸, 샹그릴라(香格里粒))을 여행했다. 귀국을 하고 보니 더친(德欽)에 있는 메이리쉐산까지 가보지 못한 것이 못내 아쉬웠다. 메이리쉐산은 험준한 산 아래로 흐르는 삼강병류(三江幷流)의 지세를 따라 티베트로 들어가는 곳에 자리하고 있다. 티베트인들에게는 더할 나위 없이 신령스런 산이기도 하다.

　어느 해 겨울 윈난의 서쪽에 있는 류쿠(六库), 푸공(福貢)을 지나 공산(貢山)의 두룽장(독룡강, 独龙江)과 누강제일만(怒江第一湾)이 있는 빙중뤄(병중락, 丙中洛)를 둘러보았다. 이때에도 더친으로 가는 차가 없어 되돌아 나오고 말았다.

　서북쪽으로 가는 세 번째 여행에서는 반드시 가볼 것이라는 계획을 갖고 준비를 했다. 광둥성 광저우(广州)를 경유하는 비행기를 타고 쿤밍(昆明)에 도착했다. 메이리쉐산을 가기까지는 여러 곳을 들렀다. 지주산(鸡足山)이 있는 빈촨(宾川)과 추억을 더듬어보는 중국의 아름다운 호수 루구호(泸沽湖), 그리고 리장(丽江)과 후탸오

윈난성 더친(德欽) 메이리쉐산

샤(호도협, 虎跳峽)를 지났다. 여러 차례 윈난의 길을 걸었기에 모든
풍경이 낯설지는 않았다. 과거의 그림자가 지나가고 추억의 영상
이 머릿속 스크린에 스쳤다.

리장에서는 예전에 바람이 심하여 오르지 못했던 위룽쉐산(玉龙
雪山)을 오른 것도 마음을 흐뭇하게 했다. 어둠이 내린 중뎬의 거
리는 예전과는 달리 무척 변해 있었다.

버스에서 내리니 몇몇 젊은 여행자들도 같이 내렸다. 그들에게
다가가 여행을 하느냐고 물었더니 그렇다고 한다. 내가 한국인이
라는 것을 알고는 무척 놀라워한다. 숙소를 알아보러 다니는 그들
을 따라간 곳이 '국제청년려사(國際靑年旅舍)'라는 곳이다. 여장을 풀
고 이야기를 나누었다. 베이징과 광둥에서 온 아가씨 둘과 푸젠성
과 장시성에서 온 청년 둘 그리고 나 모두 다섯이다. 이들도 여행
을 하면서 길에서 만난 사람들이라고 한다. 여행은 이렇게 공동의
목표 아래 서로의 이해를 떠나 잘 융합하는 좋은 시간이기도 하다.

아침에 일어나 우리는 봉고차를 섭외하여 곧바로 더친의 페이라

원난성 메이리쉐산 빙호(冰湖)에서

이스(비래사, 飞来寺)를 향하여 출발했다. 금사제일만(金沙第一湾)과
동죽림사(东竹林寺)를 지났다. 왼편으로는 바이망쉐산(白茫雪山)이
하얀 이를 드러내며 병풍처럼 스쳐간다. 일쩍 오지 못했던 아쉬움
을 이제야 벗어버리는 것 같아 마음이 한결 가볍다. 메이리쉐산이
보이는 페이라이스에 도착하여 '국제청년려사'에 숙소를 정했다.

이곳에서도 여행자인 두 명의 젊은 남녀를 만났다. 한 아가씨는
광둥 광저우에서 왔고 한 청년은 동베이 랴오닝성에서 왔다. 우리
는 이날 저녁에 피로를 잊은 채 숙소의 작은 프런트 공간에서 춤
과 노래를 즐겼다. 내일은 메이리쉐산을 보기 위해 출발한다는 부
푼 기대감에 잠도 오지 않았다.

아침이 밝았다. 청명한 햇살을 받으면서 메이리쉐산은 그 장엄
한 위용을 숨김없이 드러냈다. 우리 일곱 명은 봉고차로 시당촌
(西当村)으로 향했다. 공사 중인 비포장도로의 험준한 길을 한 시
간 이상 달렸다. 입장표를 파는 곳에서 입장료가 비싸다고 푸젠성

과 장시성에서 온 젊은이들은 돌아가겠다고 한다. 돌아가면 어디로 가느냐고 묻는 나에게 티베트로 간다고 했다. 어제 나의 휴대전화에 중국의 '위챗(微信, 메신저 서비스의 일종)'을 설치해 주고, 공안에게 한국인이 티베트를 갈 수 있는 방법이 있는가를 알아봐 주었던 친구들이다. 아쉬운 이별을 하고 우리 다섯 명은 시당촌에 도착하여 6㎞의 산행을 서둘렀다.

고도가 높아 호흡이 가빴지만 티베트를 여행한 기억을 되살리면 충분히 감내할 수 있다는 생각이 들었다. 베이징에서 온 아가씨는 이때부터 나를 '따슈(大叔: 아저씨)'라고 부르며 늘 나의 안전과 건강을 염려했다. 길은 넓었지만 차는 전혀 운행되지 않는 도로다. 가끔씩 짱족의 가족들이 지나가고 짐을 실은 말들이 꼬리를 지나갔다. 그럴 적마다 우리는 '타시텔레(안녕하세요: 티베트어)'라고 하면서 인사말을 건넸다. 저 멀리 설산은 말없이 우리를 기다린다. 가끔씩 쉬어가면서 걸었던 길은 오후 늦은 시간이 되어서야 상우붕(上雨崩)에 도착했다. 상우붕의 국제청년려사에 숙소를 정하고 식당에 들어가니 또 다른 다섯 명의 젊은이들이 있다. 구이저우성 카이리(凱里)에서 온 여성과 저장성 첸다오호(千島湖) 부근에서 온 여성, 충칭(重庆)에서 학교를 다니고 있는 청년, 안휘성 쉬안청(宣城)에서 온 두 청년이다. 이 젊은이들은 베이징 아가씨가 부르는 '따슈'라는 호칭을 다 같이 나에게 불러주었다. 이후 우리는 열 명이 메이리쉐산의 2박 3일 여행을 같이했다.

동베이 랴오닝성에서 온 친구는 이곳을 예전에도 와 보았다면서 지리에 무척 익숙한 행동을 보인다. 젊은이들은 나에게 발의 피로를 풀라고 족욕할 물을 갖다 주기도 하고, 음식도 먼저 먹으라고 하면서 예의와 친절을 아끼지 않았다. 숙소의 방이나 침대도 내가 먼저 선택하라는 배려도 나를 감동케 했다.

아침에 일찍 일어나 우리는 빙호(冰湖)를 향하여 출발했다. 구이저우성 카이리에서 왔다는 아가씨는 커다란 배낭을 등에 지고도 가벼운 발걸음이다. 가는 도중에 한 청년이 나의 배낭을 대신 들어 주었다. 젊음이 부러운 순간이다. 걸어갈수록 호흡은 더욱 가쁘고 산은 갈수록 더욱 멀리 있어 보였다. 가다가 쉬기를 몇 번을 했을까? 정상에 올랐나 싶었는데 다시 산을 내려가고 있다. 눈이 쌓인 길을 시작하는 구간이다. 현지인의 말로는 어제는 일기가 고르지 못해 산을 포기하고 돌아간 사람이 있었다고 한다. 미끄럼을 타기도 하고 무릎까지 덮이는 눈길을 헤쳐가면서 무작정 걸었다. 사람도 없는 오두막집 휴게소에 도착했다.

우리는 빙호를 앞두고 잠시 쉬면서 서로 이야기를 나누었다. 앞으로 한 시간을 더 올라가면 빙호를 만난다고 한다. 지금까지 온 길보다 더 힘들다면서 위험하다 생각하면 여기서 기다리라고 한다. 베이징에서 온 아가씨가 올라갈 수 있겠느냐고 물어왔다. 여기까지 온 이상 포기할 수는 없다고 했다. 티베트를 여행할 때 해발 5,600m의 길을 걸으며 카일라스 산을 둘러본 힘을 다시 한 번 증명해 보고 싶었다. 우리는 한 명의 낙오자도 없이 다시 걸음을 재촉했다. 다른 여행팀에는 빙호를 포기하고 휴게소에서 쉬기로 한 여행자도 있다.

눈에 빠지고 넘어지면서 한 시간을 올랐다. 메이리쉐산의 산기슭이 눈앞에 다가왔다. 설산에서 뿌려대는 눈바람이 나의 몸을 매섭게 감싸고 지나간다. 드디어 나타나는 빙호를 보면서 우리 일행은 기쁨의 환호성을 질렀다. 그리고는 이내 위대한 자연 앞에 인간은 작은 미물에 지나지 않음을 새삼 느꼈다. 3월의 얼어버린 빙호를 보면서 환희에 찬 마음을 가눌 수 없었다. 우리는 빙호에 올랐다는 기쁨에 마냥 즐거워하면서 영원한 기념사진을 남겼다. 눈에 누워 설산을 바라보는 마음은 대자연을 정복한 개선장군처럼

더친(德欽) 바이망쉐산 대협곡 차마고도

느껴졌다. 반 시간을 그곳에서 즐긴 후 숲길을 내려올 때는 어둠이 곧 다가올 것 같았다.

생각해보니 왕복 24㎞ 산길을 9시간 이상 걸었다. 산행을 할 때는 긴장을 한 탓이었는지 피로를 모르고 다녔는데 숙소에 도착하니 피로가 밀려왔다. 일찍 식사를 마치고 내일 또 다른 산행을 위해서 충분한 휴식을 취했다. 내일은 우리 모두가 선푸(신폭, 神瀑)를 가기로 되어 있다. 선푸는 거리는 멀지 않으나 티베트 짱족이 신성시하는 폭포가 있는 곳이다.

새벽에 일어나니 마을이 참으로 조용하다. 차가 없으니 경적 소리는 당연히 들을 수 없다지만 이곳 주민들은 들어보지도 못했을 것 같다. 설산은 구름에 가리어져 보이지 않았다. 하지만 어제도 그랬듯 낮이 되면 금빛 햇살 속에 하얀 고깔모자를 드러낼 것이다.

우리는 오늘도 일찍 서둘렀다. 이틀 동안 묵었던 숙소의 주인과 작별했다. 이곳 짱족의 할머니가 나와 함께 사진을 찍자고 하여 포옹의 기념사진을 남기고 헤어졌다. 아랫마을인 샤위뼁(하우붕, 下雨崩)으로 내려가 무거운 짐을 맡기고는 선푸를 향하여 출발했다.

티베트 사원이 샤위뼁 마을의 상징인 양 지붕에 걸려있는 롱다가 바람에 펄럭이고 있다. 조랑말과 길가를 돌아다니는 돼지들을 보면서 아주 먼 옛날 원시의 그늘에 잠시 머무는 감상에 젖기도 했다. 걸음을 옮기면서 만나는 짱족의 아가씨와 총각들, 아줌마, 아저씨, 할머니, 할아버지, 그리고 아이들까지 언제 갔었는지 벌써 산길을 내려오고 있다. 숲길로 접어드니 짱족의 몇몇이 숲에 모여 앉아 식사를 하고 있다. 우리에게 먹고 가라고 청하는 친절함도 산행을 뿌듯하게 만들어 주었다.

길을 가면서 다르쵸를 보니 티베트 여행을 하던 기억이 더욱 새롭게 다가왔다. 메이리쉐산은 짱족이 매우 신성시하는 산이고 그중에서도 우리가 가고 있는 선푸는 이들이 신앙적으로 매우 숭배하는 곳이다. 우리가 오르는 동안 끊임없이 내려오는 짱족들을 보면서 더욱 선푸에 대한 경외심과 동경심이 더해졌다. 선푸에 다다를수록 타르초는 나무와 돌 사이를 가로지르고 있고, 롱다는 하늘을 향해 펄럭인다. 짱족의 여인들이 저마다 솔가지를 들고 산을 오르고 있다. 선푸가 눈에 들어오는 언덕에 올라서니 높은 바위에서 떨어지는 물방울 아래에 사람들이 모여 있다. 그들은 바위 위에서 떨어지는 물방울을 맞으며 묵념의 자세로 신을 향한 기도를 하고 있다.

베이징의 아가씨가 나에게 흐르는 물에 세수를 하라고 한다. 이로써 이승의 죄를 씻을 수 있다고 하면서 물에 약간의 돈도 놓으라고 일러주었다. 나름대로 예를 갖추고 되돌아오는 언덕에 짱족 아낙네들의 노랫소리가 들려온다. 그들은 불을 피워놓고 가지고 온 솔가지를 얹어 놓았다. 연기는 창공을 향해 설산으로 흘러 들어갔다. 그들은 불을 피운 둘레를 돌면서 신을 향한 기원의 노래를 계속했다. 베이징의 아가씨도 같이 걸으면서 함께 돌자고 한다. 나의 발걸음도 그들과 함께 하면서 여러 가지 소원을 빌었다.

　짧은 휴식을 끝내고 우리는 서둘러 내려왔다. 샤위뺑에 도착해서도 길을 서둘러야 했기 때문이다. 니롱(니융, 尼隆)에 도착하여 다시 차를 타고 페이라이스로 가기까지는 아직도 길이 멀었다. 내려오는 길에 일행이 길을 잃어 시간을 소비했고, 광둥성에서 온 아가씨가 무릎이 아프다고 하여 지체하기도 했다. 구름에 가려진 산길은 서서히 어두워져 가고 있다. 가끔씩 짱족의 여인들이 이 늦은 시간에도 10~20명 정도 무리 지어 산길을 오르고 있다. 우리는 마주칠 적마다 '타시텔레'라는 인사를 외치듯 하면서 주고받았다.

　계곡의 흐르는 물을 따라 끝없는 하산이 계속되었다. 중간에 말을 방목하고 있는 두세 채의 판잣집이 있는 곳에서 잠시 휴식을 취하고 다시 길을 서둘렀다. 바이망쉐산이 깊은 천 길 낭떠러지 협곡을 만들어 놓은 좁은 길을 우리는 걷고 걸었다. 무리 지어 오는 말들을 보면 어떻게 피할까를 걱정하기도 한 가파른 길이다. 차마고도의 진수를 보는 것 같다. 어둠이 내린 하산 길을 한동안 지나서야 니롱에 도착했다.

　현지인의 차를 섭외하여 페이라이스에 도착하니 온몸이 땀과 피로에 젖어버렸다. 사흘 만에 출발한 페이라이스 숙소에 되돌아왔다. 우리 일행은 무사히 도착한 것에 서로 기뻐하면서 술과 음식을 즐겼다. 나는 그들의 전화번호와 주소를 하나하나 적어 두었다. 나는 훗날 책을 쓴다면 오늘의 이 추억을 반드시 기억할 거라고 했다. 그들은 웃으면서 우리를 꼭 사진과 함께 글 속에 넣어달라고 했다. 잠자리에 드니 짱족 아낙네들의 노랫소리가 귓가에 아련하게 들려온다.

아침이 밝았다. 우리는 모두 행선지가 달랐다. 고향으로 가서 직장에 출근해야 하는 친구들, 다른 여행지로 떠나는 친구들, 이들과 눈물 나는 이별을 했다. 모두 서로서로 포옹을 하면서 기약 없는 만남을 약속하기도 했다. 나는 너무 피로하여 이곳의 좋은 숙소에서 하루를 더 쉬고 떠날 거라고 했다. 이들도 무리하게 여행하지 말라고 당부하면서 안전한 여행을 빌어 주었다. 서로 가끔 연락을 주고받자는 약속을 남기고 모두 떠났다.

일찍 시내로 가서 숙소를 잡았다. 땀에 젖은 옷도 빨고 양쪽 발에 두 군데씩 잡힌 물집을 치료하면서 하루를 쉬었다. 이제 400년 전 프랑스 신부가 세운 천주교가 있는 츠중(茨中)으로 간다.

메이리쉐산은 언제나 내 마음에 성스러운 자태로 남아 있을 것만 같았다. 그리고 메이리쉐산을 다니는 동안 나를 배려해준 친구들에게 고마운 마음을 꼭 전하고 싶다.

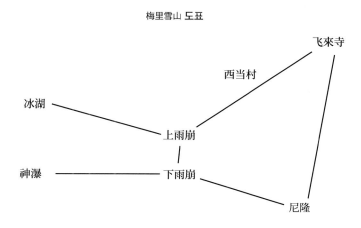

梅里雪山 도표

광시좡족자치구 다싱촌(대흥촌, 大興村)에서

광시좡족자치구 서쪽에 있는 징시(靖西)현
에서 어쩌다 시골로 들어간 다싱촌(大興村). 나는 버스가 가는 대로
흘러갔다. 어떤 목적이 있는 풍경구도 아니다. 여행하다 보면 생각
없이 놀다가 의외의 곳에서 바쁜 여정에 한숨 쉬어가는 시간을 맞
기도 한다. 다싱촌은 베트남 국경을 경계로 하는 조용한 촌락이다.

마을에 들어서니 반겨주는 이 아무도 없다. 당연한 일 아닌가.
조용한 마을의 산천을 둘러보니 산수는 구이린과 비슷하다. 농한
기를 맞은 겨울이라 세상이 조용해 보인다. 마을만 들어서면 시냇
물이 어디서 흘러드는지 참으로 알 수가 없이 시끄럽게 들려온다.

마을 입구에 학교가 보인다. 악우진 다싱소학(岳圩鎭大興小學)이
라는 글자가 교문 시멘트 기둥에 희미하게 쓰여 있다. 여자 아이
들이 우리 학생들과 똑같이 오자미(콩주머니)를 가지고 피구 놀이
를 하고 있다. 선생님을 만나 이곳의 학교생활에 대해서 궁금한
것을 몇 가지 물어보기도 했다. 끝으로 학생들과 단체로 사진을
남기고 싶다고 했더니 선생님이 아이들을 불러 모았다. 기념 촬영

광시좡족자치구 징시현 다싱촌 소학교

을 한 후에 종소리가 울리자 아이들이 교실로 들어갔다. 교무실에서 선생님과 약간의 대화를 나눈 후 볼펜을 선물했다. 선생님이 함께 해준 시간을 고맙게 여기면서 학교를 나와 마을에 들어섰다.

구름이 낮게 드리워 금방이라도 비를 내릴 것만 같다. 골목길에서 서너 명의 청년들이 시동이 걸리지 않는 경운기를 앞에 두고 어찌할 바를 모르고 있다. 나도 덩달아 경운기 시동 거는 방법을 아는 대로 말을 해 주었으나 소용이 없었다. 집집마다 굴뚝에서 피어오르는 연기가 무겁게 대지로 내려앉고 있다. 논과 밭둑으로 흩어진 연기 속에서 새봄 농사를 위해 농부들이 소를 몰고 나와 밭갈이하고 있다. 아이를 업은 아낙네들이 우물가에서 빨래하고, 돼지와 닭 그리고 개들은 허기진 배를 채우려 아침부터 바쁘게 먹이를 찾아다닌다. 마을을 둘러보면서 내가 본 농촌 풍경이다.

우리나라도 예전에 이처럼 소를 몰고 가서 쟁기로 논과 밭을 갈며 농사를 지었던 시절이 있다. 아니 지금도 벽지 농촌에서는 이

렇게 농사를 짓기도 한다. 우리나라의 전형적인 옛날의 농촌 풍경
을 보는 듯하다.

　마을 어귀를 지나는데 쟁기를 어깨에 짊어진 한 아주머니가 소
를 몰고 길을 가고 있다. 이 분을 따라 같이 걸었다. 토실토실하게
살찐 개가 앞에서 길을 안내하고 있다. 집에 도착하여 아주머니의
가정 생활을 들여다보았다. 남편도 교사라고 한다. 1층 거실에 앉
아 있는 동안 아주머니는 과일과 과자 등을 내주었다. 옆집 친구
분들도 한 분씩 오시더니 낯설음도 없이 무척 반가운 듯 말을 건
네 왔다. 3층으로 지은 가옥의 구조나 생활 형태를 살펴보니 아주
부유한 가정인 것처럼 보였다. 아주머니는 딸이 하나 있는데 올해
결혼을 하여 류저우(柳州)에서 생활하고 있다고 한다.

　나는 귀국 직전에 류저우에 들를지 모른다고 했다. 만약 류저우
에 가면 따님을 만나겠다고 하니 딸의 전화번호를 알려 준다. 아
주머니와 옆집 친구들과 한동안 거실에 앉아 이야기를 나누었다.
나는 그들의 친절한 호의에 감사를 표한 후 길을 나섰다.

광시좡족자치구 징시현 다싱촌

다싱촌을 나오는데 하교하는 아이들이 나를 보고는 또 만났다는 반가움의 인사를 하고 지나갔다. 다싱촌의 길가에서 징시(靖西)로 돌아오는 차를 기다리는 내내 개울 물소리가 요란하고 아이들의 재잘거림도 끊이지 않았다,

여행을 하면서 보름 정도 지나 귀국을 앞두고 류저우에 도착했다. 숙소에서 다싱촌에서 만난 아주머니의 딸에게 전화를 했다. 그녀는 친구와 함께 숙소로 찾아왔다. 그녀의 어머니와 함께 찍은 사진을 보여주었더니 그녀는 사진 속의 어머니를 보고 웃는다. 그러면서 어머니가 '한국인이 너를 찾아갈지도 모른다.'라고 알려 주었다고 한다.

우리는 함께 류저우의 야경을 구경했다. 류저우를 흐르는 류강(柳江)에 유람선이 흘러 흘러가고 있다. 유람선에서는 한 달이 지났는데도 크리스마스 캐럴이 흘러나오고 있다. 도심의 네온사인 불빛이 분수대에서 뿜어대는 물줄기에 방울져 흩어져 갔다. 아름다운 야경이다. 류저우 도심의 보행가도 걸었다. 어머니에게 너무 고마운 대접을 받았으니 내가 저녁을 사겠다고 했다. 그녀는 오히려 자기가 대접해야 한다고 극구 사양을 한다. 이렇게 따뜻한 정이 있어 내가 휴가철이면 매번 중국을 가는 것은 아닌지 모르겠다.

그녀는 내일 춘절을 보내기 위해 고향 어머니에게로 간다고 한다. 만나고 헤어지는 숱한 사연이 여기에도 있었다. 사랑과 이별만이 꼭 애달픈 것만은 아니다. 시골 다싱촌에서 부모님이 자녀를 공부시킨 보람이 춘절에 가족과 함께 행복한 시간으로 남기를 간절히 바랐다. 아무런 의미도 없이 찾아간 다싱촌에서 남긴 추억이다. 아!

성산(聖山) 카일라스산

2002년 여름 한 달간 시짱자치구(西藏自治區)의 티베트 지역으로 떠났다. 물론 티베트 성도인 라싸(拉薩)에 있는 불가사의한 건축물로 알려진 포탈라궁(布达拉宮)도 보고 싶었다. 하지만 적어도 해발 3,000m가 넘는 고원에 광활하게 펼쳐진 초원과 그 속에서 자유로이 뛰노는 야크의 무리들과 함께 하고 싶은 마음이 더 컸는지도 모른다. TV에서 방영한 티베트인들의 순수한 삶도, 나를 그곳으로 무한히 부추겼다.

칭하이성(青海省) 거얼무(格尔木)에서 56시간 버스를 타고 라싸에 도착했다. 처음으로 겪어보는 고산증에 코피를 흘리기도 하고 호흡이 고르지 않아 잠도 설치기도 했다. 라싸에 있는 동안 라마승들의 기도생활을 엿보면서 그들의 깊은 신앙심에 크게 감동을 받기도 했다.

라싸에서 고산증에 적응하기 위한 며칠이 지난 뒤 지프차를 대절하여 네 명의 일행은 서쪽으로 향했다. 카일라스산을 가기 위해서 일주일간을 달렸다. 가면서 야크 떼들의 무리 속에서 뛰어놀기도 하고, 사원이나 길가에 마니차(경전이 적혀있는 둥근 통)가 있으면 마니차를 돌리는 의식도 따라해 보았다. 스투파에 나부끼는 깃발의 룽다(風馬)와 오색 연으로 길게 늘어진 타르쵸를 지날 때면 그들의 관습대로 세 바퀴를 돌았다. 타르쵸를 돌면서 여행의 안녕을 기원하기도 하고 나의 소원을 빌어보기도 했다.

서쪽으로 가는 길은 험하기만 하다. 때로는 길도 아닌 들판을 지나기도 하고, 비가 내린 곳에서는 개울을 건너지 못해 물에 빠지는 일도 한두 번이 아니다. 얄룽창포의 물길을 따라 달릴 때는 '냐'라고 하는 고기를 잡으면서 한낮의 여유를 가져보는 시간도 있었다. 노란 꽃이 활짝 핀 유채밭 그리고 보리를 수확하는 아낙네들의 모습은 파란 하늘과 어울려 한 폭의 그림으로 다가온다. 가끔씩 코라(순례)의 길을 떠나는 짱족(藏族)들이 탄 트럭들이 지나갔다. 그들은 우리를 향해 손을 흔들며 '타시텔레(안녕하세요.)'라고 하는 인사말을 아끼지 않았다.

나의 몸과 마음이 지칠 대로 지쳐버릴 즈음 다르첸이 가까워지고 있다. 구름이 있는 곳과 없는 곳의 하늘이 극명하게 드러났다. 끝없는 평원에 한 줄기의 전신주만이 갈 길을 말해주고 있다. 먹구름 속에서 대지로 뿌려지는 비의 하얀 그림자를 보았다. 차를 타고 달리는 어둠의 저편에 쌍무지개가 피어올랐다. 차가 물에 빠져 젖어버린 신발을 신으니 불편하기 그지없다. '코라'라고 불리는 순례를 마치고 우비를 입은 채 말을 타고 가는 사람들이 무리지어 지나갔다. 산 아래 '겔'이라고 하는 하얀 텐트들이 무수히 군락을 이루고 있는 것을 보고서야 다르첸에 도착했음을 직감했다.

불편하기 짝이 없는 숙소에서 하루를 보냈다. 동이 틀 무렵 최소한의 짐을 꾸리고 설산을 조망하면서 카일라스산으로 향했다.

만년설로 뒤덮인 '카일라스산'은 이곳 라마교의 라마승과 짱족은 '강 린포체('소중한 눈의 보석'이라는 의미)'라고 부르며, 우리나라 사람들은 불교의 성산인 '수미산'이라고 부른다. '카일라스'라는 이름은 산스크리트어 까일라샤 빠르와따에서 온 말로 '수정'을 의미하는데 영어권으로 전해지면서 '카일라스'라고 부리게 되었다. 여행자들은 카일라스라는 이름으로 익숙해져 있다. 아무튼 카일라스산을 간단히 소개하면 이렇다. 동남아 4대 종교(인도의 불교, 인도의 힌두교, 티베트의 라마교, 토속신앙인 뽕교)가 모두 자신들의 성산이라고 말한다. 티베트사람들이 일생에 한 번은 이곳에 와서 코라를 통하여 수행의 덕을 쌓는 것을 가장 큰 영광으로 알고 있다. 산의 눈과 바위가 촘촘히 단계지어 보이는 것이 꼭 계단 같아 보여 하늘로 올라가는 성스러운 길이라는 생각도 들었다.

포터가 대신 짐을 들어주는데도 호흡 곤란으로 이 현지인의 발걸음을 따르지 못한다. 빨리 가야지 하는 욕심은 오히려 나를 질책하고 있을 뿐이다. 첫날 카일라스산을 두 번 볼 수 있다고 말해주는 포터의 말을 믿고 풍경이 좋을 때마다 사진에 담아두기를 잊지 않았다. 이곳에서는 단지 내 눈에 들어오는 것만이 나에게 존재하는 모든 것이다. 몇만 년 전에 뭐가 어떻고 하는 말도 이제는 마음에 크게 와 닿지 않았다. 또 실제로 아무리 흥미 있게 들었어도 그 당시만 내 기억 속에 존재할 뿐이다. 천상(天上)으로 오르는 하늘 계단이 있어 이 산이 성산으로 불리는지 모르나, 이곳을 찾아 5일간 서쪽으로만 달렸다는 사실이 더 뿌듯하다.

순례의 길을 떠나는 마음이 가볍지만은 않다. 해발 5,660m의 고도가 무섭기도 하고, 이틀 전 젖은 신발이 발에 통증을 주고 있기 때문이다. 참을 수 없어 매트리스를 오려 신발에 넣으니 한결 편했다. 카일라스산을 향하여 가는 중에도 티베트인들은 오체투지를 하면서 나아갔다. 오체투지를 함으로써 인생의 고행을 통하여 영원한 삶을 스스로 구하고 있다. 오체투지를 하는 아가씨의 모습을 영상에 담는데

티베트 카일라스산

찍지 말라고 두 손 모아 기도하듯 얼굴을 가린다. 그들의 성스러운 행동을 구경거리라고 치부하고 있는 것 같아 미안하기 그지없었다.

오체투지(五體投地)는 티베트 불교의 수행 중 가장 고통스러운 행위의 하나다. 양손을 함께 모아 기도하는 자세로 무릎을 꿇고 절을 한다. 머리를 땅에 닿게 한 후, 두 팔을 쭉 펴서 몸을 완전히 땅에 낮춘다. 다시 일어나 자신의 손이 닿은 곳까지 걸어간다. 이렇게 절을 반복하며 나아가는 것이다. 이마, 손과 발, 가슴과 배가 지면에 닿으면서 하는 절이라 이렇게 불리는가 보다. 이 오체투지를 티베트에서는 '칸챠'라고 말한다.

가쁜 호흡을 몰아쉬며 오르고 또 올랐다. 몇 걸음을 옮기면 호흡을 가다듬는 시간이 마냥 흘러가고 있다. 카일라스산이 눈에 들어왔다. 천상의 계단이 선명하게 내 앞에 나타났다. 몸을 가누기도 힘든 순례 중에도 그 당시의 감격을 오래 기억하고픈 심정은 헤아릴 수가 없다. 카일라스산을 보는 순간 마음 속에서 우러나오는 탄성이 그치질 않는다. 시간의 흐름도 잊은 채 한동안 멍하니 바라보았다. 하루 해가 저물었다. 카일라스산이 보이는 꼼바(절)

에서 텐트를 치고 밤을 새운 시간은 영원히 잊지 못할 것 같다.

밤의 고요함은 거침이 없는 바람 소리를 타고 흘러갔다. 가끔씩 숨을 고르게 쉬지 못해 잠에서 깨기도 여러 번 했다. 침낭 속에서 뒤척이며 보낸 밤은 머리의 현기증을 불러오고 말았다. 무기력한 몸으로 멍하니 새벽을 맞았다.

아침에 일어나니 일찍 올라온 짱족의 아저씨들이 옆에서 불을 지피며 차(茶)를 즐긴다. 이른 새벽부터 이상하게도 많은 사람들이 산을 오르고 있다.

알고 보니 오늘 코라를 하면 열세 번을 순례한 효력이 있다는 특별한 날이라고 한다. 그래서 코라의 길은 인산인해였으며 피난 길처럼 끝이 보이지 않았다. 티베트 짱족 모두가 여기에 온 것만 같다. 티베트인들에게는 24년 만에 오는 대단한 전례 행사의 날이라고 한다. 일부러 날짜를 맞추어 온다고 계획하여도 힘들 그런 날을 우연히 맞춘 것에 무척 감사했다. 이런 날에 같이 순례를 하고 있다는 것은 정말 행운 중의 행운이다. 길을 오르다 보니 산언덕에 버려진 옷가지들이 여기저기 널어져 있다. 그들에게 물어보니 돌아가신 조상들 영혼의 안녕을 바라는 의미라고 한다. 이 말을 듣고 갑자기 마음이 울적했다.

사실 감추고 싶은 이야기가 하나 있다. 올해 어머니가 91세로 돌아가셨다. 어머니를 땅에 묻은 지 한 달도 채 못 되었는데, 자식은 이곳을 여행하고 있다는 것이 참으로 불효일 수밖에 없다. 어머니는 임종을 바라보고 있는 나를 보시며 힘없는 목소리로 나의 이름을 부르고 계셨다. 어머니의 입가에서 차가운 기운이 나의 볼을 두 번 스쳐 지나갔다. 삶과 죽음의 운명은 영원한 이별을 앞에 둔 순간에 한없는 슬픔으로 남았다. 미리 알았더라면 어머니가 평소에 입으셨던 옷가지를 가지고 와서 하나라도 이곳에 남겨둘 걸 하는 생각이 스쳤다.

카일라스산 아래서 잠시나마 어머니의 영상을 눈물에 그려 넣었다.

내가 인생을 논하고 세상을 뒤돌아볼 나이가 되기에는 아직도 부족한지도 모른다. 이곳 카일라스산에서는 누구나 자연의 위대한 존재 앞에서 삶에 대해 겸손함을 갖게될 것이다.

인내를 갖고 천천히 또 길을 재촉했다. 드디어 오후 2시쯤에 나는 델마루 정상에 올랐다. 나의 인생 중 이보다 더 높은 곳에 서 보지 못할 것이라는 기분에 젖어 헤어나지 못했다.

사람들이 너무 많아 발을 들어놓기 어려울 정도인 델마루 정상이다. 사람들은 타르쵸를 향해서 절을 하면서 마음의 평화를 기원한다. 내려오면서도 아쉬운 마음에 뒤돌아보기를 거듭했다. 고도를 낮추며 내려오기는 매우 수월하다고 들었지만 그래도 숨이 가빠 헉헉대기는 마찬가지다. 다르첸까지 가기에는 너무 멀었다. 오늘도 천막을 친 티베트인의 숙소를 찾아 피곤한 하루를 쉬어야 했다. 밤이면 내리는 비가 오늘도 천막을 세차게 때린다. 어설픈 천장이나마 그래도 안에는 비가 새지 않는 것이 다행이다.

아침을 맞아 다시 내려오기를 거듭했다. 잠을 잘 잤다고 하지만

카일라스산 순례자들

그동안 쌓인 피로는 아침부터 발걸음을 무겁게 만들고 있다. 세 시간 정도를 걸었을까? 평원이 보이고 하얀색의 천막촌이 보인다. 산을 내려오는데 반대로 올라가는 사람들이 있다. 포터에게 물어보니 그들은 티베트 토속 신앙인 뽕교를 믿는 사람들이라고 한다. 이 뽕교는 마니차를 돌리며 가는 것이나, 코라를 하는 것이 다른 종교와 달리 시계 반대 방향으로 돈다. 굳이 그럴 필요가 있는가 싶었으나 원래 신앙은 따지는 것이 아니다. 종교란 계산 이전에 믿음이 앞서지 않는 한 종교적 가치를 이해하기 어렵다. 하기야 우리나라 제사상 차리는 것이나 제사 지내는 방법이 지방마다 다른 것과 무엇이 다를까? 돌에다 경전의 글귀를 새겨놓은 마니석 무더기에 올라앉아서 코라의 자취를 더듬어 보았다. 힘든 여정인 만큼 마음의 뿌듯함도 또한 부족하지 않았다. 신의 축복이 하늘과 설산을 통하여 내 몸에 뿌려지는 듯하다.

이틀 반나절 만에 돌아온 다르첸이다. '잃어버린 지평선'의 무대라고 알려진 구게 왕국을 가려고 공안국을 찾아갔다. 공안 건물이라고는 없고 가정집 같은 곳에 2-3명의 공안이 근무하고 있다. 그들은 여행 허가서를 보면서 모두가 공안국에서 해준 것이 아니고 군(軍)에서 허가해 준 것이라고 한다. 그러면서 군 당국으로 가야 하는데 그것도 라싸에서만 가능하다고 한다. 할 수 없이 구게 왕국의 일정을 포기하고 마나사로바 호수로 향했다. 호수의 물에 몸을 담그니 그동안 살아오면서 지은 죄가 모두 씻겨 가는 기분이다.

성산(聖山) 카일라스가 있고 성호(聖湖)인 마나사로바 호수가 있는 한 티베트인들은 늘 정신적 신앙의 포만감에서 살아갈 것이다. 저 멀리 보이는 카일라스산을 바라보며 한동안 시선을 멈추고 있었다. 천상으로 오르는 카일라스산의 계단이 나를 향해 선명하게 손짓하고 있다. 올라오라고.

우타이산(五台山) 차오타이(朝台)

나는 꿈을 꾸었는지도 모른다.

어느 날 우연히 찾아온 부처님과의 일상이 내게 있었다. 본래는 내가 그곳에 가는 이유도 분명치 않았다. 그곳이 바로 지혜를 상징하는 문수보살이 계시는 우타이산이다. 우타이산은 능선을 따라 넓은 초원처럼 펼쳐진 똥타이(東台), 씨타이(西台), 난타이(南台), 베이타이(北台), 쭝타이(中台)라고 불리는 다섯 개의 봉우리가 있어 우타이산이라고 이름 지어진 것이다.

10년 전에도 나는 이곳을 다녀갔다. 그 당시에는 우타이산 기슭에 자리 잡은 사찰들을 둘러보고 간 여행자의 모습이었다. 이번에는 우타이산에서 중생들이 스님과 함께 수행의 길을 떠나는 행사가 있어 우타이산을 찾았다. 이 행사가 바로 차오타이다. 차오타이라는 말의 사전적 의미는 나오지 않는다. 오직 '성지 순례를 통한 수행의 활동'이라고 하면 적절한 표현이라고 할 수 있다.

보살을 모시는 중국 4대 사찰인 어메이산, 지우화산, 푸퉈산에는 우타이산처럼 길을 걸으면서 수행을 하는 차오타이 활동은 없는 것 같다. 왜냐하면 내가 다녀 본 느낌으로는 지형상 협소한 평지를 이루고 있기 때문이다.

하루를 늦게 도착하여 가까운 사찰을 산책했다. 스님들이나 중생들이 하는 불도의 수행 모습은 10여 년 전에 본 경험과 조금도 다르지 않았다. 사찰마다 사람들은 보살을 향해 절을 하고, 계단을 오를 적마다 오체투지를 하는 사람들도 곳곳에서 볼 수 있다. 우타이산의 난타이(南台)를 다녀온 스님과 사람들의 이야기를 들으며 저녁 식사를 했다. 내일 또 수행의 길을 떠나기 위해 서로 다리를 주물러 주기도 한다.

다음 날 아침, 간단히 여장을 준비하고 모이라는 장소를 찾아가 식사를 하면서 차를 기다렸다. 이 차오타이에 참가하는 사람이 백여 명이라고 어제 저녁에 들었는데 식사를 마치고 4대의 차에 오른 사람들은 2백 명이 넘어 보였다. 차는 산길을 한 시간 정도 오른 것 같다.

'무상청량(無上淸凉)'이라 쓰여있는 석문에서 내렸다. 7부 능선쯤 올라온 것 같다. 아래를 내려다보니 어디서 올라왔는지 여기

우타이산 중생의 기도

가 어디인지 전혀 가늠할 수가 없었다. 능선마다 약간씩 솟아오른 봉우리들은 아침 밝은 햇살 속에서 서로의 아름다운 자태를 뽐내고 있다.

우리는 걷기 시작했다. 아침부터 더운 열기는 이 숲속까지 파고들었다. 산에 어디선가 흘러나오는 조금의 물이 있으면 수건을 적시며 쉬어갔다. 나와 이야기를 섞어가며 가는 사람들은 아직도 내가 외국인이라는 것을 눈치채지 못하고 있다. 어제 보았던 오체투지를 하며 길을 오르는 사람들이 여기에도 있다. 한참을 오르니 평지가 나타나고 그곳에 아름답게 보이는 탑을 가운데 두고 지어진 사찰이 햇살에 밝게 빛나 보인다. 등성이 주변으로는 소와 말들이 한가롭게 풀을 뜯고 있다. 우리는 이곳에서 잠시 휴식을 취했다. 이야기를 나누다 보니 차오타이에 참가한 사람들이 이곳 가까이 있는 사람들이 아니라 중국 전국 곳곳에서 왔다는 것을 알았다. 외몽고 국경 가까운 곳에서 온 네이멍구 사람, 하이난과 윈난에서 온 사람 등등 모두가 이 차오타이에 참가했다. 비행기를 타고 오기도 했고 하루 종일 기차를 타고 왔다는 사람도 있다.

다시 산등성이를 따라 좁게 난 초원의 길을 떠났다.

작은 나무들이 빽빽이 들어차 전혀 사람의 발길이 닿지 않은 것처럼 보이는 울창한 숲길도 지난다. 일찍 앞서간 사람들은 숲에서 쉬면서도 염주를 한 알 한 알 굴리면서 기도하고, 손에 든 마니차를 돌리면서 경전을 암송하는 자세가 진지하다.

갑자기 스님들이 분주해지기 시작했다. 알고 보니 고승이 지금 이곳에서 중생인 우리에게 강연을 한다고 한다. 이곳에서는 우리가 말하는 고승을 '샹스(上師)'라고 하여 스님들마다 자기가 모시고 존경하는 '샹스(上師)'를 한 분씩 두고 있다. 그래서 스님들끼리도

'너의 샹스(上師)는 누구냐?'고 서로 묻기도 한다. 나도 나의 '샹스(上師)'가 있다. 나는 우연히 동북 헤이룽장성 치치하얼에서 지인의 소개로 스님을 만나게 되었다. 그분은 대만(臺灣)의 가오슝(高雄), 즉 우리나라의 제일 항구인 부산과 같은 도시에 있는 사찰의 스님이다. 이분을 따라 사흘을 함께하면서 이분으로부터 불교에 귀의한다는 신분증까지 얻었다. 이분의 성함은 주꾸마총(祖古玛琼)이고 나에게 지어준 이름은 쟝양뚜어지에(將央多杰)이다. 이 이름은 티베트의 라마교를 믿는 짱족들이 사용하는 짱족의 이름이다. 이렇게 스님을 알게 되고 서로 연락하다 보니 우타이산의 차오타이라는 불교의 큰 행사에 참여도 할 수 있게 되었다.

나뭇가지에 몇 개의 천이 걸어놓고 있다. 그리고 햇빛을 가릴 우산을 나뭇가지에 세워 놓았다. 중생들이 가지고 온 음식과 음료수가 고승이 앉을 자리에 수북이 쌓인다. 또 다른 스님은 스피커와 마이크 소리도 점검한다. 고승이 멀리서 걸어오고 계신다. 모두 고승을 향해 절을 하고 자리에 앉아있을 때도 오체투지로 절을 하기도 한다. 나도 처음 보는 이 고승을 향해 절을 올렸다. 우리는 햇살을 받으며 한 시간 이상을 고승의 강연에 귀를 기울였다. 물론 전혀 말을 알아듣지 못하는 나는 지루할 적마다 잠시 일어나 이런 장면을 사진으로 남기기도 했다. 강연 도중 고승은 모두에게 뭐라고 하면서 한 손을 들게 했다. 그것이 무엇을 의미하는지도 모르고 나는 엄숙함에 압도된 작은 나무토막처럼 굳어 있었다.

한 시간 정도의 강연이 끝나고 저 아래 사찰이 보이는 곳을 향하여 걸어갔다. 나는 고승에게 말을 걸었다. 내가 한국인이고 여행하다가 이런 행사에 참여하게 되었다고 했다. 이때서야 주변 사람들이 내가 한국인이라는 것을 알게 되었다. 고승도 나의 이야기를 듣고는 잠시나마 각별한 관심을 주었다. 나는 자랑삼아 저장해 둔 내

우타이산 큰 스님의 설법

고향 속리산 법주사 미륵불을 보여주기도 했다. 그리고는 유머러스한 이야기도 늘어놓았다. 내 신발의 코가 해져 보기가 흉하다. 나는 고승 앞에서 이 신발이 한국산인데 참으로 좋은 신발이라고 했다. 여름이라 발을 시원하게 해주려고 신발 코가 벌어져 통풍을 도와준다고 했다. 고승 옆에 있던 스님들도 웃음을 그치지 않았다.

사찰에 도착하여 옆에 있는 울창한 숲에 사람들이 모두 모여 앉았다. 조금 있으니 점심으로 먹을 음식이 수박과 함께 세 대의 봉고차에서 내려졌다. 산길을 오르내린 몸은 한없이 먹을 것을 찾고 있었다. 옥수수도 슬쩍 두 통을 보따리에 챙겨 넣었다. 스님이 중생들에게 작은 비닐봉지에 담긴 무언가를 하나씩 주고 있었다. 고승의 얼굴이 새겨진 목걸이다. 목걸이를 목에 걸고 다니면서 가끔씩 자랑하듯 꺼내 보기도 했다.

다시 길을 떠났다.
관광을 위한 여행자들의 대절 차들이 끊이지 않고 길에서 먼지를 일으키며 지나갔다. 마침 찻길을 벗어나 좁게 난 산 지름길로 접어드니 한결 여유로웠다. 조금 위험한 곳에서는 서로 부축하고 의지하며 걸었다. 이들은 우리 중생들끼리 부르는 호칭으로 나이와 성별에 관계없이 '쓰슝(사형, 師兄)'이라고 부른다. 그리고 조금이라도 남에게 도움을 받으면 '아미퉈포(아미타불)'라 하면서 감사를 표한다. 오늘의 목적지가 어딘지도 모르고 걷고 또 걸었다. 앞을 바라보니 저 멀리 산 위에 커다란 규모의 사찰이 모습을 드러냈다. 사람들이 '씨타이(西台)'라고 하면서 오늘 저기서 묵을 거라고 한다.

오후 5시 반쯤에서야 사찰에 도착했다. 신축 건물을 짓느라 한쪽 부분은 공사장을 연상케 했다. 사방이 보이는 곳에 커다란 비석이 서 있다. 여기에는 '괘월봉(挂月峰)'이라고 붉은 글씨가 크게 쓰여 있다. '달이 걸린 봉우리'라는 의미다. 중국인들은 이름도 멋지게 지어놓는다는 생각이 들었다. 중국 옛 시인들 중에 달을 노래하지 않은 시인이 있을까? 그만큼 달은 애수와 향수로 늘 우리 곁에서 어두운 밤을 비추고 있기 때문이다. 다시 고승은 사찰 주변의 초지로 덮인 공터에 앉았다. 점심때처럼 중생들은 고승 앞에 음식을 놓고 절을 드리곤 했다. 점심때와 다른 것은 오직 어둠이 오고 산봉우리에 안개가 드리우면서 불어오는 바람이 추위를 몰고 온 것이다. 이런 상황을 준비하지 못한 나를 위해 얇은 옷이나마 입으라면서 건네주는 사람들이 있어 고마웠다. 추위 속에서 알아듣지도 못하는 경전의 글귀를 오랜 시간 듣고 있어야 하는 인내도 필요했다. 강연이 끝나고 사찰 식당에 가지런히 놓인 식탁 앞에 앉았다. 내 앞에는 빈 그릇 하나와 젓가락만이 놓여 있다. 조금 지나니 스님들이 양푼에 먹을 것을 담아 가지고 우리들 앞을 지나면서 빈 그릇을 채워준다. 식사하는 동안 스님들은 양푼을 들고 가끔씩 내 앞을 지나갔다. 부족한 것이 있으면 스님에게 더 달라고 하면 된다.

식사를 마치고 숙소로 가서 정해준 방을 찾아 들어갔다. 한방에 10개의 이층 침대가 놓여 있다. 20명이 잘 수가 있는 방이다. 오늘 10km 이상을 걸었다. 그리고 알아듣지도 못하는 강연을 두 번이나 듣고 다녔다.

나는 여기까지 오면서 차오타이가 무엇을 의미하는 것인지조차 모르고 있었다. 그저 등산을 하면서 산사를 찾아 여행하는 정도로만 이해하고 있었다. 내일은 쭝타이(中台)로 간다는 것이다. 피곤이 밀려왔다.

아침 일찍 괘월봉을 뒤로하고 쭝타이(中台)를 향해 걸었다. 저 아래 사찰을 머리 위에 이고 있는 산봉우리가 쭝타이(中台)다. 아무리 보아도 어제의 산행에 비하면 그리 멀지는 않았다. 하루 걸음걸이도 여유가 묻어났다. 쉬어가면서 등성이 아래의 경치를 바라보는 것만으로도 자연의 포만감을 충분히 느낄 수 있었다. 스님들과도 많은 이야기를 나누었다.

고승이나 스님들은 대부분 쓰촨성 간쯔(甘孜) 지역에서 활동한다고 한다. 7년 전쯤일까? 간쯔 지역을 여행한 적이 있었다. 그 당시 쎄다(色达)의 오명불학원에 들러서 입이 다물어지지 않을 정도의 놀라운 사원과 스님들이 생활하는 거처를 보았다. 이곳에서 수도하는 스님들을 여기서는 '출가인(出家人)'이라고 총칭해서 부른다.

승복도 회색과 붉은색 두 종류의 옷을 입은 스님들이 있다. 회색 옷의 불자를 한제(汉弟)라 하고, 붉은 옷의 라마종파의 불자를 장제(藏弟)라고 한다. 종파를 나누자면 한제는 선종(禪宗)에 해당되고 장제는 현종(显宗)에 해당된다. 출가인의 사부로 짱족의 라마교는 '샹스(上师)'라 부르고 한제 불교에서는 '샹런(上人)'이라 부른다.

또 이 고승을 더욱 높여 부른다면 '허샹(和尚, 화상)' 또는 '다칭지우(大成就)'란 호칭도 있다. 또 허샹(화상)보다 더 높은 불도의 경지에 이른 사람을 '우샹(無上)'이라고 한다.

머리가 복잡했다.

계파가 다른 불자들끼리의 관계는 좋은가? 라고 물었더니 전혀 다툼이 없다고 한다. 이때 우리나라는 조계종 스님들끼리 한참 다투고 있을 때였다. 종파의 다름에서 또는 재물을 만지는 총무원장의 자리에서 늘 다툼의 불씨를 일으키는 슬픈 현실을 보고 있다.

쭝타이(中台)로 가면서 스님들이 문수보살이 목욕을 한 곳이 유명하다고 알려 주었다. 나는 이곳에 가면 샘물이라도 있어 몸과 발을 씻을 수 있는 줄 알았다. 사실 여기까지 오면서 사흘 정도는 세수도 개운하게 하질 못하고 다녔다. 쭝타이에 도착하니 커다란 불상이 우리를 맞이한다. 거대한 중국의 땅만큼이나 조각상이나 건축물의 크기도 놀라울 정도다. 커다란 비석에는 취암봉(翠岩峰)이라 쓰여 있다. 쭝타이(中台)의 바위는 비취색의 어운을 가득 담았는가 보다. 문수보살이 목욕을 했다는 곳은 오로지 역사로만 존재할 뿐이었다.

탑 아래서 고승의 강연이 또 들려왔다. 벽에 기대어 편하게 들어도 괜찮았다. 가끔씩 익살스런 고승의 이야기가 있을 때는 더욱 분위기가 편해지곤 했다. 어느 순간부터는 강연의 순서와 기도 의식에 익숙해진 느낌이 들기도 했다.

고승의 강연이 끝나자마자 사람들이 분주하게 움직였다. 한 건물 안으로 사람들을 따라 들어갔다. '부처님께 공양을 하는 등'이라는 뜻의 공등(供燈)을 피우기 위해 선반을 설치하고 작은 공등을 놓기 시작했다. 스님이 나에게 준 역할은 빈 상자나 바닥에 떨어진 잡다한 휴지들을 주어 밖으로 가지고 나가는 것이다. 나는 교직 생활을 할 때 주로 환경부서에서 청소 담당 역할을 했다. 스님들의 눈에 나의 지난 이력에 보였나 하는 우스운 생각이 스쳤다. 아무튼 나의 역할에 충실하니 부처님이 나를 가만히 두지는 않을 것 같았다. 두 시간 정도가 지난 뒤에야 십만 개의 등이 밝혀졌다. 공등 행사에서 가장 많이 만들 때는 십 만개를 만든다고 한다. 사람들은 산소 부족이 느껴진다면서 실내에서 오래 있지 못하고 밖으로 나오기를 자주했다.

어둠이 깊어갈수록 공등은 더욱 밝게 빛났다.

이틀이 지났다.

오늘은 베이타이(北台)와 똥타이(東台) 두 곳을 모두 지난다고 한다. 아침도 든든히 먹어두어야 했다. 간식까지 작은 가방에 챙겨두었다. 간식이라고 하지만 옥수수 두 개와 팥소 없는 밀가루 빵 한 개다. 물론 산길을 가다가 찻길에 접어들면 차에 먹을 음식을 싣고 온 장사꾼이 있다. 장사꾼은 이때쯤에는 여행자들이 무엇을 요구하는지 잘 안다. 목이 마를 때는 광천수를 실은 차가 보인다. 함께 길을 걷는 스님에게 고승의 강연에 대해 궁금했던 것들을 물었다.

부처님께 등을 올리는 공등(供燈)식

강연 중에 중생들이 모두 손을 드는 행위는 무엇을 의미하는 것인지 물었다. 스님은 '첫째 육식을 금한다. 둘째 화를 내지 않는다. 셋째 하루 30분 이상 남에게 자비를 베풀고 고통을 함께한다.'는 것을 부처님께 맹세하는 것이라고 한다.

스님의 출가에 대해서도 물었다. 출가에는 나이와 관계가 없고 '샹스(上師)'도 출가한 스님들끼리 가족 관계를 만들기도 한단다. 즉 고승에게 어머니가 있는데 그 어머니 역시 남자 고승이다.

내가 손가락으로 어느 물건을 가리키고 있을 때 스님은 손바닥을 펴서 가리키라고 한다. 사물에 대한 겸손과 존중의 의미가 있다고 한다. 그렇다. 나는 어느 순간부터 사람의 귀하고 천함의 기준을 배웠는지 모르겠다. 한 송이 꽃에 누가 그 결실의 차이를 말할 수 있겠는가. 모두가 소중한 자연물이다. 차이를 말한다는 것은 부질없는 짓이고 나를 괴롭히는 일에 지나지 않는다는 생각이 들었다.

아주 어린아이도 보였다. 엄마와 함께 걸어가고 있는데 물어보니 5살이라고 한다. 어린아이보다 아이에게 불심을 일깨워 주려는 엄마의 모습이 더 훌륭하게 보였다.

베이타이(北台)에 도착했다.

우타이산 최고봉이다. 호흡이 가쁘다고 하는 사람도 있다. 안개에 휩싸인 해발 3,060미터에 엽두봉(葉斗峰)이라 쓰여있는 비석 옆에 서니 세찬 바람이 스친다. 이곳을 중국인들은 '화베이우지(華北屋脊, 화북옥척)'라고 한다. 즉 히말라야산맥을 세계의 지붕이라 하듯이 우타이산의 베이타이(北台) 일대가 '화북지방의 지붕(용마루)'이라는 것이다. 한국의 여름이 기록적인 폭염에 묻혀 있을 때 나는 이곳에서 추위를 느끼고 있다.

산등성이를 따라 평화롭게 풀을 뜯는 소와 말과도 함께 포즈를 취하기도 하고, 여행자들을 만나면 행선지를 서로 공유하기도 한다. 점심을 먹을 자리가 마련되었다. 4대의 봉고차에 실려 있는 음식이 우리에게 골고루 분배되었다. 음식을 먹는 동안 소 떼의 무리가 먹을 것을 달라고 몇 차례 습격을 가하기도 했다. 우리는 그럴 때마다 옥수수와 수박 등을 던져주곤 했다. 나는 한국에서 경험해 보지 못한 신기함에 마냥 즐거웠다.

식사를 마치고 길을 떠났다.

팔뚝의 피부는 어느새 새까맣게 검어져 있었다. 그래도 다행인 것은 사흘 동안 날씨가 아주 쾌청했다. 예전에는 잠잘 곳이 없어 텐트와 침구를 스스로 준비했어야 했고 비가 오면 질퍽거리는 흙길을 걷는데 무척 애로가 많았다고 한다. 이들은 내년에도 이 차오타이 행사에 꼭 와서 또 만나자고 하지만 나는 스스로 자신이 없다. 아무튼 육신의 모든 것은 피로해 있어도 마음은 한결 편안해져 있다.

드디어 똥타이(東台)에 도착했다. 똥타이(東台)에는 동쪽을 바라보는 곳에 '觀日出'이라는 글귀가 비석에 쓰여있다. 우타이산 일출을 보는 최고의 명소라는 곳이다. 나뤄옌똥(那罗延洞) 동굴 앞에서 스님들의 기도 소리가 들린다. 아마도 이번 우타이산 차오타이에

우타이산(五台山) 차오타이(朝台)

서 마지막으로 들려오는 스님들의 염불일 것 같다. 이제는 스님들의 염불이 익숙하게 다가왔다.

스님들의 염불이 끝나니 오후 4시다. 서둘러야 한다. 갈 길은 아직도 멀었는데 산의 어둠은 일찍 찾아오기 때문이다. 행렬의 끝에서 여스님의 가늘고 길게 들려오는 노랫가락이 참으로 듣기 좋았다. 나는 이 노래를 꼭 배울 거라고 다짐도 했다. 다행히 어둠이 오기 전 우리는 우타이산 어느 기슭의 마을에 도착했다. 오늘은 15km 정도는 족히 걸었다. 순례를 마치기까지 한 명의 낙오자나 부상자도 없이 우리는 순례의 길을 무사히 마쳤다. 사흘간의 불교 순례였다.

중생들이 수도하는 또 한 가지의 방법이 있는데 고승의 명을 받아 수행하는 '비구(闭谷)'와 '비관(闭关)'이란 것이 있다. 비관은 방에서 혼자 아무 말도 없이 기도하는 것이고, 비구는 음식도 먹지 않고 물만 마시며 기도하는 것이다. 기간은 3일간, 5일간, 7일간 정도로 한다. 7일간 비구를 경험한 스님의 말에 의하면 기도 하는 중에 전혀 배고픔을 느끼지 않았다고 한다. 기도의 힘이라는 신념이 더욱 크게 작용하기 때문일 것이다.

우타이산 백탑이 있는 사찰에서 고승을 또 만났다. 고승은 나에게 '간루(甘露)'를 주었다. '간루'는 티베트 짱족의 불교에서 통용되는 신약이라고 말할 수 있다. 아주 작은 환으로 되어 있는데 이 환약을 늘 몸에 간직하고 다니다가 아주 몸에 이상이 있을 때 먹으라고 한다. 나는 고승이 준 목걸이에 넣어 두었다. 그러면서 한 달에 8일은 육식을 금하라는 교리의 말씀도 얻었다. 이때 고승의 이름을 알아두었다. 고승의 이름은 뤄주란써(罗珠然色)다.

순례를 마치고도 나는 20여 일을 스님을 따라다녔다. 스님은 지린성 지린(吉林)시 남쪽의 융지(永吉)현 쐉허(双河)라는 작은 촌락으로 들어갔다. 스님들이 수도하는 마을이다. 스님이 찾은 방에는 부처 대신 자기가 '샹스(上師)'로 모시는 분의 사진이 걸려있다. 나는 고국에서 중국인은 종교가 없다는 어느 교수의 말을 들은 적이 있다. 교수는 중국의 각 가정집에 모시는 분이 부처이기도 하지만 공자를 모시기도 하고 관우 또는 영화배우 이소룡이나 인기 연예인도 걸어둔다고 했다. 하지만 이 차오타이와 스님을 따라다닌 시간 속에서 나의 생각이 잘못되었음을 깨달았다.

꿈에서 깨어나니 지금 나는, 구도의 길을 조금 안다고 하는 오만과 아직도 모르겠다고 하는 겸손의 어느 경계에 있는 듯하다.

후베이성 바둥(巴东)의 아가씨

　　2010년 여름 후베이성(湖北省)을 여행할 때의 일이다. 션눙자(神农架)를 보려고 언스(恩施)의 언스대협곡을 구경하고 바둥(巴东)으로 향했다. 바둥은 장강을 굽어보는 싼샤를 벗어나자마자 만나는 제일 큰 현급의 도시다. 산세가 험하다 보니 마을이 평탄한 공간을 갖지도 못하고 어렵게 난 길을 따라 길게 형성되어 있다.

　　저녁에 도착하여 장강이 흐르는 부두의 어느 한 식당을 들어갔다. 너무 늦은 탓인지 손님이 보이지 않았다. 식사를 하면서 한 잔의 술이 생각나 맥주를 시켰다. 장강의 시원한 강바람을 맞으며 맥주를 마시려는데 옆에 젊은 아가씨가 와서 앉았다.

　　이 아가씨도 전혀 나를 의식하지도 않고 밖을 바라보고 있다. 약간 어색한 분위기에서 같이 한 잔 하면 어떻겠느냐고 물었다. 그녀는 나의 서툰 중국어에 이상하다는 듯 어디서 왔느냐고 묻는다. 한국인이라고 했더니 놀라며 이런저런 말을 붙여왔다.

　　맥주를 따라주니 마시질 못한다고 하면서 한 잔을 받아 놓고 이야기를 계속했다. 나의 술잔이 빌 적마다 아가씨는 자연스레 술을

후베이성 바둥(巴东)에서

따라 주었다. 술기가 오른 나는 그녀와 멋진 사진을 찍자고 장난
어린 행동을 보였다.

밤은 깊어가고 낮에 들려오던 장강의 뱃고동 소리도 멈추었다.
거리를 지나는 차들이나 북적거리던 사람들도 뜸하다. 밤이 늦어
아가씨에게 숙소로 간다고 하면서 식당을 나왔다. 아가씨와 헤어
진 후 나는 숙소를 향하여 어둠 속으로 걸어갔다.

술에 취해 비틀거리는 내 모습을 아가씨가 보았는가 보다. 나를
가까이 있는 숙소까지 데려다 주고 돌아갔다. 이것으로 우리는 헤
어졌다. 딸 같은 아가씨이지만 인연이라 생각하니 영원히 만나지
못한다는 것은 참으로 서운했다.

하지만 세상은 뜻하지 않은 일도 생겨나곤 한다. 어쩌다 4년 뒤
충칭 동부의 장강을 여행한다고 다니다가 부득이 다시 바둥을 지나
야만 했다. 아니 일부러 갔는지도 모른다. 지난 일들에 대한 기억이
지워지지 않는 한 나쁜 기억마저도 그리움으로 남는 까닭이다.

후베이성 바둥(巴东)의 아가씨   **153**

부두에서 선능시(神農溪)를 가는 배를 기다리는 시간이 길어졌다. 예전에 이곳의 어느 식당에서 맥주를 마시면서 함께 이야기했던 아가씨가 생각났다. 4년이 지난 기억을 더듬어 식당을 찾아 나섰다. 나는 휴대전화에 그동안 다닌 중국 중요 지역의 사진을 저장해 두고 다녔다.

식당들이 즐비한 곳에 한 사진관으로 들어가 사진을 보여주었다. 사진관 아가씨는 놀라며 급히 옆 식당으로 가서 사진을 보여주며 이야기를 한다. 알고 보니 식당에 있는 아주머니가 아가씨의 어머니다. 어머니는 나의 휴대전화에 있는 자기 딸 사진을 보고 빙그레 웃는다.

나는 4년 전의 이야기를 해 주었다. 어머니는 밖에서 일하고 있는 남편을 불렀다. 남편도 사진을 보더니 웃으면서 냉장고에서 음료수를 꺼내어 마시라고 권한다. 두 분은 나의 여행에 대해서 물었고 나는 충칭의 동부를 중심으로 여행하고 있다고 했다.

따님은 지금 어디에 있느냐고 물었으나 너무도 애석했다. 열흘 전 취직을 해서 동북 지방의 선양(심양, 沈阳)으로 갔다고 한다. 너무

후베이성 바둥(巴东) 아가씨의 부모

아쉬웠다. 어머니는 자기 딸이 한국에서 일을 할 수 있는가도 열심히 물어왔다. 나는 언어가 통하지 않으면 힘들 거라고 말해 주었다. 딸의 나이를 물어보니 스물두 살이란다. 4년 전 나는 고등학생 나이의 아가씨와 술을 먹었던 것인가 생각하니 웃음이 절로 나왔다.

식당을 나오기 전에 아가씨의 부모님과 함께 사진을 남겼다. 두 분의 친절한 대접을 받고 돌아서는 나에게 또 오라고 한다. 아가씨를 만나지는 못했지만 내가 다시 찾아왔다는 사실을 부모님이 알려줄 거라는 생각에 마음이 흡족하다. 장강의 습기를 잔뜩 머금은 무더위가 누그러지는 오후 선눙시(神农溪)를 향하는 배에 올랐다.

훗날, 기약 없는 아주 훗날 이런 날이 또 올까? 꼭 한번 보고 싶다는 마음이 더욱 간절해진다.

후베이성 바둥(巴东)의 아가씨

샹그릴라(香格里拉)에 가다

　　　　　중국에 '샹그릴라'라고 내세우는 지역이 세 곳이 있다. 물론 이들이 붙인 이름이지 정말 '샹그릴라'는 어디에 있는지 모른다. 미리 의미를 규정한다면 '샹그릴라'는 사실 내 마음속에 있다고 생각하면 편하다.

　'샹그릴라'는 이상향, 즉 '가상의 낙원'이라고 말한다. 《잃어버린 지평선》이란 소설에 나오는 '유토피아'로 표현한다는데 읽어보지 못했다. 윈난성 서북쪽에 있는 중뎬(中甸)이란 곳도 언제부터인지 중뎬이란 이름보다 '샹그릴라'라는 명칭으로 변해 있다.

　2000년 겨울, 사계절이 봄이라는 윈난을 여행했다. 윈난의 서쪽 리장(麗江)을 지나 중뎬을 향해 가는 버스는 고도를 높이고 있다. 산기슭을 타고 설산이 화폭처럼 이어진다. 어둠이 내릴 무렵 도착한 곳이 중뎬이다. 차에서 내리니 호흡이 가빴다. 천천히 움직이라는 현지인의 말에 따랐다. 숙소를 정하고 방에 들어갔지만 냉기가 가득하다.

　어느 촌락에서 밤에 축제가 있다고 한다. 차를 타고 찾아간 곳에서는 아가씨들이 길을 안내했다. 2층의 거실 같은 공간에는 탁자에 음식과 술이 준비되어 있다. 겨울이라 여행자보다는 현지 주민들이 대부분이다. 그들의 춤과 노래가 연출될 때마다 술잔이 오간다. 그들과 함께 흥에 겨운 시간이 자정까지 이어졌다.

아침에 유명한 라마교 사찰인 송찬린쓰(松贊林寺)를 찾았다. 야트막한 산에 길게 늘어져 있는 송찬린쓰는 예전에 이천 명 이상의 승도들이 있었다. 윈난성에서 규모가 가장 큰 티베트 라마 사원이다. 계단을 오르고 양쪽 옆으로 난 길을 따라 걸었다. 가끔씩 마니차를 돌리며 가는 두세 명의 아낙네들을 마주했다. 사원에서 바라보는 겨울 초원은 황량하게만 느껴졌다. 사원의 부처님을 보려고 두루 다녔지만 추운 날씨에 대부분 문이 잠겨 있었다.

사원을 나와 쓸쓸한 겨울의 나파하이(納帕海)와 비타하이(碧塔海)로 향했다. 이들은 마른 초원이고 얼어붙은 호수로 남아 있다. 이 높은 지대에 이렇게 광활한 평원이 펼쳐져 있는 것만으로도 놀랍다. 이곳에 봄이 찾아오면 산에는 두견화가 만발하고 초원은 녹색으로 아름다운 경관을 이룬다. 새봄의 두견화를 마음으로 그려보는 것만으로도 풍요로웠다. 바이쉐타이(백수대, 白水台)로 가는 내내 눈과 설산이 내 곁을 떠나지 않는다. 이것이 내 마음에 새겨진 중뎬 샹그릴라의 첫인상이다.

2년 뒤 티베트를 여행했다. 티베트를 여행하면서 '카일라스산'을 갔을 때 하루만 여유가 있었어도 자다(札達)라는 곳을 갔을 것이다. 이 '자다'가 바로 이상향의 장소로 처음 알려졌던 곳이라고 한다. 이곳은 오래 전에 구거 왕조(古格王朝)라는 왕국이 건설되어 있던 곳이다. 역사는 흥망의 연속이 진리인 양 폐허로 남은 채 버려져 있지만, 융성한 시기에는 한 나라의 조직을 형성해 있었다고 하니 놀라지 않을 수 없다. 언젠가 다시 가 볼 수 있을까 생각만이 스친다.

티베트 설산

　귀국 후 구거 왕국의 영광을 인터넷을 통하여 감상했다. 태양이 지는 붉은 빛 아래 보이는 산상의 건축물들의 위용이 그 당시의 융성함을 실감하기에 충분했다.

　샹그릴라는 또 있다.

　사람은 욕심의 한계가 없는 동물인지도 모른다. 무슨 일이든 처음 시작할 때는 재미도 없고 힘만 들 때가 많다. 하지만 어느 정도의 단계에 이르면 성취감을 느낀다. 성취감은 더 높은 욕구를 불러일으킨다. 등산을 하거나 달리기를 하면 처음에는 힘들고 지겹다는 느낌을 갖는다. 하지만 산을 8부 능선까지 가면 끝까지 오르고, 마라톤도 30㎞ 이상을 달리면 끝까지 달린다고 한다. 남아있는 것에 대한 성취 욕구가 더 크기 때문이다. 재미있다는 영화도 전개 과정에는 지루함을 느끼는데 하물며 공부야 오죽하겠는가? 살아오면서 공부가 제일 힘들고 어려웠던 것 같다. 배움은 끝이 없기 때문이다.

　이 시대에 학생들이 하는 공부는 '무엇을 배운다.'기 보다는 인간의 서열을 매기는 작업을 하고 있다는 느낌을 감출 수가 없다. 아무리 열심히 해도 일등과 꼴찌 인간이 생겨나기 마련이다. 이로

쓰촨성 야딩(亞丁) 샹그릴라

인하여 성적에 따라 사회에서 행복과 불행의 기준이 매겨지고 있다. 슬픈 현실이다.

이런 생각에 가보지 않은 한 곳을 고집하고 있는지도 모르겠다. 또 다른 샹그릴라가 있다는 말에 언젠가는 가보리라고 마음을 다잡고 있었다. 거의 10년이란 시간이 흘렀다. 쓰촨성 서부에 있는 야딩(亞丁)이란 곳으로 향했다.

청두(成都)에서 캉딩(康定) 그리고 리탕(理塘)을 지나 힘들게 도착한 야딩이 또 '샹그릴라'라고 한다. 야딩촌에서 아침 일찍 계곡의 길을 걸었다. 계곡으로 시원스레 흐르는 물소리가 상쾌하다. 계곡물에 손을 담그니 설산에서 내려온 물인지 차갑기 그지없다.

'충구쓰(충고사, 冲古寺)'라는 사원에 도착했다. 사원의 조그만 돌탑을 돌면서 안전한 등반을 기도했다. 며칠을 소요하면서 이곳을 오는 동안 고소 적응 기간이 있었는지 호흡이 견딜만하다. 서서히 산기슭에 이르고 가파른 길을 오를 때는 호흡이 가쁘다. 질척이는 길을 걸을 때는 차라리 말을 타고 싶다는 생각도 간절했다.

드디어 다섯 시간을 걸어 힘들게 오른 산 정상이다. 설산으로 둘러싸인 곳마다 조물주는 오색해(五色海), 우유해(牛乳海), 진주해(珍珠海)라는 이름으로 산상에 아름다운 초원과 호수를 만들어 놓았다. 들꽃들이 만발한 대자연의 섭리는 신의 은총일 수밖에 없다. 여름이지만 사방으로 둘러쳐진 빙벽이 더위를 식혀주고 있다. 선입관이 있었는지 속세를 잃어버린 다른 세계의 이면에 서 있는 기분이다.

윈난의 중뎬은 초원의 아름다움으로 여행자의 발을 붙잡고 놓아주지를 않는다. 티베트의 자다는 불교 유적이 살아 숨쉬고 있으며, 고대 영광의 흔적이 폐허로 남아 역사의 흥망을 말해주고 있다. 쓰촨의 야딩은 설산이 호수와 어우러져 한 폭의 산수화로 남기에 충분했다.

세 곳 모두 중국 서부의 티베트 지역에 있다. 원래 중뎬이나 야딩 모두 예전에는 티베트 땅이다. 티베트 일부가 윈난성 그리고 쓰촨성으로 행정 구역이 만들어지면서 서로 저마다 샹그릴라가 자기들에게 있다고 다투고 있는 것은 아닌지 모르겠다. 이들 지역이 살아가는 힘은 라마교라는 종교가 전부인 듯 보인다.

중뎬의 송찬린쓰, 야딩의 롱다가 펄럭이는 총구쓰에서 신을 향한 기도는 지금도 계속된다. 육체적 고행을 마다하지 않으며 현세를 원망하지도 않는다. 내세에 자신은 티 없는 영혼으로 태어날 거라고 믿기 때문이다. 오로지 오체투지와 기도를 통하여……

사찰의 스투파에 타르초가 펄럭이고, 지나가는 불자의 손에 마니차가 돌아가고 있는 한, 샹그릴라를 향한 영혼의 기도도 멈추지 않을 것이다. '샹그릴라'는 티베트어로 '푸른 달빛 아래의 골짜기'라고 한다는 말을 들었다. 그렇다. 결국 샹그릴라는 내 마음 어느 골짜기에 숨어 있을 것이다. 왠지 푸른 초원과 설산에서 춤추는 야크가 더 부럽기만 하다.

하늘이 준 수채화 주자이거우(구채구, 九寨沟)와 황룽(황룡, 黃龙)

중국 쓰촨성(四川省)을 여행하다 보면 참으로 매력적인 곳이 많다. 안타까운 이야기지만 최근에 와서 가끔 지진이 발생하여 여행자인 나에게는 은근히 두려움을 주기도 한다. 이것을 제외하면 쓰촨 지방은 언제나 여행자의 발길을 사로잡는다.

쓰촨 분지를 중심으로 험준한 협곡이 생겨나고 그에 따른 풍부한 수량의 폭포가 언제나 계곡을 타고 흘러내린다. 그래서 자연의 풍광에 취한 옛 시인들의 향취가 제일 많이 묻어나는 곳도 이곳 쓰촨이다. 그리고 물산이 풍부하여 많은 사람이 이곳에 모여 살게 되었다. 그래서 중국의 성(省) 가운데 쓰촨성의 인구가 1억 5천에 이를 정도로 제일 많다.

중국 역사에서도 위, 촉, 오의 삼국시대에 책사인 제갈공명이 유비를 도와 이곳에서 천하를 셋으로 나뉘는 계획을 세웠다. 유비가 죽고 그의 아들 유선을 위해 제갈공명이 바친 출사표(出師表)라는 글이 있다. 이글은 지금까지도 신하가 임금에게 충성을 다하는 표문(表文)으로 현세의 으뜸으로 남을만하다. 이러한 발자취는 쓰촨성의 성도인 청두(成都)에 가면 무후사(武侯祠)를 중심으로 잘 알 수 있다.

이러한 쓰촨 지역에 최근에야 알려진 풍경구인 주자이거우와 황룽이란 곳이 있다. 인간의 발이 거의 닿지 않았던 이 주자이거우라는 곳은 아홉 개의 짱(藏)족 마을이 있다는 데서 붙여진 이름이라고 한다.

이곳을 가기 위해서 청두에서 버스로 5시간을 소비하여 이백 기념관이 있는 장유(강유, 江油)시에 도착했다. 장유시에서 유명하다는 개미술 한 잔에 취하면서 돌아본 이백 기념관은 참으로 잘 가꾸어져 있었다. 매미의 울음 소리와 기념관 옆을 흐르는 물소리와 함께 저절로 한 줄 시가 읊어 나올 법도 하다. 다음 날 나를 태운 버스는 장유시를 떠나 하루 종일 산속으로 달렸다.

계곡 물길을 따라 가는 내내 먼 능선을 따라 구름이 띠를 형성하면서 산봉우리를 휘감아 돌고 있다. 마을이 보이는 곳에는 계곡에 가느다란 흔들 다리가 위태롭게 놓여 있다.

차는 가다가 소변을 보라고 하는 것 외에는 쉬지 않고 달렸다. 어느 자그마한 마을에 도착하니 잠시 휴식의 시간이 주어졌다. 길거리에 좌판을 벌여놓고 짱족의 여인들이 호객을 한다. 짱족 문화를 나타내는 각종 장신구들이 손님들을 끌어들이고 있다. 물론 꼬치구이 등 각종 음식들도 있어 배를 채우기도 했다. 비가 온 탓인지 길은 질퍽거리지만 많은 여행자들은 아랑곳하지 않았다. 잠시 후 차들은 저마다의 손님을 태우고 주자이거우로 향했다. 도로가 비로 유실되어 보수를 하느라 잠시 지체하기도 했다. 이곳 쓰촨의 우기에 여행을 한다면 이런 상황은 다반사라고 여겨야 한다.

다음 날 아침 주자이거우 매표소에서 표를 사고 보니 경내를 다니는 순환버스를 타려고 벌써 길게 여행자들이 줄지어 있다. 중국인 특유의 시끄러움과 숲에서 울려오는 매미소리, 그리고 스피커를 통해 흘러나오는 가이드의 안내 방송이 뒤섞여 매표소 앞이 아

쓰촨성 주자이거우 호수

수라장이다. 중국의 유명한 풍경구의 입장료는 내 상상을 초월한다. 하지만 여행을 마치고 나면 그만한 가격이 그리 터무니없다는 생각은 들지 않는다. 주자이거우 역시 인민폐 300위안에 가까운 입장료를 지불했다.

차는 주자이거우의 화려한 호수들을 지나 원시 산림이라는 표지석이 있는 곳에 손님을 내려 주었다. 여기서부터 나무판자를 엮어 놓은 데크길을 따라 신비의 작은 호수들을 관람하면서 걸어 내려간다. 처음에는 수초로 덮인 습지 사이로 작은 개울물이 흘러간다. 이후로 갖가지의 색깔로 나타나는 작은 호수들이 더욱 크기를 더해간다. 호수 하나하나에 붙여준 그 이름만으로도 신이 준 선물이라고 아니할 수 없을 정도다. 또 호수를 지날 적마다 짱족의 복장을 한 아가씨들이 불러주는 노랫소리에 잠시나마 마음을 달래기도 한다. 이리하여 여행자들은 이곳을 멀다고 하지 않고 끊임없이 찾고 있는 것이다.

약간의 허풍을 더하면 호수의 물이 너무 맑아 오히려 물속의 깊이를 가늠할 수가 없을 정도다. 훤히 들여다보이는 물속을 보면 햇살에 대칭으로 반사되는 산봉우리들을 만난다. 데크길을 걸어가고 있는 여행자들도 물 속에 물구나무 선 채로 선명하게 드러나고 있다. 한 가지 아쉬운 것이 있다면 물고기가 눈에 띄지 않는다. 피라미 같은 물고기 외에는 그다지 별종의 고기가 보이지 않았다.

마음이 너무 맑으면 이처럼 다른 사람들이 내 마음을 다 들여다보지는 않을까 하는 생각을 해본다. 그래서 물고기와 약간의 수초가 섞여 있는, 조금은 혼탁한 마음으로 사는 것도 그리 나쁘지는 않다는 생각도 든다. 역설적인 자기 위안의 표현이지만 여행자인 내 마음의 자유 표현일 뿐이다. 아무튼 천년의 태고, 원시의 흔적 그 어느 용어로 이 주자이거우의 아름다움을 다 담아낼 수 있을지 모르겠다. 이런 곳에 살았던 아홉 개의 짱족 마을 사람들은 신선으로 한평생을 살았을 거라는 행복한 생각이 들기도 했다.

저녁에 짱족의 문화공연을 보고 잠자리에 들었지만 오늘 구경한 풍경구의 명칭을 아는 대로 하나씩 끄집어내 보았다. 눈에 선한 熊猫海(팬더해), 鏡海(경해) 五花海(오화해), 五彩池(오채지), 珍珠灘(진주탄), 诺日朗瀑布(낙일랑 폭포)들이 스쳐갔다.

아침 황룽(황룡)으로 가는 차에 올랐다. 차는 서서히 고도를 높이고 있다. 주자이거우에서 느끼지 못했던 호흡의 곤란도 느껴졌다. 도로의 주변에는 티베트풍의 가옥들이 즐비하게 보이고 있는데 집집마다 세워놓은 룽다가 하늘을 향해 펄럭이고 있고, 가끔 보이는 아름다운 타르초도 들녘에서 성스러운 경전의 향기를 품어대고 있다. 저 멀리 설산이 고깔모자를 쓴 것처럼 봉우리마다 하얗게 드러나고 있다. 고도를 높이면서 다행인 것은 여름이라지만 덥지 않아 좋았다.

황룽 역시 주자이거우와 더불어 유네스코 세계자연유산으로 등재된 곳이다.

황룽에 도착하자마자 정상을 향해 걸었다. 주자이거우와 다르지 않은, 나무 판자로 만든 가지런한 계단을 끝없이 오르면서 이 아름다운 층층이 놓인 계단 호수는 과연 몇 개가 될지 궁금하다.

참으로 한시도 눈을 다른 곳으로 돌리기에는 아까운 순간순간들이다. 중턱에서부터 걷다가 지친 사람들을 기다리는 滑杆(화간)이란 사람들이 있다. 이들은 두 사람이 한 조가 되어 가마에 손님을 태우고 오른다.

민산(岷山)의 주봉인 설보정(雪寶頂) 아래에는 명나라 때 세워진 황룽사(黃龙寺)라는 티베트 불교 사원이 자리 잡고 있다. 황룽 계곡의 수많은 호수를 굽어보면서 자연의 신비함과 함께 그 역사를 나란히 한 목조건축물이다. 정상에 있는 황룽사에 도착하는 데는 두 시간이 넘게 걸렸다.

티베트를 여행하던 때와 마찬가지로 황룽사를 찾아 올라가는 데는 머리도 아파왔고 호흡도 힘이 들었다. 이곳은 해발 3천 미터가 넘는 곳이라고 한다. 이렇게 힘들 줄 미리 알았더라면 차라리 150위안을 요구하는 화간을 부를 걸 하는 생각도 났다.

쓰촨성 황룽(황룡)

황룡사를 중심으로 한 주변의 산은 한쪽은 수풀이 울창해 보였는데 한쪽은 티베트에서 본 것처럼 나무가 거의 보이지 않는 돌산을 이루고 있었다. 절의 뒤쪽으로는 석회동굴인 황룡 동굴이 있다고 하는데 사람들이 그리 찾지 않는지 가는 사람이 없어 보였다.

어느 한때는 잔치가 벌어진 것처럼 이곳 주변의 소수민족인 짱족(藏族), 창족(羌族), 후이족(回族) 등등이 절을 찾아 그들 나름대로의 축제를 즐기고 돌아간다고 한다. 황룡사의 절 안에서도 티베트에서 보았던 것처럼 마니차를 돌리는 사람들이 있어 잠시 그들과 같이 아무런 의미도 생각하지 못하고 돌리면서 다녔다. 황룡의 맨위에 자리한 오채지(五彩池)와 황룡사의 풍경은 옅은 햇살에 반사되어 황금 수반에 조각 건축물을 올려놓은 것 같았다.

황룡사 뒤에 전망이 좋은 곳에서 내려다본 이 풍경은 갖가지 물감을 뿌려 신이 빚어 놓은 그릇들이라고 할 정도로 형용하기 어려웠다. 이렇게 주자이거우와 황룡은 쓰촨성에 내려준 신의 선물임에 틀림이 없다.

시강(西江)의 결혼식

구이저우성(貴州省)의 시강(西江)은 구이양(貴阳) 동쪽에 있는 카이리(凱里)시 아래 레이산(雷山)을 경유하여 간다. 레이산에서 약 한 시간여 거리에 있는 이 시강은 쳰후먀오자이(천호묘채, 千戶苗寨)라는 이름으로 여행자들에게 널리 알려진 곳이다. 즉 먀오족의 가구가 천 채 정도 된다는 아주 큰 집단의 마을이다.

시강이 가까워지니 저 멀리 차창으로 보이는 마을이 온통 짙은 재색 빛의 물감으로 칠해있는 듯하다. 마을 어귀에 들어서니 아이들의 떠드는 소리가 시끄럽게 들려온다. 구이저우성의 마을을 둘러보면 대부분 마을 사람들이 모여 회의를 하거나 공연을 할 수 있는 공간이 있다. 마을의 조그만 공간에서 아이들은 작은 돌들을 가지고 자기들만의 규정을 정해놓고 즐겁게 뛰어놀고 있다.

마을을 따라 흐르는 개울 건너에는 학교가 있다. 방학이라 교내에 아이들이 보이지 않고 학교 직원만이 경비실에서 작은 난로를 앞에 두고 추위를 이기고 있다. 게다가 여행자도 전혀 눈에 띄지 않는다. 길을 따라 가끔씩 말들이 지나가곤 한다.

구이저우성 시강(西江) 결혼식

언덕에 덧칠해진 듯 지어진 먀오족의 집들을 다녀 보는 것만으로도 내게는 새로웠다. 돌로 쌓은 축대 틈새에 떨어진 배추씨는 어엿한 한 포기 배추로 자라나 나를 놀라게 했다. 바구니를 매단 대나무 막대를 어깨에 메고 각종 물건을 나르는 아주머니들을 만났다. 하지만 뭐 그리 바쁜지 나의 인사에도 아랑곳하지도 않고 무심히 지나갔다. 마침 눈에 들어온 '原始人家'라는 집이 있어 들어가 보았다. 특별한 것은 없어 보였지만 한 아가씨가 멍석에 곡식을 말리고 있다. 골목길에서는 어둠이 내리는 가운데서도 팽이와 납작한 돌을 가지고 노는 아이들의 놀이는 그칠 줄 모른다. 잠시나마 아이들과 함께 하는 추억의 시간도 소중하게 남았다.

시강의 조용한 아침을 맞았다. 어둠이 걷힌 한 조그만 식당에서 몇 명의 중년 남성들이 담배를 입에 물고 식사를 기다리고 있다. 그곳에서 나도 한 끼의 식사로 배를 채웠다.

어디선가 시끄러운 돼지 울음소리가 났다. 물어보니 오늘 결혼식이 있어 돼지를 잡는다고 한다. 일부러라도 찾아갈 구경거리를 우연히 이곳에서 보게 되었다. 이럴 때면 모든 계획을 수정해서라도 보고 가는 것이 여행자의 심정이다.

그곳으로 향했다. 열 명 정도 중년 남자들이 돼지를 나무판자에 올려놓느라 안간힘을 쓰고 있다. 돼지의 울음소리는 살고 싶어 하는 절규 이상이다. 목에 칼이 들어가 피를 모두 소진할 때까지 돼지의 울음소리는 그치질 않았다. 돼지가 머리를 축 늘어뜨리는 순간은 오래가지 않았다. 뜨거운 물을 부어 털을 벗기고, 돼지머리를 자른 후 사다리에 묶어 담벼락에 세운다. 배를 갈라 내장을 쏟아내니 이제 가마솥이 기다리고 있다.

신부를 보러 집으로 들어갔다. 아직 아름다운 예복은 입지 않고 있다. 친정이 카이리(凱里)시인 매우 깜찍한 얼굴에 발랄한 모습의 어린 신부다. 신랑은 손님과 이야기하기도 하고 집안일을 하느라 바쁘게 움직인다. 신혼부부는 내가 외국인이라고 무척 친절한 태도로 대해 주었다. 결혼식을 촬영하는 사진사도 오히려 나의 행동에 방해를 주지 않으려고 노력하는 기색이 역력했다.

방안에 상이 차려지고 아주머니들이 부엌에서 음식을 날랐다. 점심을 같이하면서도 내가 부족한 것이 있는지 세심한 배려도 아끼지 않는다. 밖에서 가끔씩 들려오는 폭죽 소리는 온 마을을 향하여 부부의 탄생을 알리고 있다. 축하의 전주곡이다. 식사를 하고 밖으로 나오니 결혼 예물이 개울의 좁다란 다리를 건너 쉴 새 없이 들어오고 있다. 이불, 날씨와 날짜가 있는 액자, 뭔지 모를 각종 보따리가 들어온다. 더욱이 놀라운 것은 두 사람이 막대에 돼지를 묶어 매고 오는 장면이다. 돼지의 간을 모두 꺼내어 돼지의 옆구리에 걸어서 오는 것이 인상적이다.

구이저우성 시강(西江) 결혼식에서

　오후가 되니 사람들이 더 많이 모여 들었다. 멀리서 친척들도 찾아오기 시작했다. 길거리에는 조그만 장이 섰는지 약초를 군데군데 늘어놓았다. 대나무로 만든 광주리에 새끼 돼지가 대여섯 마리씩 들어있다. 각종 채소들도 여기저기 옮겨지고, 추운 날씨라 겨울옷 판매대를 기웃거리는 사람들도 많았다. 다시 집으로 들어가니 신부가 웃음 띤 모습으로 내 카메라에 포즈를 취해주었다. 왕관 같은 모자를 쓰고 화려한 먀오족의 전통 의상을 입었다. 어두운 방이지만 불빛 속에 모자와 의상은 반짝반짝 빛나고 있다. 거실에는 축의금을 받는 탁자를 앞에 놓고 어른이 앉아 있다. 하객들이 들어와 봉투를 놓고 나갔다. 무례한 물음이지만 축의금으로 얼마 정도를 내느냐고 물으니 평균 100~200위안 정도라고 한다. 나도 50위안을 축의금으로 내었더니 아저씨가 고마워하면서 쟁반에 있는 담배를 건넨다.

　부엌에서는 아주머니들의 웃음소리가 끊이지 않는다. 어느새 어둠이 내리고 작은 거실에 술과 함께 저녁상이 놓였다. 먼저 아주머니들이 돌아가면서 앉아있는 남자들에게 술을 권한다. 나에게도 술잔이 오는데 이상하게도 꼭 두 잔씩을 주고 지나간다. 서너 명의 아주머니가 지나간 술상에는 흥에 겨운 시간만이 존재했다. 술에 취하고 흥에 취하며 신부를 보려고 옆방으로 갔다. 한 어린 소녀가 나에게 한 잔의 술과 함께 권주가를 불러 준다. 노래가 끝나자 신부가 또 한 사발의 고량주를 권한다. 밤은 무르익고 흥은 더해갔다. 오늘 아름다운 한 쌍의 사랑이 첸후먀오자이(천호묘채)에서 꽃처럼 피어날 것이다. 나도 행복한 하루였다. 훗날 반드시 이곳에 와서 이들과 오늘의 옛 추억을 다시 이야기하고 싶다.

후난성 더항(德夯)에서

　　후난성 서쪽 지서우(吉首)에서 북쪽으로 가
다보면 더항(德夯)이란 곳이 있다. 이 더항은 먀오족(苗族)이 살아
가는 아름다운 촌락이다. 이곳에 산수는 그들의 삶에 모든 것을
다 갖추고 있다고 해도 과언이 아니다.

　마주 보이는 산의 기묘한 절경이 더욱 발걸음을 조급하게 만든
다. 마을에 들어가는 어귀에는 커다란 두 개의 물레방아가 농촌의
그리움을 떠올리게 시원스레 돌아가고 있다. 더항 마을로 들어가
려면 우선 마을 어귀에 마중 나와 서 있는 예쁜 먀오족 아가씨들
의 손님맞이 의식을 거쳐야 한다.

　아가씨들이 불러주는 노래에 답가(答歌)를 불러주기도 하고, 따
라주는 술잔을 마다하지 말고 기울여야 한다. 물론 중국을 여행하
면서 여러 번 경험하기도 했는데, 한낮의 더운 날씨에 다섯 잔 이
상을 마시고서야 마을에 들어갈 수 있었다.

　스무 명 정도의 여행자들과 함께 협곡의 산길로 접어들었다. 폭
포가 백 개나 있다는 '九龍山百瀑峽谷'이란 글씨가 쓰여 있다. 이 정

후난성 더항(德夯) 먀오족 마을

　도로 산수가 어우러진 곳이다. 용문(龙门)이란 이름을 새긴 바위를
지나니 계곡의 물소리와 매미의 울음소리만이 온 산천을 휘감듯
들려온다. 조금 더 오르니 하늘에서 떨어지는 듯한 폭포를 만났
다. 폭포 아래로 통하는 길을 따라 걸으며 더위를 식힌다. 떨어지
는 폭포의 물방울들이 흩날리면서 얼굴을 촉촉이 적셔준다. 젊은
이들은 팬티만을 걸치고 폭포 아래서 수영을 즐기기도 한다. 어느
여행자는 더위를 피하려고 작은 뗏목을 타고 폭포수 아래로 흘러
들어갔다. 자연과 인간이 하나 된 조화로운 풍경을 보는 듯하다.
　마을로 돌아오니 조그만 마당에서 먀오족의 전통 공연이 펼쳐졌
다. 젊은 사내들이 북을 한바탕 치고 지나가고, 아가씨들이 아름다
운 의상을 입고 북소리 장단에 맞추어 갖가지 춤을 선보인다. 계속
이어지는 사내들의 무술 연기와 악기 연주 등 더위 속에서도 끝날
줄을 모른다. 또 다른 곳에서는 공연을 위한 춤 연습도 한창이다.
공연이 끝날 때쯤 아가씨들이 손님에게로 와서 함께 춤을 추자고
데리고 나간다. 그들이 추는 발놀림을 따라하면서 함께 즐겼다.

공연이 끝나고 마을의 이곳저곳을 둘러보았다. 어린아이를 바구니에 넣어 등에 지고 다니는 아주머니들이 눈에 자주 띄었다. 어둠이 내리니 개울가에서 어린아이들과 여인들의 웃음소리가 요란하다. 그들은 냇가에서 발을 담그고 몸을 씻으며 하루의 피로를 풀고 있다. 저마다 수다를 떠는 이 시간이 제일 행복한 것처럼 보였다.

요즘 아파트에서 갓난아이의 울음소리를 들으면 정겹게 느껴지듯이, 숙소 옆을 흐르는 개울 물소리가 어린 시절의 향수를 타고 밤새도록 방으로 흘러들었다.

날이 밝았다. 오늘도 청명한 아침이다. 여행 내내 오랫동안 비가 내리지 않고 폭염이 계속되는 날씨가 이어지고 있다. 마을 뒤로 난 숲속의 길을 걸었다. 작은 먹을거리 짐을 하나 등에 걸치니 오늘 하루는 모든 걱정이 사라진다. 맞은편에 보이는 산은 기이하게도 몇 개의 바위산이 우뚝 솟아 있다. 산으로 둘러싸인 또 다른 숲속으로 접어들었다. 가끔씩 쉬어 가면서 마을 사람을 만나면 반

구이저우성 더항(德夯) 풍경구

갑게 인사도 나누었다. 더욱 신선의 세계로 빠져 들어가는 기분이다. 뾰족이 솟은 산봉우리들이 점점 내게로 다가왔다.

협곡 사이로 난 좁은 길로 접어드니 사람의 소리가 전혀 들리지 않았다. 간간이 들려오는 폭포 소리만이 세상의 전부다. 아침부터 찌는 더위에 아예 윗옷은 모두 벗어 버렸다. 류사(流沙) 폭포라고 쓰여 있는 시원한 물줄기 속에서 잠시 쉬어갔다. 계곡물을 만날 적마다 온몸을 적시었다.

다시 산길로 난 계단을 오른다. 길이 있어 무작정 오른다. 길이 있다는 것은 무언가 인간이 필요했기 때문에 만들어 놓은 것이다. 산을 오를수록 하늘이 넓게 다가온다. 하늘의 밝음과 협곡의 어둠이 극명하게 드러나고 있다.

두 시간을 소요하여 땀 흘리며 올라온 곳은 천운대(天云台)다. 앞을 바라보니 한 폭의 그림 같은 풍경이 병풍처럼 펼쳐진다. 너무도 아름다웠다. 아름다움이 드러나면 무엇이든 때를 타기 마련이다. 차라리 영원히 감추어진 자연으로 남기를 바랐다.

산길을 내려와 더위를 잊고자 협곡의 웅덩이에 온몸을 던져 버렸다. 등에 바구니를 멘 할머니 두 분이 길을 지나다 나를 보더니 고개를 돌리고 비켜 간다. 한동안 더위를 식힌 후 마을로 내려와 짐을 챙겼다.

그들의 일상이 나에게는 언제나 축제로만 보일 것 같았다.

또 길을 떠난다. 늘 다가오는 다음의 여행지는 마음을 설레게 한다. 중국에서 가장 아름다운 길이라는 공로기관(公路奇觀)을 지나 부용진(芙蓉鎭)으로 향했다. 부용진은 영화 속의 주인공 류샤오칭(刘晓庆)이 촬영을 한 곳으로 유명하다. 류샤오칭이 맛본 '쌀두부(米豆腐)'가 세간에 알려지면서 쌀두부를 파는 식당들이 늘어났다고 한다. 그곳으로 간다.

구이저우성 따동촌(大洞村) 축제

여행은 또 다른 만남이다. 시간과 공간과의 만남이고, 사람들과의 만남이기도 하다. 내가 중국을 고집스럽게 다니는 이유는 어디에 있을까? 모두가 그렇지는 않더라도 가끔씩 찾아오는 사람들의 따뜻한 정을 그리워했는지도 모른다.

특히 서남부에 위치한 윈난성과 광시좡족자치구 그리고 구이저우성을 여행하면서 받는 인상은 늘 정겨움으로 다가오곤 했다. 구이저우성은 소수민족의 고향이라고 할 만큼 먀오족(苗族), 둥족(侗族), 부의족(布依族) 등이 살아가는 아주 아름다운 농촌들이 많이 있다. 구이저우성의 동남쪽은 둥족과 먀오족이 많이 살고 있는데 이곳에는 해마다 많은 축제가 열린다.

이들의 마을을 다니다 보면 마을 한가운데 다른 지방에서 볼 수 없는 고루(鼓樓)라는 건축물이 있다. 어찌 보면 마을의 아름다움의 상징이기도 하고, 자기 마을의 위용을 과시하는 것 같기도 하다. 이 고루들이 마을마다 한두 채씩 있는데, 축제가 열리면 이곳에서 여인들이 춤과 노래를 즐기고 남자들은 술에 취한다. 물론 공회당

구이저우성 따동촌 축제

역할도 하여 마을의 중요한 일이 있으면 이곳에 모여 마을의 대소사를 논하기도 한다.

　구이저우성 충장(灻江)에서 마흔 살 정도 되어 보이는 중년의 남자를 만났다. 이 사람은 음력 12월 3일 대동 마을에 일 년에 한 번 있는 축제에 꼭 오라고 신신당부를 하였다. 그의 말대로 룽장(榕江)을 구경하고 이틀 후에 다시 축제를 보려고 충장으로 돌아왔다. 그의 말대로 3일 따동촌에서 축제가 열린다고 충장현의 많은 사람들이 따동촌으로 향하고 있었다. 나도 그들을 따라 따동촌으로 향했다. 작은 마을에 그나마 광장이 있다면 그것은 학교밖에는 없었다. 주변을 기웃거리며 축제를 기다렸다. 어렵지 않게 그를 다시 만나 그의 집에서 식사와 직접 양조한 미주(米酒)를 함께 했다. 마을에 조그만 행사라도 있으면 그들은 돼지를 잡고 '미지우(米酒)'라는 쌀술을 내놓는다. 무척 반가워하는 그는 말할 적마다 나에게 '부하오이스(不好意思, 송구스럽다)'를 연발하며 겸손함을 잃지 않았다.

　그들은 내가 행사장을 기웃거리는 모습에 무관심하지 않았다. 오히려 여행자인 나를 자신들의 행사에 주인공으로 만들어 줄 때

도 여러 번 있었다. 어린 학생들은 축제가 시작되기도 전에 삼삼
오오 짝을 지어 과자나 아이스크림을 사 들고 다닌다. 특히 여자
아이들이 쓰고 다니는 모자는 화려함이 예사롭지 않다. 가끔씩 어
머니가 아이에게로 와서는 쓰고 있는 모자와 길게 늘어진 목걸이
를 예쁘게 치장해 주곤 한다. 얼핏 들은 이야기지만 아이들의 복
장 매무새가 그 집의 부유함을 과시하기도 하고, 처녀들이 총각을
만나는 기회가 되기도 한단다.

소학교 운동장에서 축제가 시작되었다. 축제가 열리자 그는 팔
에 붉은 완장을 두르고 집행위원이 되어 축제의 한가운데 섰다.
그리고는 나를 대할 때마다 아낌없는 웃음을 보내 주었다. 이후로
나는 그를 '완장 아저씨'라고 이름 지어 주었다. 어른들이 한바탕
먼저 '루성(蘆笙)'이라는 대나무 피리를 불면서 마을 축제의 흥을
돋운다. 하나의 '루성' 악기는 소리가 맑고 청량하다. 하지만 여럿
이 동시에 불면 주위에서 하는 말을 들을 수가 없을 정도다. 개울
로 가서는 '루성'을 불며 마을 주민들을 불러 모은다. 마을 주민들

구이저우성 따동촌 축제

이 논둑길을 타고 하나둘 모여들었다. '완장 아저씨'는 축제의 질서를 유지하고 다음 진행을 위한 준비로 바쁘게 돌아다닌다. 작은 마을에서 아주 큰 일이 일어난 한 해의 행사다.

아이들의 차례가 되었다. 아이들은 선생님의 지시에 따라 질서 있게 준비한다. 어른들의 악기 노래에 맞추어 여러 종류의 춤을 선보인다. 부모님들은 자기 아이의 춤 솜씨에 아낌없는 박수도 보내주었다. 잠시 쉬는 시간이면 부모님들이 아이들에게 다가가 다시 옷을 예쁘게 단장해 주기를 게을리하지 않는다. 아이들의 진지한 율동에서 한 해 동안 선생님의 수고가 얼마나 힘들었는지 모를 정도다.

축제가 끝날 때쯤 선생님이 나에게 다가와 말한다. 자신이 찍어줄 테니 학생들과 한번 춤을 추어보라고 권한다. 어느새 아이들 사이에 끼어 서로 손잡고 그들의 발놀림에 따라 흔들거리고 있었다.

매일 이런 여행이고 이런 만남이면 얼마나 좋을까? 선생님은 축제를 위해 한 해 동안 학생들에게 춤을 조금씩 가르쳐 주었다. 나 역시 교사라고 하는 말에 선생님은 더욱 친절하게 대해 주었다. 오후 한나절 동안 대동 마을의 축제를 함께했다. 완장 아저씨도 나에게로 다가왔다. 우리는 서로 포옹을 하면서 이별의 아쉬움을 대신했다.

중장으로 돌아오려고 차에 올랐더니 경찰이 운전기사에게 다가와 무슨 영문인지 호된 질타를 하고 있다. 운전기사 옆에 타고 있던 나에게 경찰은 다른 차를 타라고 한다. 이유를 물으니 운전기사가 무면허 운전을 하고 있다는 것이다. 주변에 다른 차라고는 눈에 보이지 않아 한번 봐달라고 사정했다. 재차 경찰은 '나의 문제가 아니다.'라고 하면서 차에서 내리라고 한다. 그러면서 스무 살 갓 넘은 경찰은 이렇게 말했다. '생명 또한 한 번(生命也有一次)'이라고. 그러면서 나의 안전을 보장할 수 없다고 한다. 결국은 다른 차로 옮겨 탔지만 경찰의 짧고도 의미 깊은 한 구절을 잊지 못했다.

구이저우성의 리보(여파, 荔波)와
마오란(무란, 茂兰)

　　구이저우성 구이양(貴阳)의 동남쪽으로 한적한 마을을 찾아 떠났다. 두윈(都匀)의 더우펑산(斗篷山), 핑탕(平塘)의 장부폭포(掌布瀑布)와 자차(甲茶)의 옌즈둥(燕子洞)을 다녔다.

　모두가 외지고 한적한 곳의 풍경구이다. 주로 여름에나 더위를 피하려고 사람들이 다녀갈 정도의 조용한 곳이다. 이처럼 조용한 산천과 마을, 때 묻지 않은 사람들의 삶이 나를 그곳으로 초대했다. 그들의 일상생활을 보면 늘 마음이 여유로워진다. 급하지도 않고 쉼도 없이 흘러가는 시간, 존재 그 자체에 순응하면서 살아가는 모습이 아름답게도 또 숭고하게도 느껴졌다.

　여행 중 가끔은 사람들이 어디를 가보라고 추천해 주기도 한다. 그래서 찾아간 곳이 자차(甲茶)라는 곳이다. 핑탕에서 버스로 한 시간 이상은 가야 한다. 차에서 내려 걷노라니 겨울이라 더욱 한가한 마을이라는 생각이 든다. 예쁘게 단장한 마을도 아니고, 그렇다고 흐트러져 보이지도 않는 조용한 마을의 모습이다. 인공물인지 자연물인지 모르나 마을 가까이 흐르는 개울물이 있다. 낙수 아래서 빨래를 하는 여인, 채소를 씻는 여인들이 오고 갔다. 그래서 더욱 정겹게 다가오는 느낌인지도 모른다.

중국의 작가 '임어당(林語堂, 린위탕)'은 말했다. '남의 집을 방문했을 때 재떨이가 깨끗하고, 방석이 가지런히 놓여 있으면 그 집에 들어가기 싫다.'고 했다. 너무 깨끗하고 정리가 잘되어 있으면 그만큼 조심스러워진다는 의미다. 여름이면 많은 사람이 찾을 법도 한 아름다운 풍경들이 마을을 포근히 감싸고 있다. 이런 좋은 곳들을 구경으로만 지나치고 있는 마음도 아쉽기 그지없다.

아쉬움을 뒤로하고 핑탕으로 돌아와 리보(荔波)로 향했다.

리보는 샤오치콩(소칠공, 小七孔)이라는 아름다운 자연풍경구가 있는 유명한 곳으로 알려져 있다. 왜 소칠공이란 이름이 생겼느냐고 물으니 조그만 다리를 가리킨다. 물에 낮게 드리워진 다리의 구멍이 일곱 개가 있다. 이유가 참 단순하기는 했지만 특별히 중요한 관심사도 아니다. 물안개가 피어오르는 와룡담과 수많은 나룻배가 손님을 기다리고 있는 원양호를 거닐었다. 계곡을 따라 울창한 숲길을 오르는 한적한 시간도 여행의 여유로움이다.

샤오치콩을 뒤로하고 야오족(瑤族)들이 살고 있는 요산요채(瑤山瑤寨)를 찾아 나섰다. 이곳에 생활하고 있는 소수민족은 대부분 야오족들이다. 가는 차가 없어 우연히 지나가는 삼발이 짐차를 얻어 탔다. 뒤에 타고 보니 자루에 닭을 싣고 가는 차다. 가는 도중에 사탕수수를 싣고 가는 차가 길을 가로막는 것은 다반사다. 이때가 사탕수수를 수확하는 시기라고 한다. 요산요채에 도착할 즈음 길에도 마을 입구에도 소의 두상 형태의 목각들을 해 놓았다. 아마 소를 지극히 숭상하는 소수민족인가 보다. 예로부터 소는 인간과 밀접한 삶을 유지해 왔다. 소를 숭상하는 나라도 있지만, 부족들마다 소를 숭상하는 곳도 수없이 많다. 마을 어귀에 도착하여

구이저우성 리보(荔波) 요산요채(瑤山瑤寨)

삼발이 운전사에게 무척 감사하다는 인사를 하고 헤어졌다.

집들 사이로 좁게 난 길을 향해 마을길을 걸었다. 밑바닥의 일정 부분 공간을 두고 위에 초가집 같은 집을 지은 것을 볼 수 있다. 이 집들은 곡식을 저장하는 식량 창고로 쥐나 다른 동물이 접근하지 못하도록 고안하여 지은 것이다. 게다가 바람이 잘 통하니 습해를 받지 않는 장점도 있다. 동남아 등지에서도 많이 볼 수 있는 식량 저장 방법이다.

가끔 전통 의상을 입고 있는 여자아이와 아주머니들이 눈에 들어왔다. 마을의 제일 높은 곳으로 갔더니 요왕부(瑤王府)라는 멋스런 건축물이 있다. 이곳의 한 젊은이의 말에 의하면 옛날 부족장이 이 마을을 다스리던 관청이라고 한다.

이곳 야오족들은 집안에서 그림을 그리거나 수를 놓는 일을 하고 있다. 밖에서는 두부를 만들고 있는 아주머니들의 모습도 보였다. 두부 만드는 한 아주머니를 영상에 담고 있었더니 아주머니는 두부 맛을 보라고 금방 만든 따뜻한 두부를 손수 건네주었다. 구이저우성의 마을은 어디를 가나 이렇게 사람들의 순수하고 훈훈한 정도 맛볼 수 있다.

다음 날 마오란(茂兰)으로 향했다. 마오란 풍경구를 가려면 마오란이란 마을까지 가서 차를 대절해야 한다. 여름이면 여행자가 많아 차가 자주 다닐 법도 하지만 겨울의 마오란은 너무 쓸쓸해 보였다. 오늘따라 우산을 쓰기에는 그렇지만 가랑비가 부슬부슬 내리니 서글프다는 생각도 든다.

어렵게 차를 섭외하여 제일 먼저 찾은 곳은 매화원이다. 물기를 잔뜩 머금은 나뭇가지의 매화는 아직 겨울잠에서 깨지 않았는지 가지마다 드문드문 몇 송이만을 달고 있다. 오늘도 야오족이 사는 동네를 들렀다. 신채(新寨)와 노채(老寨)가 있는 마을이다. 즉 새로 지은 마을과 오래된 마을이라고 구분되는 두 곳의 마을을 형성하고 있는 곳이다. 당연히 찾아갈 곳은 옛 마을인 노채다. 차에서 내려 야트막한 산길을 걸어 모퉁이를 돌자마자 바로 가까이 마을이 보인다. 마을이라고 해야 십여 가구 정도밖에 되지 않았다.

마을로 들어가니 전혀 다른 세상에 있는 것처럼 조용하다. 짙은 안개에 휩싸여 있으니 신선의 마을처럼 보이기도 하다. 처녀 둘이 물을 길어 가고 있어 뒤를 따라갔다. 들어간 집에는 노인이 약간의 음식을 앞에 두고 불경을 외우듯 책자를 들고 낭독을 하고 있다. 오늘이 무슨 날인가 물어보니 제사를 올리는 중이라고 한다. 위패를 보니 위씨조종*(韋氏祖宗*)이라고 쓰여 있다. 집안의 어두컴컴한 곳에서는 많은 사람들이 음식을 만들고 있다. 나의 캠코더에 아이들도 신기한지 모여들었다. 젊은이들도 나에게 이런저런 말을 걸어왔다. 그들과 이야기하는 동안 준비된 음식 속에 나도 한 자리를 잡았다. 뜻하지 않은 포식의 시간이 주어진 것이다. 비 오는 날의 행운을 만난 기분이다. 헤어질 무렵에는 마을 사람 모두가 모였다.

구이저우성 마오란(茂兰) 풍경구 야오족(瑤族) 마을

가족 같은 사진을 남기고 나오는데 한 청년이 길을 안내했다.

홍군기념관도 둘러보고 안개가 스치는 산수의 풍광에 젖어 다닌 하루다. 이곳은 풍경구의 구역이 넓게 산재해 있어 걸어서 다닐 수가 없다. 어느 풍경구는 계곡을 따라 오르는 데도 두 시간이 필요하다고 한다. 잠시 계곡으로 들어가 보는데도 굽이치는 계곡마다 크고 작은 폭포들이 지나갔다. 하지만 정상을 가기에는 시간이 부족한 하루다.

여행은 훗날 아름다운 추억을 선사한다. 그래서 우리는 늘 새로운 길을 찾아 떠난다. 리보와 마오란에서 만난 사람들의 따뜻한 정이 그랬다. 다음 날 귀국을 며칠 앞두고 광시쫭족자치구의 허츠(하지, 河池)로 떠났다.

동북의 빙쉐(冰雪), 슈에샹(설향, 雪乡), 우쑹(무송, 霧淞)

2016년 1월 5일 숙소에서 일어나니 골목 음식점에서 '여우티아오! 떠우쟝! 더우푸나오!'란 소리가 스피커를 통해서 들려온다. 매일 아침 듣는 소리가 이제는 익숙해졌는지 오늘따라 정겹게 들린다.

'여우티아오(油条)'란 밀가루 반죽에 소금 간을 한 후 기름에 튀긴 길쭉한 모양의 식품이다. 그리고 '더우쟝(豆浆)'이란 콩국을 말하고 '더우푸나오(豆腐脑儿)'는 순두부를 말한다. 이곳 사람들은 아침 식사로 '화쥐엔(花卷儿)'이라는 둘둘 말린 빵과 함께 즐겨 먹는다.

치치하얼(齐齐哈尔)에서 빙설 축제를 보고자 기차를 타고 하얼빈(哈尔滨)으로 향했다. 기차는 가는 도중에 다칭(大庆)을 경유한다. 다칭은 중국의 최대 석유 산출지이다. 기차를 타고 가면서 다칭의 평원을 달리는 동안 석유 시추 기계들이 고개를 들었다 내렸다 하고 있는 것을 많이 볼 수 있다. 석유 한 방울 나지 않는 우리나라로서는 참으로 부럽지 않을 수가 없다.

도심을 벗어난 교외는 우리나라의 60~70년대를 연상케 하는 가옥들이 낮게 드리워져 있다. 검은 옷을 입은 60세 정도의 사람들이 몸을 잔뜩 움츠린 채 마을 골목길을 눈길에 미끄러질까 조심스레 걸어가고 있다. 굴뚝에서 나오는 밥 짓는 연기가 아득한 어린 시절 속으로 나를 되돌려 놓았다. 어린 시절 추운 겨울 밤, 그 따뜻한 아랫목, 메주를 덮어놓은 이불속으로 발만 집어넣어도 행복했던 어린 시절이 있었다.

사실 겨울에 동북지방을 여행한다고 마음먹었을 때는 모든 것이 춥고, 모든 것이 얼어있을 거라는 불안감에 젖어 있었다. 하지만 건물 안으로 들어갈 때는 두꺼운 천으로 외부의 찬 공기를 막아 온기를 보존하도록 만들어 놓았다. 대형 건물들은 여러 번의 방풍천을 만들어 최대한 내부의 따뜻한 온기를 유지한다. 입구 통로도 최소한 'ㄱ''ㄷ'자 형태로 하여 찬 공기가 직접 들어오지 못하도록 해 놓았다. 심지어 큰 건물의 입구는 'ㄹ'자 형태의 길을 만들어 놓기도 했다. 이처럼 겨울을 나는 이들의 생활 방식에 한동안 신기해하기도 했다.

또한 이들은 겨울을 나름대로 즐기며 보내고 있다. 도시의 얼어버린 호수나 강에는 스케이트장, 눈썰매장 등등 갖가지 위락 시설을 만들어 놓아 남녀노소 모두가 겨울을 즐긴다. 이른 아침이라 그런지 오늘은 통로에 판매원이 지나가지 않는다. 열차를 타면 먹을거리와 칫솔, 치약, 충전지, 양말, 각종 어린이 완구를 파는 판매원이 자주 지나가곤 했다. 때로는 판매원이 통로를 다니며 요란하게 지껄이는 소리가 때로는 무료함을 달래주기도 한다.

3시간을 달려 하얼빈에 도착했다. 이날이 바로 하얼빈의 빙설제(氷雪祭)가 개막하는 날이다. 중국을 여행하면서 늘 들어온 동북 하얼빈의 빙설 축제다. 동북의 겨울 여행이라면 누가 뭐래도 하얼빈의 빙설 관람을 이야기하지 않을 수 없다. 하얼빈 중심가인 중앙대로를 거닐며 축제를 기다리다가, 오후 4시 어둠이 드리워지는 시간에 빙설축제장으로 향했다. 이미 많은 관람객이 표들 사고 들어가느라 북적이고 있다. 하얀 설원의 땅에 찬바람이 칼바람이 되어 휘몰아친다. 축제장에 들어가니 얼음 조각품 속으로 비추는 형광의 오색 색깔이 백설의 대지에 물감을 토해내고 있다. 사람들의 물결을 따라 나도 이리저리 흔들리고 있었다.

빙설 축제의 개막식을 알리는 소리가 북소리와 함께 들려온다. 사람들이 그곳으로 향했다. 나는 조금은 한산한 공간을 누비며 빙설의 작품을 감상했다. 만리장성과 피라미드 건축물 등의 거대한 조각품에 기가 눌리고, 여인상이나 동물 그리고 나뭇가지 등의 섬세한 조각 솜씨에 예술의 진수를 느껴보는 순간이다.

카메라의 배터리도 추위를 견디지 못하고 이내 소진되어 버렸다. 누군가가 충전지를 여분으로 꼭 준비하라고 했던 말이 정확했다. 얼어붙는 손가락을 녹여가며 아름다운 조각상에 셔터를 누르느라 정신이 없을 정도다. 중국인은 이런 상황에서 '一饱眼福'라는 말을 사용한다. 즉, '눈요기를 잘했다'는 의미다.

헤이룽장성 하얼빈 빙설 축제

돌아 나오는 차창으로 쑹화강 다리가 보인다. 다리 위의 불꽃놀이가 도시의 빛을 더하고 나의 눈이 포만감에 젖은 하얼빈 빙설축제다.

다음 날 슈에샹으로 가려는 하얼빈 터미널은 호객꾼들이 늘어서 있다. 그들은 '야부리(亞布力)'와 '슈에샹(雪乡)'을 외치고 있다. '야부리'는 동북의 가장 훌륭한 스키장이 있고, '슈에샹'은 눈 덮인 아름다운 겨울 마을을 표현하는 '설향'을 말하고 있다.

여행사 버스에 올라 무단강(목단강, 牡丹江) 방향으로 한참을 달린다. 슈에샹은 지난여름 다녀간 무단강시 가까이에 위치한다. 차는 슈에샹을 가면서 몇 번을 멈추었다. 이럴 때마다 관광객들은 내려서 여러 가지 겨울 놀이기구를 즐겼다. 모터 스키, 말 타기, 하물며 탱크까지 있어 놀이의 즐거움을 만끽한다. 이들은 비싼 비용도 아까워하지 않았다. 슈에구(설곡, 雪谷)라는 곳은 관람료만 해도 인민폐 500위안이 필요한 곳이다. 이들 대부분은 베이징이나 광둥성에서 온 사람들이다. 특히 중국 남부지방에 사는 사람들은 겨울눈을 보기 힘들기 때문에 더욱 이곳을 찾는가 보다. 반대로 헤이룽장성 사람들은 겨울에 따뜻한 하이난(해남도)으로 간다. 그래서 이곳 사람들은 하이난을 '헤이룽장성 하이난시' 정도로 말하고 있다.

슈에샹에 도착했다. 슈에샹은 '눈의 고향'이라고 말해도 좋고 '눈의 마을'이라고 표현해도 좋다. 눈의 세계에서 존재하는 산속의 작은 마을이 아름다운 홍등에 휩싸여 있다. 마을 길을 걸으면서 밤의 풍광을 추억의 사진으로 담았다. 나의 이런 시절은 내 고향 속리산에 있었다. 겨울이 찾아오면 마을 앞에 우뚝 솟아있는 남산에 눈이 소복이 내리곤 했다. 밤에 바람이 산기슭을 타고 지나가면 눈사태의 두려움 속에 더욱 이불 속을 파고 들어갔던 기억이 있다.

슈에샹의 분위기에 어울리지 않게 눈을 치우는 대형 불도저가 지나간다. 그리고 바로 개썰매가 손님을 태우고 마을을 누빈다. 어둠 한편에는 내일 손님을 맞으려고 말들이 찬바람을 맞으며 추운 밤을 보내고 있다. 이곳은 11월부터 다음 해 4월까지 6개월 동안 눈 속에 겨울을 보낸다. 슈에샹에 사는 이들에게는 하늘이 준 겨울 선물일지도 모른다. 추운 겨울에 맛보는 아이스크림이 차갑지 않은 것도 이한치한이라고 해야 할까? 깊어가는 어둠 속에서도 장사꾼의 외침은 멈추지 않는다.

아침에 두툼히 옷을 걸치고 마을 길을 걸었다. 나보다 더 부지런한 사진작가들이 하얼빈 빙설 축제와 다름없는 마을 구석구석을 다니며 카메라를 들이대고 있다. 모든 것이 고향처럼 포근하고 아름다운 정경이다. 가지런히 늘어선 눈에 묻힌 가옥들이 간신히 겨울의 무게를 지탱하고 있다. 굴뚝에서 피어오르는 연기가 파란 하늘에 선을 그리듯 춤을 추며 허공을 향해 날아간다. 나도 연기처럼 아쉬운 시간을 뒤로 하고 우쑹을 보기 위해 슈에샹을 떠났다.

헤이룽장성 슈에샹

차를 타고 가는 겨울 눈길이 조금은 위험해 보인다. 인간의 작품이라고 할 빙설과 자연과 인간이 만들어 낸 슈에샹, 이제 자연이 만들어내는 우쑹을 보기 위해 우쑹도(霧凇島)로 향한다. 우쑹이란 대기의 기온이 급격히 내려가면서 나뭇가지에 있는 서리가 결빙되어 생기는 것을 말하는 것으로 우리가 '상고대'라 하는 그것이다.

겨울 나뭇가지에 생기는 우쑹은 백색의 빛을 발하며 사람들을 매료한다. 이곳의 나무들은 가지들이 약간씩 늘어지는 위수(楡樹, 느릅나무)와 리우수(柳樹, 버드나무)들이라 더없이 아름다운 자연 경관을 자아낸다. 이런 나무들이라서 유달리 우쑹이 아름다운 것이다.

지린(吉林)시에는 쑹화강이 흐르고 있는 풍만수력발전소가 있다. 이 발전소는 낙차 큰 물줄기로 인해서 쑹화 강물이 어느 정도 거리까지는 얼지 않는다. 중국 최대 최고로 오래된 발전소인데 일제가 동북지방 침략시 건설한 것으로 70년이나 되었다. 우쑹으로 유명한 장소인 우쑹도가 있는데 지린시에서 30㎞ 떨어져 있다. 이곳이 물이 얼지 않아 급격한 추위에 대기 중의 수증기가 서리로 변하여 우쑹을 만들기에 알맞은 지역이다.

지린성 쑹화강변

중국 유랑 하

우리나라 춘천의 소양강이 이와 같지 않을까 하는 생각이 들었다. 우쑹은 갑자기 생겼다가 아침 10시쯤 해가 뜨고 날씨가 따뜻해지면 사라진다. 숙소에서 일어나자마자 창문을 열어보니 날씨가 우쑹을 보기에는 어려울 것 같다. 아침에 우쑹도의 쑹화강변을 걸었다. 마을 길을 지나면서 본 창고에 가득히 저장해 둔 옥수수가 인상적이다. 어디를 가든 사진작가들의 노고는 여전했다. 우쑹도에 조각된 얼음 조각품에 모든 관광객의 시선이 쏠리고 있다. 랴오닝성 다롄(大连)에서 왔다는 다섯 명의 관광객과 함께 즐긴 짧은 시간을 뒤로 하고 아쉽게 지린시로 떠났다.

사실 우쑹을 본다는 것은 하늘이 주지 않으면 어쩔 수 없는 것이다. 다음 날 지린의 풍만발전소를 보러 가는 나에게 하늘이 그래도 작은 선물을 주셨다. 쑹화강변에 우쑹을 늘어놓아 주셨기 때문이다. 다른 이들도 어찌 알았는지 금세 자가용이 길게 길을 메우더니 이내 장사진을 이뤘다. 얼어버린 강변을 따라 늘어진 버들가지에 피어난 하얀 눈꽃은 햇살에 반짝이고 길가에 피어난 우쑹의 그림은 파란 하늘에서 춤을 추듯 반짝인다. '아! 우쑹이 이런 것이구나!' 하는 감탄의 시간은 충분했다. 동북의 겨울 여행은 참으로 의미 있게 다가왔다. 춥지만 따뜻한 겨울이다. 마음이.

네이멍구 하이라얼(海拉尔)
나다무(那达慕) 축제

하얀 설원의 대지는 어둠에 잠기고 있다. 창문에는 성에가 시야를 가리기 시작한다. 기차의 '덜그렁' 소리만이 침상에 들려온다. '과절(瓜子儿)'이라고 하는 해바라기 씨를 까먹는 것을 그만두고 잠자리에 누웠다. 밤 10시만 되면 기차의 침대칸은 소등하기 때문이다.

10시간 정도 걸렸을까. 저녁에 탄 기차는 새벽에 네이멍구 북부에 있는 후룬베이얼(呼伦贝尔) 지역의 최대 도시 하이라얼(海拉尔)에 도착했다. 지난해 여름 기차로 이곳을 경유해 러시아와 인접해 있는 만저우리(滿洲里)를 갔고, 이곳을 경유해서 건허(根河)라는 곳에 갔었다. 숙소가 너무 비싸기에 스쳐가기만 한 곳이지만 하이라얼 역 앞에서 갈피를 잡지 못하고 헤맸던 힘든 시간이 있었다.

이렇게 또 올 줄은 나 스스로도 알지 못했다. 이처럼 한 치 앞을 알지 못하는 것이 또한 우리네 삶인가 싶다. 기차에서 내리니 치치하얼(齐齐哈尔)의 기온보다 훨씬 추웠다. 호객하는 아줌마를 따라 어느 아파트의 숙소에서 몸을 녹였다. 모레 있을 '나다무 축제'

를 보기 위해서 여기까지 왔다. 아침에 일어나 가까운 삼림공원을 가려고 하는데 숙소 아주머니가 바지를 하나 더 입으라고 한다. 이곳은 항상 영하 30도 이상을 유지한다. 역시 추운 지역임을 실감하고 있던 터였다. 시장에 가서 방한복 바지를 구입하고 삼림공원을 갔다. 이곳의 주민들도 운동 삼아 공원을 걷고 있다. 두툼한 바지로 인하여 어기적거리는 걸음을 추슬러야만 했다.

한 무리의 여행자들이 동행했는데 이들도 '나다무'축제를 보려고 광둥성 광저우와 베이징에서 왔다. 야트막한 산을 오르는데 눈 덮인 나무계단이 더 미끄러웠다. 누군가 지나간 계단 옆 숲길을 따라 백색의 삼림을 미끄러지듯 걸었다. 햇살이 하얀 눈에 반사되어 반짝반짝 빛을 발하고 있다. 백설의 풍경 속에서 오후를 즐긴 후 공원을 나와 하이라얼 근교에 있는 난툰(南屯)의 어원커 박물관(鄂溫克博物館)에 들렀다. 오래 전 동북 소수민족의 삶은 목축과 수렵생활이 대부분을 차지했다. 그들의 의식주 문화의 도구가 모두 가축, 동물, 물고기와 관련이 많고 농경시대의 흔적은 그리 많지 않다.

시내로 돌아와 시장도 둘러보았다. 한 청년이 수백 마리의 꽁꽁 얼어버린 붕어 같은 물고기를 길바닥에 놓은 채 팔고 있다. 대지의 모두가 냉장고라고 해도 과언이 아닐 정도이니 그럴 수밖에 없다. 신기하여 꽁꽁 얼어버린 고기를 들고 사진에 담아 두기도 했다. 청년은 휴대전화 카메라를 보고 호기심의 눈빛으로 다가와 휴대전화 카메라에 대해서 물어왔다. 역시 중국에서 한국의 삼성이란 대기업은 나라의 훌륭한 얼굴이다. 한국어로 쓰여 있는 화장품 가게도 쉽게 볼 수 있다. 이럴 때마다 자긍심을 느끼기도 한다.

어디서 왔는지 각종 채소와 과일도 즐비하다. 신장웨이우얼자치구에서 온 말린 커다란 대추와 건포도, 놀라운 것은 한국산 곶감까지 여기에 있다는 것이다. 갑자기 '뻥' 하는 소리에 놀라 바라보니 튀밥 장수 아저씨가 튀밥을 열심히 꺼내고 있다. 금방 튀긴 튀밥 냄새가 코끝을 자극했다. 따뜻한 튀밥 한 봉지를 샀다. 아저씨는 봉지에 공간이 없을 정도로 가득 담아 주었다. 이내 숙소로 돌아와 내일 축제를 보기 위해 충분한 휴식을 취했다.

창문으로 바라본 낮게 깔린 주택들도 추위와 어둠 속에 숨을 죽인 듯 모두 하얀 눈에 덮여 있다. 어찌 보면 고요하기도, 어찌 보면 암울한 느낌마저도 드는 풍경이다.

날이 밝았다. 적어도 8시가 되어야 사람들이 움직인다. 가까운 식당에서 아침을 먹고 나다무 축제가 있는 곳으로 출발했다. 우선 10위안을 주고 버스를 타고 천치(陈旗)라는 곳까지 가야 한다. 눈을 치운 도로만이 검은 실처럼 길게 늘어져 있다. 가끔씩 보이는 공장에서 내뿜는 연기가 보기 싫었다. 낮은 가옥들의 지붕은 눈에 짓눌려 잘 보이지 않을 정도다.

20여 분을 달렸다. 천치에 도착하니 다시 20여 km 떨어진 몽골족이 사는 어느 벌판으로 가라고 한다. 이곳을 가는 데는 대중교통이 없어 택시를 타야만 한다. 여기까지 온 이상 추위를 감내하고 벌판으로 향했다. 한참을 달리니 저 멀리 차들이 도로에 길게

하이라얼(海拉尔) 나다무(那达慕) 축제

중국 유랑 하

멈추어 있다. 눈 속에 얼음조각을 해놓은 조각품들이 잘 보이지 않을 정도로 눈이 부신 아침 햇살이다.

차에서 내리니 허허벌판에 부는 찬바람이 매섭게 얼굴을 스치고 지나간다. 설원 벌판에 길게 늘어선 몽골족의 게르가 보였다. 게르 가운데 세워진 굴뚝에서는 쉴 새 없이 연기가 피어오른다. 마치 허공을 향해 몸부림치는 대지의 외침처럼 보인다. 사진을 찍으려고 장갑을 벗으면 손가락이 이내 얼어버려 감각을 잃어버린다. 카메라의 충전 배터리의 소모도 빨라진다. 오른손은 장갑을 끼는 대신 겨드랑이에 손을 끼우고 다녔다. 사진을 찍는 순간에만 잽싸게 손을 꺼내곤 했다. 이곳에 사는 몽골족들도 추위에 떨기는 마찬가지다.

나다무 축제는 일반적으로 여름에 파란 초원을 무대로 열린다. 겨울에 나다무 축제를 한다는 말을 들어보지 못했다. 그런데 이번 축제가 3회째 열리는 것이라고 한다. 혹독한 찬바람 속에서도 여행자들은 나다무 축제를 즐기는 데 집중했다. 공연장 가운데 날개를 단 말의 동상이 위엄 있게 서 있다. 그들은 옛 영광을 꿈꾸듯 갖가지 행렬을 보이며 동상 앞을 지나갔다. 전통 의상을 입고 춤과 노래를 선보이기도 했다. 낙타 썰매 행렬이 지나가고 경주마가

하이라얼(海拉尔) 나다무(那达慕) 축제

어디선가 달려오고 있다. 구경하려는 사람들은 좀 더 가까이서 보려고 한 발짝씩 앞으로 나아갔다. 경찰관은 위험 표지선을 지키라고 소리를 지르며 사람들을 떠밀고 있다. 과장이고 미화일까? 말발굽에서 튕겨나는 눈보라가 하늘로 솟구쳐 공중으로 흩날리며 사라져갔다. 마치 말을 탄 강한 몽골인들의 옛 영광스런 역사를 보는 듯하다. 선두마가 힘차게 들어오는 순간 사람들은 '와'하는 함성과 함께 그를 향해 움직였다. 이리 쏠리고 저리 쏠리는 관중들의 질서를 유지하느라 경찰관들은 여전히 정신이 없을 정도다.

도심의 그림 가게를 지나다 보면 말을 그린 그림을 보곤 한다. 화폭에 담은 말의 그림을 보면 일반적으로 여덟 필이다. 이유는 '부'를 상징하는 '8'이라는 숫자의 의미다. '9'라는 숫자 역시 장구한 시간의 의미를 담고 있어 용(龍)의 그림에 많이 그려지고 있다.

사람, 말, 낙타 모두 차가운 허공을 향해 입김을 토해내고 있다. 몽골인과 함께 사진을 찍자고 하면서 얼굴을 보았다. 눈썹과 입가에는 고드름이 달린 듯 하얀 성에가 매달려 있다. 아이를 안은 엄마의 머릿결이 세찬 바람에 수평으로 흩날린다. 칼바람을 맞는 눈에서는 눈물이 흐르고, 얼굴의 광대뼈는 시려오는 통증을 느끼고 있다.

벌판에 임시로 만들어진 화장실을 보면서도 갈 엄두가 나지 않는다. 바지를 내리기보다는 참는 것이 더 편할 것 같은 심정이다. 화장실 안으로 들어가니 칸막이 없는 변기만이 10여 개 정도 만들어져 있다. 여자들에게는 더없이 불편할 거라는 생각도 들었다.

저 아래로 사람이 밟지 않은 평지가 보인다. 자세히 보니 호수다. 여름이면 온갖 물고기가 춤을 추고 있을 파란 호수가 은백의 빛으로 변해 있다. 추위를 견디지 못하고 '멍구빠오'라는 게르로 들어갔다. 구경 온 사람들과 축제의 공연을 위한 현지인이 엉켜서 난로에서 떠날 줄을 모른다. 사람들은 이 황량한 벌판에서 나다무 축제라

하이라얼(海拉尔) 나다무(那达慕) 축제

는 이름으로 약속이나 한 듯 이렇게 만나서 하루를 즐기고 있다.

밖으로 나오니 광장에 사람들이 또 한 번 술렁거린다. 몽골인의 전통 씨름이 시작되고 있다. 맨 소매로 힘을 겨루고 있는 젊은이들의 입에서 하얀 연기가 얼굴을 가릴 정도다. 한 번씩 경기가 끝날 적마다 공간은 더욱 좁아져 갔다. 가까이서 보려는 사람들이 계속 앞으로 나아가기 때문이다. 우승을 차지한 젊은이는 추위를 잊은 듯 기뻐하고 있다.

어느새 두 시간이란 시간이 흘렀다. 오후에는 공연이 없다. 사람들이 이제 돌아가는 행렬에서 또다시 분주하게 움직인다. 공연장은 찬바람만 매섭게 불고 있다. 그들의 틈새에서 보낸 시간을 뒤로 하고 하이라얼로 돌아왔다. 축제를 보았다는 기쁨보다 혹독한 추위 속에서 두 시간 넘게 버티고 있었다는 것이 더 뿌듯하다.

아직도 시려오는 광대뼈를 주무르며 침상에 누우니 어느 해 한여름 몽골 여행에서 보았던 나다무 축제의 향연이 되살아난다.

축제는 모든 것을 즐기는 시간인가 보다.

렁지촌(冷極村)의 크리스마스

　　동북을 여행했다. 겨울 여행이다. 그것도 중국에서 가장 추운 곳인 렁지촌(冷極村)에 가고 있다. 그곳에서 크리스마스 축제가 열린다.

　　중국 네이멍구 북부 최대 도시인 하이라얼(海拉尔)에서 건허(根河)를 향한 야간열차에 몸을 실었다. 이곳의 기후는 유난히 다른 지역보다 춥다. 어둠이 가시지 않은 새벽에 건허에 도착했다. 기차에서 내리자마자 방한용 바지를 하나 더 껴입었다. 이곳 현지인의 말에 따라 하이라얼에서 준비한 옷이다.

　　역 앞은 추운 날씨만큼이나 쓸쓸했다. 식사하려고 주변을 둘러보니 단 한 곳만이 문틈으로 음식을 끓이는 열기가 성에가 되어 밖으로 흘러나온다. 식당으로 들어가 허기진 배를 채웠다. 건허는 올여름에도 다녀간 곳이다. 그 기억을 더듬어 아오샹(敖乡)이라는 곳으로 갔다. '아오샹'이란 아오루구야(敖鲁古雅)의 지명을 줄인 명칭이다.

　　이곳에서도 오후 두 시에 성탄절 이브를 맞아 간단한 축제가 있다. 얼음으로 만든 조각품을 구경했다. 조각품이라고 하지만 성벽으로 둘러쳐진 작은 집 정도의 규모다. 동북은 겨울이 오면 도시든 마을이든 광장이나 사람들이 자주 왕래하는 터미널과 역 앞에 얼음 조각을 만들어 놓는다. 큰 도시는 시민들의 볼거리로 광장에 만리장성이나 상상 속의 동물인 용 등을 조각해 놓기도 한다. 축제를 준비하는 사람들이 오색등을 준비하느라 분주하다. 몇 장의 사진을 남기고 가까운 아오루구야의 어원커 박물관(鄂溫克博物館)과, 순록이 있는 백설의 숲속을 미끄러지듯 돌아다녔다. 마침 순록도 그대로 있고 사슴과 비슷한 '파오즈'라는 노루과의 동물도 더 많이 늘어났다. 건허의 구경을 마치고 이제 렁지촌으로 갈 채비를 서둘렀다. 하이라얼에서 건허를 경과하여 북쪽으로 오가는 기차는 하루 두 번 있다. 만구이(满归)로 가는 기차와 모얼다오까(莫尔道嘎)로 가는 기차다.

그런데 렁지촌을 가기 위해서는 만구이로 가는 기차를 타야 한다. 만구이행 기차가 오후 3시 20분에 있다. 만구이 방향에 있는 진허(金河)까지 가는 열차표를 샀지만 사실은 진린(金林)이란 곳에

네이멍구 렁지촌(冷極村) 크리스마스

서 내려야 한다. 이유는 건허와 진린은 너무 가까워 열차표가 없기 때문이다. 가깝다고 해도 시간 반을 가야 한다. 역시 중국답다.

버스는 여름에만 운행되고 겨울에는 운행을 안 한다. 아주 작은 촌이기에 손님도 없고 길도 결빙되어 운행이 여의치 않다는 것이다. 진허까지 가는 열차표 가격은 4위안(우리나라 700원)이다. 이 열차표는 중국을 여행하면서 가장 싼 가격표로 기억된다. 나는 기념으로 꼭 간직하고 싶었다. 이곳은 오후 4시가 지나면 어둠이 대지를 덮기 시작한다. 백설의 숲속을 향하여 달리던 기차는 어느새 어둠에 묻혀버렸다. 지린에서 교육학을 공부한다는 4학년 여대생과 이야기를 나누면서 그나마 지루하지 않았다. 여대생은 방학을 맞아 부모님이 계시는 진허로 가고 있다.

어둠에 휩싸인 진린은 불빛 하나 보이지 않았다. 게다가 기차역에 내린 것이 아니라 철로 변에 내려 주었다. 마침 기차에 올라타는 아주머니가 진린 마을이 있는 방향을 말해 주었다. 가리켜 준 방향으로 무작정 걸었다. 보름달이 그나마 설원을 하얗게 비춰 주었다. 손전등으로 주변을 비추니 모두가 백색이다. 어느 정도

네이멍구 진린(金林)의 렁지촌(冷極村)에서

중국 유랑 하

눈길을 벗어나니 아주머니가 알려준 대로 큰길이 나왔다. 진린이란 도로 표지판도 보였다. 마침 저 멀리 차 한 대가 오고 있다. 손을 들었지만 아무 반응 없이 지나갔다. 또 한 대의 차가 왔다. 그는 차를 세워 태워 주었다. 조금을 달리니 작은 마을의 불빛이 보였다. 마을 어귀에 내려 준 운전사에게 고마운 마음을 표했다.

마을에 들어가니 붉은색의 원형으로 된 등불을 마당에 달아놓아 집집마다 밤을 밝히고 있다. 얼음으로 만든 동물 모양의 조각품들도 여기저기 조각되어 있다. 조용한 숙소를 찾아 들어갔다. 그런데 공교롭게도 네이멍구의 후허하오터(呼和浩特)에서 온 방송국 촬영팀이 숙소 주인과 인터뷰를 하고 있었다. 이들은 춘절을 맞아 네이멍구 북부를 중심으로 살아가는 사람들의 의식주 문화를 방영할 계획이라고 한다. 내가 한국인이라는 말에 한동안 시선이 내게로 쏠렸다.

숙소 안은 무척 더웠다. 알고 보니 불을 피운 열기가 벽난로를 통하여 벽을 덥혀준다. 문을 열고 밖으로 오갈 때는 찬 공기와 더운 공기가 마주친 증기가 앞을 가렸다. 철로 된 문고리를 맨손으로 만지면 손이 쩍쩍 달라붙었다. 코는 숨을 쉴 적마다 찬 공기에 막히는 기분이다. 이곳이 바로 렁지촌이다.

중국 최북단에 위치한 헤이룽장성의 모허(漠河)가 가장 추운 줄 알았다. 하지만 렁지촌이 가장 추운 이유는 이렇다. 이곳의 평지 해발은 800미터인데 해발 1,300미터의 산으로 사방이 둘러싸여 있다. 이 주변의 산을 타고 불어오는 시베리아의 찬 공기가 산을 넘으면서 기온을 더욱 낮춘다. 아마도 우리나라의 태백산맥을 타고 동쪽에서 부는 바람이 서쪽으로 오면서 기온 차를 나타내는 '푄'현상과 같은 원리라는 생각이 들었다. 언제인지는 모르나 역사상 영하 58도를 기록한 적이 있다고 한다. 현재도 올겨울 들어 영하 45도라는 최저 기온을 기록하고 있다. 오늘 기온은 모허가 영하 40도 건허가 영하 42도다.

여름 이곳 건허에 왔을 때 렁지완(冷极湾)이란 습지를 다닌 적이 있다. 그 당시는 그 의미를 전혀 모르고 지나갔다. 이들은 최저 기온이 더 내려갈수록 그것을 자랑으로 여긴다. 영하의 온도에 민감하면서도 이것을 즐기고 영하의 땅에서 즐거운 마음으로 살아가는 삶을 터득하고 있다.

TV 촬영 팀의 인터뷰는 계속되고 있었다. 아름다운 아가씨 리포터가 내 옆에 왔다. 한국에 대해 궁금한 것을 물어왔다. 음식에 대한 소개를 촬영할 때는 숙소 주인이 '한국 친구, 한국 손님'이라는 말을 섞어 가면서 내가 찾아온 것에 대한 반가움을 잊지 않았다. 게다가 푸짐하게 차려진 음식 앞에 리포터와 나를 나란히 앉혀 인터뷰까지 했다. 한국에서도 접해보지 않은 값진 시간이다.

갑작스런 인터뷰 그리고 준비되지 않은 질문에 당황했지만 그들은 아주 잘했다고 칭찬해 주었다. 촬영이 끝나고 함께 식사를 즐겼다. 물론 이곳의 특산주도 맛보면서.

흥에 겨워 나는 노래도 불렀다. 한국에서 겨울이면 인기리에 애창되는 '안동역에서'라는 노래를 개작해 '렁지촌'으로 바꾸어 불렀다. 이것마저도 그들은 영상에 담았다. 춘절에 방영될 영상에 내가 많이 소개되기를 간절히 당부했다. 렁지촌의 밤은 흥겨움에 취하고 인연에 취하고 술에 취했다.

아침에 일어나니 머리가 어지럽다. 새벽 찬 공기를 맞으며 작은 마을을 둘러보았다. 낮에 보니 마을 입구에는 렁지촌에 온 것을 환영한다는 글귀와 역사상 영하 58도가 있었다는 것을 영광처럼 얼음으로 조각해 놓았다. 그리고 자그마한 공간에 한 해의 절기를 표현하는 24개의 백색 온도계를 세워 두었다. 온도계 눈금에는 이곳이

네이멍구 렁지촌(冷極村) 말썰매 타기

최고로 추운 지역임을 표현하는 아이디어도 잊지 않았다. 크리스마스를 맞아 손님을 맞으려 빙판과 그리고 얼음동굴도 만들어 놓았다.

이처럼 주민들은 겨울 손님을 맞을 분위기도 한껏 갖추어 놓았다. 길을 걷다가 말 썰매와 개가 끄는 썰매 등을 만났다. 그들은 친절하게도 한 번 타 보라고 권한다. 개들은 사람에게 길들어진 탓인지 먹을 것을 주면 달리려는 생각을 잊고 먹을 것에 집중했다. 빙판에서 팽이도 돌려보고 썰매도 타보는 순간은 그저 어린 시절로 돌아간 것 같았다. 이곳 지방의 지체 높은 분들이 온다는 시간에 임박해서는 축제의 퍼레이드가 연습되고 있었다. 한 30명 정도의 마을 어른들이 질서 있게 북소리에 맞추어 춤을 추며 발걸음을 맞추고 있다. 젊은이는 보이지 않는다. 모두가 50~60세에 가까운 분들이다.

아침에도 간단히 촬영하던 촬영팀은 보이지 않았다. 마을을 둘러본 후 이곳 주민들의 말을 듣고 축제가 열리기 전까지 '디인즈(地窨子)'라는 원시 부락을 찾아 걸었다. 한 20분 정도의 거리다.

'디인즈'라는 말은 이곳의 집들의 가옥구조가 집의 반 정도가 지하로 되어 있는 데서 붙여진 이름이다. 겨울의 추위를 이기기 위한 그들만의 삶의 방식이다. 집안으로 들어가니 마침 오늘 축제에 온 손님이 예약을 했는지 부부가 음식 준비에 분주하다. 이것저것을 묻는 나의 말에 친절히 답해 주기도 했다. 기념으로 함께 사진을 찍자는 청에도 기꺼이 응해 주었다.

산천을 보니 그리 굵지 않은 자작나무들이 여름에 본 모습 그대로 촘촘히 서 있다. 어제 저녁에 숙소의 아주머니가 나에게 물은 것이 생각났다. 굵기가 10㎝ 정도 되는 나무가 몇 년 된 것인지 아느냐고 물었다. 중국 남부 윈난성의 차(茶)나무를 생각하여 한 50년이라고 나름대로 부풀려 말했지만 100년 된 것이라고 한다. 이곳의 짧은 생장기인 한 해 63일만을 제외하면 모두 겨울잠에 든다는 것이다. 그러니 생장 기간이 짧아 지금의 나무들이 나이만 먹고 산다는 것이다.

마을로 돌아와 성탄절 축제의 연기에 나도 한몫했다. 붉은 깃발을 든 아주머니의 율동에 맞추어 행렬을 지어 앞으로 나아갔다. 지역 주민과 손님이 따로 없다. 이곳의 축제를 어찌 알았는지 시간이 갈수록 사람들이 더 북적이고 있다. 나는 먼 길 힘들게 온 아쉬움을 뒤로하고 건허로 갈 채비를 서둘렀다. 하루 한 번밖에 없는 차 시간은 나를 더욱 재촉했다. 렁지촌에서 이들이 나에게 선물해 준 친절함은 잊을 수가 없다. 대지는 얼어 있어도 마음만은 녹아 있다는 생각이 머리를 스쳐간다. 이렇게 2015년 성탄절은 동토의 땅 렁지촌에 있었다.

2016년 춘절이 지나고 일주일 정도 후에 네이멍구 방송국에서 나의 인터뷰를 방영했다는 소식을 귀국 후에 들었다.

뿌듯했다.

네이멍구(內蒙古) 어얼둬쓰(鄂尔多斯)의 영리회사(英利公司) 직원과 함께

                         2015년은 중국을 세 번이나 다녀왔다.

1월과 3~4월에 윈난을 여행하면서 리장(丽江)의 위룽쉐산(玉龙雪山)에서 만난 네이멍구 사람이 있었다. 그는 7~8월에 네이멍구를 여행하면 푸른 하늘과 함께 어우러진 아름다운 초원을 볼 수 있다고 했다. 물론 예전에 한 달간 외몽고인 몽골을 여행하면서 푸른 대지의 초원을 마음껏 느껴보기도 했었다. 그래서일까? 다시금 이번 여름에는 반드시 네이멍구와 동북 삼성을 둘러보겠다고 두 달을 계획하고 떠나온 여행이다.

인천 공항에서 베이징으로 가자마자 버스를 타고 자정 무렵에 장자커우(張家口)에 도착했다. 아침에 비가 내리고 있었지만 다칭먼장청(대경문장성, 大镜门长城)을 올랐다. 시내에서 가까이 있는 장성이라 잠시 둘러본 후 바로 네이멍구의 성도인 후허하오터(呼和浩特)로 향했다.

초원에서 부는 바람이 막힘없이 시원하게 대지를 휩쓸고 지나간다. 아침 저녁으로 찬 공기를 몰고 와 굳이 잠자리에서 에어컨을

틀지 않아도 괜찮았다. 후허하오터에서 곧바로 시라무런(希拉穆仁) 초원으로 향했다. 회갑의 나이에 여행의 힘은 있었나 보다. 휴식이라는 것을 잊고 서둘러 길을 떠나는 연속의 하루하루가 지나갔다. 시라무런의 멍구빠오에서도 하루를 지냈다. 중국 단체 관광객들과 함께 승마와 양고기와 고량주를 즐겼고 관광객과 현지인의 몽골 전통 씨름에 편을 나누어 응원을 하기도 하는 즐거움도 있었다. 후허하오터로 돌아와 시내를 구경한 후 어얼둬쓰(鄂尔多斯)로 향했다.

이곳 가까이에는 유명한 칭기스칸릉(陵)인 '청지스한링(成吉思汗陵)'이란 능(왕의 무덤)이 있다. 두 번이나 버스를 갈아타고 또 택시를 타고 찾아간 청지스한링은 많은 여행객이 북적이고 있었다. 이곳을 가면서 왕릉(王陵)을 간다고 말하면 현지인들이 이해하지 못한다. 순간 당황하기도 했지만 서로 의사를 소통한 결과 왕릉이 아니라 한링(汗陵)이라고 한다면서 나의 말을 교정해 주었다.

나는 단순한 무덤으로만 생각하고 찾았지만 막상 입구에서 바라보니 하나의 넓은 공원이다. 오후의 충분한 시간을 갖지 못하여 급히 구경을 서둘러야 했다.

어얼둬쓰(鄂尔多斯)의 청지스한링(成吉思汗陵)

실제로 청지스한링은 아직도 어디인지 분명하지 않다고 한다. 설에 의하면 몇 군데가 된다고 하는데 몽골족의 능은 원래 초원에서 평장을 하는 관례로 사후에 인물들의 능을 찾기란 무척 힘이 든다고 한다.

이곳을 구경하고 네이멍구 북부 잘란툰이란 도시로 갔을 때 작은 기차역 이름이 청지스한역이라고 쓰여 있는 것을 보았다. 이곳에 들렀을 때 청지스한이 출병을 앞두고 머물렀다는 흔적을 볼 수 있었다. 초원에서 엄청난 유적을 기대하기에는 역사적으로도 그리 쉽지 않다. 그러기에 어얼둬쓰의 청지스한(칭기즈 칸) 기념관은 아주 남달라 보였다.

칭기즈 칸 대제국의 역사를 잠시 아는 대로 적어본다.

중국 동북 지방의 금나라가 세력을 확장하면서 서쪽 몽골지역 여러 부족 국가들의 흥하고 망함이 되풀이되었다. 이런 혼란 속에서 이들 부족을 통일한 테무친은 '칸'이라는 왕의 이름을 얻는다. 금나라의 국력이 약해졌을 때 금나라를 제압하고 유라시아로의 세력을 확장한다. 이후 재차 금나라를 침공하여 칭기즈 칸의 손자 쿠빌라이가 원나라를 세운다. 우리나라도 고려말 몽골군의 침공으로 잠시나마 몽골의 지배를 받기도 했다.

아무튼 한룽에서 기념으로 사진을 찍으려고 한 젊은이에게 부탁을 했다. 그는 내 휴대전화의 카메라를 보고는 이상히 여기면서 카메라에 대해서 물어왔다. 나의 휴대전화 카메라는 사진을 찍을 때면 렌즈가 튀어나오는 기기다. 그저 휴대전화 카메라인데 그리 비싼 것이 아니라고 하면서 한국 사람이라고 했다. 그는 잠시 놀라면서 중국말을 잘한다고 칭찬해 주기도 했다. 함께 출구를 향해 걸어 나오면서 그는 '혼자 왔느냐, 자주 오느냐' 등등 일반적으로 궁금한 것을 물어왔다. 그는 자기 일행들에게 나를 소개하고는 차로 시내까지 태워 주겠다고 했다.

이것이 그들을 만난 인연이다. 그들은 영리회사 직원들로서 허베이성(河北省) 바오딩(保定)에서 온 사장 친척들을 데리고 구경을 나온 것이다. 자기들이 초원과 사막을 나흘 정도 구경할 예정인데 함께 가도 좋다고 한다. 나 역시 더할 나위 없이 좋았다. 바오딩에서 왔다는 친척들한테는 허베이성 최대의 습지 공원인 바이양뎬(白洋淀)을 여행한 이야기를 해 주었고, 산시성(山西省) 뤼량(呂梁)이 고향인 운전기사에게는 뤼량 가까이 있는 베이우당산(北武當山)에 다녀온 이야기를 해주었다. 이들은 나를 중국인보다 더 중국을 잘 이해하고 있다고 하면서 매우 친절하게 대해 주었다. 시내로 와서 영리회사 사무실로 갔다. 그들의 회사 운영에 대한 소개도 아끼지 않았고, 직원들과 함께 기념사진도 남겨 두었다.

영리회사는 태양광을 만드는 회사로서 세계 각국에 지점을 두고 있다. 특히 포르투갈에 아주 큰 태양광을 만드는 회사를 두고 있다. 서울에도 태양광을 만드는 영리회사가 있다고 하면서 한국에 가면 꼭 나에게 연락을 하겠다고 사장이 힘주어 말한다. 그럴 적마다 나는 꼭 연락하라고 당부했다. 나중에 서울에 있는 아들에게 물어봤더니 영리회사가 태양광을 만드는 아주 유명한 회사라고 말한다.

이들과 함께 사흘 동안을 동물원과 초원 그리고 '예밍샤(夜鳴沙)'라는 사막을 다녔다. 이곳 동물원의 규모가 베이징보다 크다고 한다. 동물원에 들어가니 다양한 조류와 열대지방에서나 봄 직한 각종의 동물들 그리고 커다란 백호라고 하는 호랑이가 어슬렁거리고 있다. 사람들은 다가가 철창 사이로 구경하느라고 야단법석이다.

동물원을 나와 어얼둬쓰 대초원으로 향했다. 네이멍구의 푸른 초원을 마음껏 품에 안으며 이들과 함께하는 시간은 참으로 행운

네이멍구 영리회사 직원과 함께

이라는 생각이 떠나질 않았다. 빙글빙글 돌아가는 말 모양의 모형에 올라 오래 버티기를 하는 우리들은 어느새 하나가 되기도 하고, 어린아이들의 웃음기 가득한 모습으로 변해 있었다.

　다음으로 세 시간 정도 초원을 지나 쿠부치(库布齐) 사막으로 향했다. '쿠부치'라는 이름은 몽골어로 '활시위'를 뜻하며, '활시위 모양의 사막'이라는 데서 붙여진 이름이다. 중국 네이멍구자치구의 어얼둬쓰 북부에 있으며, 황하를 끼고 동서로 길게 늘어진 사막의 규모는 세계의 열 번째 안에 들어갈 정도로 넓다.

　그리고 쿠부치 사막 안에서 유희를 즐길 수 있는 '예밍샤'라는 곳으로 향했다. 숙소에서 잠시 짐을 정리하고 곧바로 차를 타고 사막 한가운데로 들어갔다. 그곳에서 우리는 사막의 썰매, 짚라인 그리고 사막을 다니는 모터카도 타 보았다. 끝으로 낙타를 타고 잠시 사막을 산책하는 여유도 즐겼다. 그들의 덕분으로 사막에서 즐길 수 있는 모든 것을 즐겼다.

　2015년, 한국의 여름은 온통 '메르쓰'라는 전염병의 공포에 시

달리고 있었다. '메르쓰'라는 전염병은 중동의 낙타에서 발생하는 호흡기병으로 우리나라는 지금 '메르쓰'와의 화생방전을 방불케 하고 있다. 의료진도 자신의 생명을 담보하지 못할 정도의 공포를 안고서 '메르쓰' 퇴치에 온 힘을 쏟고 있을 때다. 그런데도 불구하고 나는 중국의 사막에서 낙타 타기를 즐기고 있다는 것이 너무 아이러니하기만 했다.

숙소로 오니 온몸이 모래로 덮여 있다. 귓구멍까지 모래로 덮여 몸을 씻는데도 한참이 걸렸다. 침상의 이불까지도 모래바람이 지나간 흔적을 남겨 두었다. 우리는 밤의 어둠을 밝히며 캠프파이어도 즐겼다. 젊은 직원 둘이 커다란 드럼통에 통나무와 석유를 준비했다. 내가 좀 도우려 하면 자기들이 할 테니 쉬라고 한다. 이곳을 올 때 상점에 들러 사가지고 온 양고기와 맥주를 상에 올렸다. 불꽃을 가운데 두고 양고기를 구워 먹으며 즐겁게 춤을 추며 놀았다. 이렇게 즐거운 여행이 사막의 한가운데서 이루어진다는 것이 꿈처럼 마냥 행복했다.

이곳의 풍경구들은 개인적으로 오기에는 거의 불가능하다. 자가용을 타고 다니는 동안 대중교통을 거의 보지 못했다. 그러니까 여행사 단체버스나 자가용이 아니면 올 수가 없다. 영리회사 사장과 여비서, 사원 두 명, 사장 친척인 젊은 부부와 부부의 장모 그리고 나, 모두 여덟 명이다. 젊은 부부의 남자는 군관인데 계급이 중위다. 군관은 결혼한 기념사진을 나한테 보여주기도 했다. 젊은 군관의 부인은 내가 사장이 말하는 것을 못 알아들을 적마다 통역을 해 주기도 했다.

어얼뒤쓰 주변 도시에 있는 영리회사 지점을 방문할 적마다 사장은 나를 소개해 주었다. 지점의 직원들은 모두 나를 극진히 대

네이멍구 예밍샤(夜鳴沙)의 낙타 타기

접해 주었다. 저녁에 어쩌다 노래방을 갔는데 잠시 소변을 보러 화장실을 갔다. 소변을 보고 나오는데 젊은 직원이 화장실까지 따라와 나의 안전을 확인하고 갔을 정도다. 함께 다니는 동안 회사를 넓히고자 하는지 땅 부지를 알아보려고 다니기도 했다. 이 때 땅의 단위를 알게 되었다. 우선 땅 한 평의 기준이 우리와 다르다. 중국은 한 평이 가로 세로 각각 1m이다. 그리고 땅을 사고파는 단위로 무(畝)라는 토지의 면적 단위가 사용된다. 쉽게 말하면 1무는 666㎡라고 하면 틀리지 않는다.

이렇게 지내는 동안 사흘이 순간처럼 지나갔다. 즐거울수록 시간도 빨리 지나간다. 어느새 이들과 헤어질 시간이 다가왔다. 그들이 황하의 협곡도 같이 가자고 했지만, 이곳을 오기 사흘 전 다음 여정을 위해 미리 기차표를 예약해둔 것이 마냥 야속하게 느껴졌다. 나는 떠나면서 꼭 한번 한국에 놀러 오길 바란다고 몇 번을 말했다. 너희의 후한 대접에 꼭 보답할 수 있는 기회가 오길 바란다고도 했다.

그들은 떠나는 나에게 '후시(呼市)'에 가면 조심해서 다니라는 말을 강조하듯 해 주었다. 나는 이 말의 영문을 모르고 헤어지면서 왜 간호사를 조심하라는지 궁금하다는 표정으로 차에 올랐다. 알고 보니 '후허하오터시에 가면 소매치기를 조심하라'는 뜻이었다. 후허하오터시의 줄임말인 '후시(呼市)'와 간호사를 말하는 후시(护士)와 발음이 비슷하여 잠시나마 그들의 말을 이해하지 못했다.

후허하오터로 와서 헤이룽장성 치치하얼(齐齐哈尔)로 가는 기차를 타고서야 나는 알았다. 그들은 헤어지는 어얼둬쓰 터미널에서 내 등 보따리에 여러 가지 먹을 것을 몰래 넣어 주었다. 정 깊은 사람들이 있어 이렇게 여행을 고집하고 있는지도 모르겠다.

네이멍구 츠펑(적봉, 赤峰),
스린(석림, 石林)을 가다

허베이성 친황다오(진황도, 秦皇島)에서 어둠에 헤매고 있었다. 그나마 저렴한 숙소를 알아보려고 택시를 타고 여러 군데를 다녀보았지만 외국인은 철저히 숙박이 금지되어 있다. 이상하게도 허베이성은 유달리 더욱 심하다. 할 수 없이 비싼 호텔에 묵었다. 왠지 여행의 기분이 별로 즐겁지 않다. 침상에 누워 있으려니 비싼 숙박 요금이 자꾸 마음을 괴롭히며 떠나지 않는다.

아침 일찍 식사하러 간다고 서두르다 엄지발가락을 침상 모서리에 부딪히고 말았다. 피가 흐른다. 급히 화장지로 지혈을 하면서 대충 반창고를 붙였다. 이제 나이도 있다 보니 몸의 동작도 한층 둔해진 모양이다. 숙박비에 포함된 68위안의 식권을 가지고 식당으로 들어갔다. 배불리 먹겠다고 갔지만 주로 메뉴가 과일 종류다. 몇 개의 만두와 빵 그리고 과일로 배를 채웠다. 식당을 나올 때는 세 개의 계란도 주머니에 챙겼다.

식사를 마치고 짐을 챙긴 후 바로 청더(승덕, 承德)로 떠났다. 츠

평을 가기 위해서는 청더란 도시를 지나야 한다. 청더는 중국 청나라 역대 황제들이 여름이면 더위를 피하고자 다녀가는 유명한 피서지다. 버스로 가는 시간도 길었지만 옛날에 가마나 마차로 갔다고 하면 한 달은 족히 걸리지 않았을까 하는 생각도 든다. 황제는 이곳에서 두세 달을 보내고 다시 베이징으로 돌아간다. 또 이곳은 연암 박지원의《열하일기(熱河日記)》의 무대이기도 하다.

연암 박지원은 조선 정조 때의 유명한 실학자이다. 그는 청나라의 사신으로 가는 사람의 수행비서로 베이징에 다녀온다. 이때 청더를 지나면서 보고 느낀 것들을 기록한 것이《열하일기》다. 기록이라는 것은 참으로 중요한 의미가 있다. 국가의 일뿐만 아니라 개인의 일상도 그렇다. 이러한 것들이 모여 자서전이나 역사의 자산으로 남는 것이다. 중국의 대표적인 역사적 사료로는 우리나라의《조선왕조실록(朝鮮王朝實錄)》과 같은 사마천의《사기(史記)》가 아닌가 싶다. 역사의 위대한 사건들의 기록은 후대의 사람들이 간접적으로 경험해 보는데 그 의의가 크다. 중국의 고서가 모두 이

청더(承德) 소포탈라궁

렇게 탄생한 것인지도 모른다. 버스를 타고 가면서 엄지발가락에 붙인 반창고를 여러 번 바꾸었다. 숙소를 정하고서도 한동안 더위와 싸우면서 치료했다.

다음 날 아침 일찍 피서 산장(避暑山庄)을 찾았다. 사람들이 벌써 매표소에서 길게 줄을 서서 기다리고 있다. 이들과 함께 들어간 산장의 경내는 황제가 생활한 별장으로 갖가지 유품들이 전시되어 있다. 경내에서 차를 타고 숲속을 달리면서 보는 산장의 풍경도 아름답지만 산 정상에서 본 건너편 티베트의 포탈라궁을 연상한 건축물도 놀랍기만 하다. 이 건축물을 소포탈라궁이라고 하는데 건륭제가 티베트의 포탈라궁을 모방해서 지은 것이라고 한다. 아름다운 호수를 산책하고 나오니 벌써 해가 기울고 있다. 저 멀리 보이는 소포탈라궁과 기이한 칭추이펑(경추봉, 磬锤峰)의 입석바위는 내일을 기약했다. 숙소의 아주머니가 나의 발을 걱정하면서 청더의 피서 산장은 산둥성 취푸(곡부, 曲阜)의 공자묘, 베이징의 즈진청(자금성)과 함께 3대 고건축물로 인정받고 있다고 한마디 던진다. 곤한 잠에 빠져 들었다.

아침 햇살을 받으며 어제 보았던 소포탈라궁을 힘겹게 걸었다. 잠시 그늘에 앉아 쉴 적마다 양말을 벗고 발톱 주위를 주물러주기도 했다. 웅장한 경내를 오르내렸다. 15년이나 지난 티베트 여행이 생각났다. 라싸의 산에 웅장하게 건축된 13층의 포탈라궁은 세계의 7대 불가사의 건축물에 속한다고 한다. 목재로 된 이 건축구조물에 못을 사용하지 않은 것이 그 이유라고 한다. 이곳을 들어갔을 때 내부의 촬영은 엄격히 금지되어 있었다. 사람들이 보이지 않는 순간을 기회로 잠시나마 영상을 남겨둔 것이 나에게는 특별한 기억으로 남았다. 이곳 청더에 있는 건축물을 둘러보는 데도 반나절을 소비했다. 내부의 불상이나 장식은 다른 사찰과 크게 다

청더 칭추이펑(경추봉, 磬錘峰)

르지는 않았지만 늘 사찰의 규모에 압도당하는 기분이다.

칭추이펑으로 향했다. 케이블카를 타고 가면서도 선명하게 다가오는 기암이 곧 쓰러질 것만 같다. 이곳에서도 수많은 사람들이 칭우이펑을 향하여 계단 길을 오른다. 다다른 바위 밑에서는 사람들이 간식을 즐기며 한가로이 담소를 나누고 있다. 곧 쓰러질 것 같은, 아니 언젠가는 넘어질지도 모를 순간이 있을지라도 사람들은 아랑곳하지 않는다.

이제 네이멍구의 츠펑으로 향한다. 이렇게 츠펑의 스린(석림)을 보러 가는 길은 멀기만 하다. 구름 한 점 보이지 않는 하늘이 야속하기만 하다. 차창으로 비쳐오는 햇살과 몽골의 건조한 바람이 살결을 스칠 때면 따갑기만 하다. 츠펑에 도착하여 스린을 물으니 다시 어느 도시로 가라고 한다. 그 도시는 3시간 정도 걸리는 징펑(경붕, 经棚)으로 몽골어로는 커스커텅치(克什克騰旗)라는 곳이다.

커스커텅치에는 오후 4시 정도에 도착했다. 다행히도 베이징

츠펑(赤峰) 아스하투 빙스린

에서 여기로 출장 온, 환경을 전공한 두 명의 아가씨를 만났다. 갓 대학을 졸업하고 취직을 한 이들과 내일 함께 구경을 하기로 했다.

아침에 다시 한 시간 정도 버스를 타고 달렸다. 네이멍구의 초원에 접어드니 한없이 푸르다. 이곳에는 기이한 암석들이 즐비하여 유명해진 스린이 있다. 바로 아스하투 빙스린(阿斯哈图冰石林)이다. 이것을 보려고 몇 번을 버스를 갈아타고 왔다. 이 스린을 보고자 여기까지 온 나의 집념을 스스로 칭찬했다. 아마 이런 집념으로 돈 버는 일에 몰두했다면 억만장자가 됐을지도 모른다.

풍경구를 둘러보는데도 버스를 이용해야 한다. 역시 중국은 중국답다. 발가락의 아픔도 참아가며 열심히 다녔다. 윈난의 스린과는 달리 초원 위에 빚어낸 바위들이 파란 잔디에 수석처럼 여기저기 보인다. 가까이 다가가 보면 의외로 거대한 바위로 나타난다. 겹겹이 쌓인 층층 바위, 병풍처럼 둘러친 바위, 가분수처럼 서 있는 오묘한 바위들이 나의 눈을 홀리고 있다.

초원에서는 양과 말 떼들도 굴러다니듯 옮겨 다닌다. 삶과 시간의 풍요로움이 넘치는 대자연이다. 나는 아가씨들과 대기 환경에 대해서 이야기를 나누었다. 중국의 오염된 공기가 우리나라에 영향을 미친다고 했다. 그들은 어떻게 증명할 수가 있느냐고 따지듯 되물었다. 황사가 증명하지 않느냐고 했더니 그것은 자연 현상이니 만큼 어쩔 수 없는 것 아니냐고 한다.

이들은 내일 다시 베이징으로 돌아간다고 하면서 나의 즐겁고 안전한 여행을 바란다고도 말해 주었다. 초원과 스린이 어우러진 이곳에서 아가씨들과 함께 한 즐거운 시간을 뒤로하고 선양(沈阳) 행 열차에 올랐다. 친황다오에서 이곳까지 힘들게 온 고통을 이렇게 보상받았다.

황토 고원의 야오똥(窯洞) 생활

우리나라는 매년 봄이면 서풍을 만난다. 이때 중국으로부터 바람을 타고 오는 것이 황사다. 네이멍구와 고비사막의 누렇고 미세한 모래가루와 먼지가 우리나라 중북부 지방을 지나간다. 때로는 일본 열도를 지나 태평양을 건너기도 한다는 뉴스가 나오기도 한다. 바로 이 모래가루가 오랜 세월 날아 와 쌓여 이루어진 곳이 황토 고원이다.

언젠가 TV에서 방영한 '황하'라는 다큐멘터리를 관심 있게 본 적이 있다. 관심은 흥미를 낳고 흥미가 생기면 성취할 수 있는 욕구가 생기는 것인가 보다. 황사의 발원지 황토 고원으로 향했다.

2007년 여름 황토 고원을 보고자 산시성(섬서성, 陝西省) 시안행 비행기에 올랐다. 시안에서 북쪽에 있는 황제릉과 옌안(延安)을 돌아보고 위린(楡林)이란 도시에 도착했다. 이곳이 역사적, 문화적, 군사적으로 황토 고원의 중심에 있었던 북방의 요충지다.

숙소를 정하고 터미널 가까이 있는 옛 중국의 풍취가 잘 보존된 거리를 걸었다. 신명루(新明樓)에서 고루(古樓)까지의 길을 걸으

옌안(延安) 야오뚱(窯洞)의 노부부

면서 주변의 생활을 살펴보았다. 한 가정집을 기웃거리니 노인 두
분이 들어오라고 청한다. 들어가는 입구에 무연탄을 가득 쌓아놓
았다. 그 옆에는 어린 시절 장터에서 보았던 풍구가 있어 잠시나
마 옛 시절을 회상했다. 아마 다가올 추운 겨울을 지금부터 준비
하는 것 같았다. 농자재와 널빤지가 쌓여 있는 어두컴컴한 주방에
서 가지고 나온 한 잔의 차를 마시면서 더위를 식혔다. 노인은 어
떻게 이곳을 여행하느냐고 하면서 시시콜콜하게 물어왔다. 나는
어눌한 발음으로 들려오는 노인의 말에 성실하게 대답했다. 어둠
이 내린 신명루 누각의 네온사인이 유난히 빛나 보인다. 고마운
한 잔의 차 덕분이었을까.

　숙소의 직원은 '만리장성제일대(万里长城第一臺)'라는 전베이타
이(진북대, 镇北台)와 홍스샤(홍석협, 紅石峽)로 가려는 나에게 편리한
길을 알려 주었다. 황토 위에 세워진 전베이타이는 명나라 때 건
축되었으며 몽골족의 침입에 대비한 산시성(섬서성)에 있는 만리
장성 최고의 조망대다. 이른 아침에 전베이타이에 올랐다. 멀리

있는 사막의 물체도 바로 눈앞에 보이는 듯하다. 누대 위에서 보이는 폐허가 된 장성의 잔해 사이로 옥수수밭이 길게 늘어서 있다. 아래로 보이는 도로에는 가끔씩 당나귀가 끄는 달구지가 길을 오가고, 석탄을 실은 경운기와 트랙터의 걸음은 온통 길을 매연으로 뒤덮고 있다.

전베이타이에서 홍스샤로 가는 길을 잘못 들어 시간을 지체하기도 했다. 홍스샤는 지난여름에 갔던 허난성의 윈타이산(云台山)에 있는 홍스샤보다는 규모나 자연 경관 모두 부족했다. 하지만 문화적 가치로 보면 이곳 홍스샤는 불교문화의 소중한 자료 가치로 충분했다. 군데군데 많이 훼손되고 불상을 모신 곳도 도굴된 흔적이 역력했다. 하지만 냇물을 따라 펼쳐진 굴속에 남아있는 불상은 그런대로 의미가 있었다. 이런 곳에서도 불심을 키웠다는 사실만으로 놀라웠다. 홍스샤는 석양이 비추면 황톳빛 암석이 홍색의 빛을 발하는 협곡이라 하여 붙여진 이름이다.

홍스샤를 뒤로 하고 황토 고원을 찾아 미즈현(米脂县)으로 떠났다. 이곳은 농민 혁명의 근거지 '이자성 행궁'이 있는 곳이다. 행궁 뒤로 나있는 길을 따라 '야오뚱(토굴)'의 삶을 보고자 서둘렀다. 중국어로 '야오뚱(窯洞)'은 일종의 동굴집으로 황토 고원에서 살아가는 사람들이 산의 황토를 파고 그 안에서 살아가도록 만든 주거 형태를 말한다. 이들의 말에 의하면 3-4천만 명 정도가 야오뚱에서 살고 있다고 한다. 산길로 접어들어 드문드문 지어져 있는 야오뚱을 찾아갔다. 오토바이를 타고 어디론가 길을 재촉하는 사람들만 오갈 뿐 한가로운 마을 풍경이다. 도중에 지친 몸을 쉬느라 돌무더기에 누워있는 할아버지를 보았다. 삶의 무게가 나에게도 언젠가 이렇게 다가올 운명이라는 느낌이 들었다.

산과 산 사이의 골짜기에 감자가 심겨 있고, 들녘에는 옥수수

잎이 하늘을 가리듯 자라있다. 한 아주머니를 따라 산길을 오르는 곳에 야오똥이 있다. 산에 땅을 파고 지어진 야오똥은 길을 가면서 보면 잘 보이지 않는다. 집을 구경하고 싶다는 나의 말에 기꺼이 들어오라고 한다.

집에 들어서니 마당도 열 평 정도 되고, 옆의 텃밭에는 가지, 토마토, 고추 등 갖가지 채소도 가꾸고 있다. 그리고 대추나무는 파란 열매를 주렁주렁 달고 있고, 살구나무도 익은 열매를 달고 있다. 아주머니는 조금 떨어진 곳에 있는 닭장으로 나를 데리고 갔다. 산닭이라고 하면서 계란을 주워 왔는데 가격이 보통 닭의 알보다 4-5배나 비싸다. 주인은 방금 딴 살구를 건네주면서 한국 사람이라는 데에 많은 관심을 갖기도 했다.

집 내부를 들여다보았다. 내가 본 야오똥의 구조는 방이 세 칸으로 구성되어 있다. 방 한 칸의 크기는 7~8평 정도이다. 하나는 주방으로 이용되고, 다른 하나는 부부의 침실로 되어 있고, 나머지 하나는 자녀의 방으로 되어 있다. 물론 자녀가 많으면 방이 더 많이 필요하겠지만, 중국의 '한 가정 한 자녀' 원칙을 고수하는 한 이 정도 가옥이면 부족함이 없을 것 같다. 커다란 거울이 벽면을 모두 장식하고 있는 부부의 방에는 TV는 물론이고 온갖 가전제품들이 갖추어져 있다. 아들이 쓰는 방에는 오토바이도 들여 놓았다.

가옥구조는 방문이 안에서 서로 연결되어 추울 때는 전혀 밖에 나올 일도 없을 것 같다. 겨울에 춥지 않고 여름에 덥지 않은 이 야오똥에서 사는 이들은 현대식 아파트를 부러워하지 않는다. 이렇게 가난의 상징처럼 보였던 흙집인 야오똥은 나의 생각을 완전히 뒤바꿔 놓았다. '이런 토굴 같은 곳에서 어떻게 살까?'하고 불쌍한 생각을 했던 내가 무척 어리석어 보였다. 오히려 일부 사람들은 도시 근교에 일부러 야오똥 같은 가옥 구조를 만들어 살고 있다고도 한다. 아주머니에게 감사를 표하고 내려오다가 잠시 쉬고 계셨던 할아버지를 또 만났다. 지팡이에 의지하여 힘겹게 올라오시는 것을 보고 연세를 물으니 85세라고 하셨다. 황토 고원의 끈끈한 삶이 할아버지의 뒷모습에서 묻어난다. 잠시 풀숲에 앉아 끊임없이 돌아가는 시계의 초침을 보고 생각에 잠겼다. 이 순간 내가 여기에 있었다는 것을 기억해줄 사람은 나뿐이다. '2007년 7월 30일 나는 야오똥의 고향 미즈현에 있었다.'

아침에 황토 고원을 보려는 나에게 숙소 직원이 가오시거우(고서구, 高西溝)에 가라고 한다. 버스터미널에 가서 물으니 차가 없다. 택시를 타기에는 흥정한 값이 너무 부담스러워 오토바이를 섭외했다. 오토바이는 위린 방향으로 달리다가 샛길로 접어들었다. 농로보다 약간 넓은 길로 조랑말의 달구지가 가끔씩 지나갔다. 몇 대의 택시도 지나갔지만 가는 내내 버스는 보지 못했다.

산시성 황토 고원의 들녘에서

오토바이는 어느새 산길로 접어들었고 길은 더욱 좁아진 황토 고원의 계단식 밭들을 향해 달렸다. 오르막 경사가 심하면 나를 내리라 하기도 하고, 아래로 보이는 풍광이 좋아 보이면 잠시 멈추었다. 산의 정상에서 본 고원의 경작지는 참으로 놀라웠다. 인간의 끈적끈적한 인고의 삶을 어찌 뭐라고 표현할 수가 없을 정도다. 사과밭과 감자 그리고 옥수수가 심겨 있는 곳이 대부분이다. 거름기가 많은 황토라고 이들은 정부의 삼림정책은 아랑곳없이 농사를 고집한다. 한 줄로 길게 늘어선 해바라기는 태양만을 하염없이 바라보고 있다. 사람은 보이지 않는데 언제 이렇게 경작을 할 수 있느냐고 운전사에게 물었다. 젊은이는 저 아래 보이는 야오똥에 많은 사람이 살고 있다고 태연스레 말한다. 야오똥 생활을 하는 황토 고원의 인구가 4천만 명 이상이 된다고 한다. 나는 아무리 황토 사이를 헤집고 보아도 야오똥이 잘 보이지 않았다. 농로의 깔끔한 길을 보면 약간의 높낮이를 두면서 벽돌을 깔아놓았다. 경운기나 트랙터가 미끄러지지 않도록 노면을 약간 울퉁불퉁하게 해 놓은 것이다. 몇 개의 덜 익은 사과를 따먹고 있는데 어디선가 개 짖는 소리가 들렸다. 이곳은 '작물을 경작하지 말고 삼림을 장려하자.'는 글귀가 쓰여 있다. 농작물을 경작함으로써 토양의 사막화를 가중시킨다는 것이다.

산을 내려와 마을로 갔더니, 아버지와 딸이 감자를 캐어 자루에 담고 있다. 감자는 재배 기술이 없는지 알이 크지는 않았으나 조그만 밭에서 생산된 양은 의외로 많았다. 이들은 감자를 땅을 파서 굴 저장을 한다. 고원의 황토흙은 굴을 파는 동안에는 흙이 매우 부드러운데 시간이 조금만 지나면 강하게 굳어버린다. 이들은 떠나려는 나에게 오이를 먹으라고 건네주었다.

미즈현을 떠나 열흘 정도 지난 뒤 산시성(山西省) 지현(吉县)에 위치한 황하의 호구폭포(壺口瀑布)를 들렀을 때의 일이다. 폭포를 둘러보고 지현에서 윈청(运城)으로 가는 버스를 탔다. 도로가 유실되어 임시 도로인 황토로 된 절벽 길을 오르고 있었다. 마주 오는 버스와 피하기 위해 절벽 옆에 차를 세우고 있을 때 나는 무서워 차에서 내렸다. 차에서 내린 사람은 오직 나 혼자였다. 아래를 보니 황토의 낭떠러지 절벽이다. 하지만 이들은 이러한 일들을 일상의 생활로 여기는 것 같다. 황토의 단단함을 그들은 믿고 사는 것이다. 황토 고원에서 잠시나마 그들의 삶의 인내에 감동한 여행이다.

단바(丹巴)현 자오쥐짱자이(갑거장채, 甲居藏寨)의 하루

쓰촨성(四川省) 서부를 여행하다 단바현에 머물게 되었다. 단바는 험준한 협곡에 위치하며 격십찰하(格什扎河)라는 강줄기와 대금천(大金川)이라는 냇물이 합쳐지면서 단바현을 무섭게 파고들고 있다.

냇물이라고 하지만 물살은 급류를 이루어 흘러간다. 이 물줄기는 대도하(大渡河)라는 이름으로 아래로 흘러 마오쩌둥의 대장정 역사로 유명한 루딩현(泸定县)의 루딩교(泸定桥)를 지난다. 낮에도 물살의 흐름이 거센 호흡을 하는 것을 보면, 조용한 밤에는 더욱 굉음을 내뿜으며 시내를 가로질러 갈 것이다.

단바의 산등성이에 있는 갑거장채라는 농촌 마을로 향했다. 갑거장채를 오르다 아래를 내려다보니 수백 미터 낭떠러지 아래 대금천이 흐른다. 차가 도착하고 보니 산의 낭떠러지 같은 절벽은 어디 가고 넓은 농토와 과수원이 곳곳에 있어 집들과 조화를 이루고 있다. 티베트식의 일정한 형태의 가옥들이 한 채씩 밭과 과수원에 묻혀 조용하고 아늑한 분위기를 자아낸다. 이곳에 거주하고

단바(丹巴)현 쥐커지투스관자이(卓克基土司官寨)

있는 주민은 대부분 티베트 짱족(藏族)이다. 도착하자마자 한 아가
씨가 마중 나오듯 숙소로 안내를 하였다. 조용한 마을에 숙소라고
하는 것이 그저 하나의 가정집에 불과하다.

아가씨가 자신의 이름이 '거마'라고 하면서 한국어로 인사를 한
다. 이를 보면 우리나라 사람이 많이 다녀간 것 같다. 나중에 알았
지만 그녀는 아가씨가 아니라 어린아이가 있고 시부모님을 모시
고 있는 며느리다.

주변을 둘러보니 많은 티베트 전통 가옥들이 점점이 흩어져 있
는 풍광이 너무도 아름답다. 여유만 있다면 며칠이고 마음껏 머물
고 싶은 곳이다. '거마'라는 며느리는 마음대로 과일을 따 먹으라
고 하면서 과일 하나를 따 주기도 했다.

저녁이 되니 가족들이 하나둘씩 집으로 들어왔다. 하늘에 떠
있는 반달이 구름 사이로 마을을 훤히 비추고 있다. 아름다운 밤
이다. 그녀에게 내일 미인곡(美人谷)에 갈 것이라고 했다. 미인곡

에 얽힌 역사적 사연을 듣고는 귀국 후 인터넷을 들춰 보았다. 몽골 칭기스 칸의 침략에 의해 간쑤성, 닝샤후이족자치구 등을 지배하고 있던 서하(西夏) 왕국의 패망으로 귀족과 궁녀들이 이곳으로 피난하여 살게 되었다는 이야기가 쓰여 있다. 역사는 과거의 사실이지만 들여다볼수록 미래의 거울이고 나침판이며 재미있는 이야기다.

미인곡으로 가려는 나에게 지금은 노인분들만 살고 있다고 한다. 맞는 말이다. 물론 젊은 아가씨들이 지금도 농촌에 머물러 있을 거라는 생각에 의문을 가졌었다. 요즈음 젊은이들이 도시에서 일자리를 찾아 돈을 벌기 위해 농촌을 떠나는 현상은 여기 뿐만은 아니다. 학창 시절에 예쁘면 공부 못한다는 말이 있었다. 그 이유는 사내 녀석들이 집요하게 집적거리는 행동에 사춘기를 슬기롭게 견뎌내기가 무척 어려웠을 거라고 이해하면 좋을 것이다. 그러나 지금에 와서 보면 공부도 잘하고 얼굴도 예쁜 처녀들이 얼마나 많은지 예전의 관념을 버려야 한다.

살아오면서 느끼는 것이 있다. 가난하면서도 공부하여 성공하거나, 돈이 있어도 공부하여 성공하지 못하는 사람들이 있다. 이런 경우 사람들은 '역시 공부는 자기 할 탓이야. 아무리 돈이 있어도 안 돼.'라고 말한다. 또 가난하여 공부를 못했거나, 학비를 많이 들여 공부하여 성공한 사람들이 있다. 이런 경우에는 '아무리 노력해도 역시 돈이 있어야 해.'라고 말한다. 어느 말이 맞는 것일까?

사람들은 자기가 겪어 온 길과 주변에서 본 일들로 자기 사고를 정리하고 살아간다. 어찌 보면 살아가면서 무한히 꿈꾸는 어린아이를 벗어나, 어느 순간 나이를 먹어가면서 자신을 주관적인 생각의 공간에 가두고 있는 것은 아닌지 생각해 볼 일이다.

아침에 휴대전화로 뉴스를 들었다. 홍명보 감독이 이끄는 우리나라와 영국과의 올림픽 축구가 나의 출발을 더디게 한다. 탕링촌(党岭村)의 설산을 보기에는 귀국 일정이 너무 모자랐다. 마을에서 가까운 쭤커지투스관자이(卓克基土司官寨) 마을을 구경하기로 하고 길을 나섰지만 이곳도 만만치가 않았다. 도로가 대금천에 빨려 들어가 차가 다닐 수가 없다.

사실 쓰촨성 서부에 여행 오기 전 이곳에 대폭우가 있었다는 소식에 마음이 불안했다. 하지만 이제 귀국을 얼마 남기지 않은 여행의 끝자락이라고 위안을 가졌다. 궁리 끝에 차에서 내려 손님을 바꾸어 저쪽 반대편의 차와 바꿔 타기로 운전기사들끼리 타협을 보았다. 투스관자이 마을로 가기 위해 오르는 산길도 얼마나 좁은지 차가 지나가면 자전거 한 대도 피할 수 없을 정도의 길이 길게 이어진다. 곳곳마다 낭떠러지의 아슬아슬한 위험은 이제 위험보다는 스릴로 다가오기도 한다.

마을에 도착했다. 이곳에서 만난 사람들과의 인사는 '니하오'가 아닌 티베트에서 인사하는 '타시텔레'라는 말에도 놀랐다. 골목을 다니는 커다란 회색빛 돼지들이 진흙 속에 들어가 누워있다. 이렇게 하는 이유는 더위를 피하고 몸에 붙은 해충인 진드기를 없애기 위해 하는 행동이다. 폐허로 변해버린 망루 아래로 빨간 열매를 단 나무들이 군락을 이루고 있다. 주민에게 물으니 '화지아오(花椒, 산초의 일종)'라는 열매라고 한다.

쓰촨성을 여행하면서 음식을 먹다보면 가끔 강하게 코를 자극하고 혀를 마비시키는 매운 맛의 재료가 들어가 있다. 바로 화지아오(화초, 花椒)라는 매운맛의 향신료다. 특히 쓰촨 지방의 유명한 '훠궈(火锅)'라는 음식을 맛볼 때는 이 화초의 맛에 매력을 느낀다. 열매의 모양이나 크기가 우리나라 산초 열매와 비슷하다.

그동안 나는 '화지아오'라는 재료가 '고추(辣椒, 라지아오)'와 비슷한 일년생 채소류인 줄 알았다. 오랜만에 매운맛을 보겠다고 한 알을 따서 씹었다. 잠시 씹었다 뱉었을 뿐인데 숨을 쉬기도 어려울 정도로 입을 움직일 수가 없었다. 게다가 입이 마비가 되니 말이 안 나오고 입안의 살이 마취제 주사를 맞은 것 같았다. 한동안 호된 곤욕을 치르고 투스관자이의 조용한 마을을 떠났다.

오후가 지나면서 강변에 있는 수워포(梭坡)와 산속의 쫑루(中路)를 다녔다. 지금이 '화지아오'를 수확하는 시기라 마을 사람들이 자루를 허리에 달고 바쁘게 움직인다. 하루의 여행을 마치고 숙소로 돌아왔다. 저녁에 마당에서 '거마'가 불러주는 티베트 노래에 취하며 하루의 피로를 달랬다.

새벽닭 울음 소리가 마을에 울려 퍼져나간다. 고국의 아침 뉴스에서 우리나라 축구가 영국을 이기고 동메달을 획득했다는 소식

화지아오(花椒) 나무

중국 유랑 하

에 역시 한국 축구의 악착같은 오기와 배짱을 다시금 느꼈다. 침상에서 일어나 이슬이 내려앉은 옥수수밭과 과일나무 사이를 산책했다. 앞산에 보이는 산봉우리 아래로 구름띠가 머물러 있다. 밭둑길 사이로 흐르는 물에 발을 담그고 아침부터 찾아오는 더위를 식혔다. 주인 잃은 소들이 내 옆을 지나가고 개들도 어디론가 길을 서둘러 지나간다.

숙소로 돌아오니 거마의 시아버지는 말에게 먹이를 주고 돼지우리로 갔다. 아들은 부인 거마와 부엌에서 일하고, 거마 시어머니는 마당에서 채소를 다듬고 있다. 거마와 그녀의 가족들이 음식을 준비하고 있는 것이다. 잠시 후 나는 정성껏 차려준 음식을 먹으면서 그들의 호의에 감동했다. 떠나려 하는 나에게 과일과 찐 옥수수를 봉지에 담아주기도 했다. 오랜만에 티베트 짱족이 살아가는 또 한편의 생활을 들여다본 여행이다.

최북단 모허(漠河)의 예리아뉘랑

        네이멍구(內蒙古)의 북쪽 지역인 자란툰(扎兰屯)과 만저우리(滿洲里)를 둘러보았다. 후허하오터(呼和浩特)에서 시작한 네이멍구의 여행이 어느새 보름이 흘렀다. 하이라얼(海拉尔)에서 기차를 타고 다시 북쪽의 건허(根河)를 거쳐 힘들게 헤이룽 장성의 모허(漠河)에 도착했다.

  모허에 도착하니 밤 11시가 넘었다. 호객하는 아주머니를 따라 객잔(客棧)에 여장을 풀었다. 어쩌다보니 방이 없어 부엌에 놓인 침상에서 밤을 보내야 했다. 그래도 숙박비가 싸다는 것에 견딜 만했다. 이제는 여행을 하다 보니 이런저런 불평스런 일들에 점점 더 둔해지는 것 같다.

  아침에 일어나니 주인아주머니가 나에게 짐을 챙기라고 한다. 그리고는 다른 일행들과 함께 구경을 서두르라고 부추겼다. 엉겁 결에 영문도 모른 채 다른 여행자가 대절한 차에 올랐다. 우리는 차를 타고 가면서 인사를 나누었다. 노부부는 후난성(湖南省) 창사(长沙) 부근에서 왔고, 한 아주머니는 헤이룽장성 치치하얼(齐齐哈

헤이룽장성 모허(漠河)의 베이지촌(北极村)

尔)에서 왔다. 나는 노부부에게 한 달간 후난성을 여행한 이야기를 해주었다. 치치하얼 아주머니에게도 치치하얼의 자룽(扎龙) 습지공원을 구경하고 이곳에 온 루트를 말해 주었다. 이들은 서투른 나의 언어 실력을 칭찬해 주면서 친구처럼 대해 주었다.

차창으로 비쳐오는 햇볕이 따스하다. 곧게 난 자작나무 숲의 길을 달리니 도로 양쪽에 펼쳐진 삼림의 공기가 유난히 상쾌하게 다가온다. 건허에서 만구이(满归)로 가는 완행열차를 탔을 때도 끝없이 이어지는 자작나무의 원시 삼림을 지났다. 모든 것이 추억으로 흘러간 보름 동안의 여행이다.

치치하얼 아주머니는 헤이룽장성이 공기 좋고 물 좋고 사람이 적어 살기 좋다고 자랑을 늘어놓았다. 하지만 겨울이 오면 그 혹독한 추위와의 싸움은 피할 수 없어 보였다. 나는 이곳을 올 때 건허에서 숙소 주인으로부터 겨울나기를 들었다. 9월 초에 눈이 내릴 때도 있다면서 바깥은 영하 30도 이상이 된다고 한다. 하지만

최북단 모허(漠河)의 예리아눠랑 　　　　　　　　　　　　　　**233**

집안에서는 바닥에도 전열선을 설치하여 민소매 내복만 입고 생활한다고 한다.

어딘가 숲속에 차가 멈추었다. 숲속을 들어가니 순록의 무리가 보인다. 그들은 순록을 보고는 아주 신기해하면서 여행의 시간을 만끽하고 있다. 나는 건허를 지나오면서 순록을 보는 기회가 있었다. 그래서인지 그리 신기하게 다가오지는 않았다. 아주머니가 철창 울타리를 보면서 '파오즈(狍子)'가 있다고 가리켰다. '파오즈'는 사슴과 비슷하지만 또 다른 노루과의 동물이다. 아주머니와 서로 사진을 찍고 받으며 여기저기 숲속을 돌아 다녔다.

차를 타고 헤이룽장변의 커다란 비석이 있는 곳으로 갔다. 비석에는 '당신을 축하합니다. 북점을 찾았어요!'라는 의미의 글귀가 쓰여 있다. 저 앞의 산줄기가 러시아 땅이고 바로 이 강이 헤이룽강(흑룡강)이다. 드디어 헤이룽강과 마주하고 있다는 실감에 스스로 감동하는 순간이다. 후난성 부부가 둘이 행동할 때는 나는 자연스레 아주머니와 둘이 같이 다니게 되었다. 그러면서 서로의 이름을 물었고 여행하는 동안 대화의 이야깃거리를 찾아 나갔다.

강가로 가서 헤이룽강의 물에 얼굴을 적셔보았다. 오후의 더위는 이곳도 마찬가지다. 고국에서 들려오는 여름 열기는 밤에 잠을 이룰 수 없다고 한다. 처음으로 강변을 배경으로 아주머니와 함께 사진을 찍었다. 아주머니에게 말했다. '사진은요 아주 다정하게 찍어야 해요. 훗날 후회해요.'라고……. 아주머니는 멋쩍은 듯이 웃음을 지어 보였다.

우리는 다시 가까운 곳에 있는 야트막한 산을 올랐다. 나는 영문도 모르고 올랐지만 정상에서 아래로 보이는 헤이룽장의 풍경이 절경이다. 헤이룽강이 크게 한번 굽이치는 바로 이곳이 룽장(용강) 제일만(龙江第一湾)이다. 아무리 멋진 사진을 담으려 해도 룽장제일만이 한 장의 사진에 들어오질 않는다.

산을 내려와 다시 길을 재촉하여 차는 어느새 조그만 마을에 도착했다. 길게 난 3백 미터 정도의 길가로 늘어선 집들이 마을의 전부다. 바로 중국 최북단의 베이훙(北紅)이라는 작은 촌락이다. 마을의 집 뒤로는 옥수수밭과 콩밭이 넓게 펼쳐져 있다. 앞에는 러시아 쪽의 야트막한 산이 보이고 그 사이로 폭이 넓지도 않은 헤이룽강이 흐른다.

숙소를 정하자마자 짐을 풀고 강변을 걸었다.

강가에서는 몇몇의 아이들이 뛰놀고, 한두 척의 허름한 나룻배가 힘없이 주저앉아 있다. 가끔씩 낚시를 하는 사람, 그물을 던지는 사람들이 오가기도 했다. 후난성 부부가 저 멀리 우리와 걸음을 달리하고 있었다. 당연히 나와 아주머니도 함께 강변을 걸었다.

아주머니는 강변을 거닐며 조약돌을 줍고 있었다. 그러면서 나에게 여러 가지를 물어왔다. 나는 매년 여름과 겨울로 방학을 이용해 중국을 여행했다고 말했다. 나의 직업도 물어왔다. 교편을 잡았는데 지금은 퇴직했다고 했더니 무엇을 가르쳤냐고 재차 물어왔다. 농업을 가르쳤다고 하면서 중국의 농촌에 관심을 갖고 있다고 말했다. 아주머니는 웃음 띤 얼굴로 자기도 농사일을 했다고 하면서 같은 직업이라고 더욱 친밀감을 나타냈다. 왜 혼자 왔느냐는 나의 물음에 남편과 4년 전에 헤어졌다고 한다. 그러면서 자신의 현재 처한 환경에 대해서도 거침없이 말해 주었다. 이혼 후 정신적으로 매우 힘들었다고 한다.

5년 전에 정부로부터 농장에 가서 일을 하면 돈을 많이 벌 수 있는 조건이 있었다고 한다. 그래서 헤이룽장성 넌장(嫩江)에서 가까운 산허(山河) 농장이란 곳에서 2~3년을 관리원으로 축산에 종사했다고 말한다. 내가 그곳을 가보고 싶다는 말에 아주머니는 아주

동감하듯이 간다면 자신이 친히 안내하겠다고 한다. 어머니도 교직에서 퇴직하셨고, 아버지는 산둥성(山東省) 웨이팡(濰坊)사람인데 군인으로 헤이룽강에서 근무했다고 한다.

아주머니는 다시 강변을 거닐며 조약돌을 줍고 있었다. 그렇게 많이 주우면 어떻게 가져가려고 하느냐고 물었다. 아주머니는 아주 무거우면 소포로 부치면 된다고 하면서 돌을 줍는데 수고를 아끼지 않는다. 돌을 주우며 '마나오(玛瑙)'라는 수석이 있다고 했다. 이곳 헤이룽강에서 '마나오' 수석의 훌륭한 물건을 찾으면 돈을 번다고 한다. 자신이 화산지대의 주변에서 나오는 '마나오'와 쑹화장의 지류를 따라 생겨나는 '쑹화스(송화석)'이라는 수석을 많이 가지고 있다고 한다. 또 수석협회 회원이라는 사실도 자랑삼아 늘어놓는다.

그물을 던지는 어부의 손에 햇살이 비켜가고 있다. 우리는 강물을 따라 마을 끝까지 걸었다. 내 마음이 평온함으로 가득한 시간

헤이룽장성 모허(漠河)의 베이지촌

중국 유랑 하

이다. 나는 좋은 풍경이 보이면 아주머니에게 멋진 포즈를 요구했다. 그럴 적마다 아주머니는 흔쾌히 응해 주었다. 아주머니에게 노래도 부탁하면서 헤이룽강에서 이런 추억을 남기고 싶다고 했다. 아주머니는 수줍은 듯이 노래를 불렀고 나는 영상으로 아주머니의 모습을 간직했다. 아주머니가 부른 노래 가사의 의미를 알아보았다.

제목은 '예리야 뉘랑(女郞, 아가씨)'으로 내용은 이러했다.

아주 먼 곳에 에리야라는 아가씨가 있다.
전설에 의하면 이 아가씨의 눈을 보면 젊어지고
아가씨를 포옹하면 영원히 늙지 않는다고 한다.
이러한 신비로운 전설이 있어 나는 아가씨를 찾으러 간다.
예리야 신비한 예리야 나는 반드시 아가씨를 찾을 것이다.

아주머니는 이 노래의 '예리야'라는 처녀 이름을 '헤이룽강'으로 바꿔 불렀다.

강변을 나와 마을길을 걸었다.
서서히 어둠이 마을을 스며들고 있다. 햇살은 황혼에 밀려가고 저편 너머에는 달빛이 기다리고 있다. 아주머니는 메기를 잡은 낚시꾼에게 다가가 집적거리고, 간판에 '混血兒(혼혈아)'라고 쓰여 있는 집에 들어가 뭔가를 묻기도 한다. 이 혼혈아는 러시아 사람이 와서 결혼을 하여 태어난 2세들이다. 아니 잠시 국경을 넘어와 한순간의 정을 나누고 돌아간 러시아인이 남긴 선물이라고 해야 할까?

헤이룽강의 어둠이 더욱 짙게 드리워지고 있다. 강변을 노닐던 오리들도 제집을 찾아 걸음을 재촉한다. 달빛은 유난히 헤이룽강에 어린다.

아침에 아주머니는 일출을 보러 가자고 나를 깨웠다. 길을 나서는데 헤이룽강의 물안개가 마을까지 흘러들었다. 이른 아침부터 도로공사를 하는 대형차들이 가끔씩 오가고 있다. 트럭이 지날 때면 비포장도로의 먼지가 안개와 뒤섞여 아침 공기를 잔뜩 흐리고 있다. 우리는 강변의 샛길로 향했다.

안개 속에 헤이룽장이 어슴푸레 드러나고 있다. 아주머니는 앞에 보이는 안개 속의 산을 바라보며 '헤이룽(흑룡)'이라 불렀다. 그러면서 마음이 괴로울 때는 북쪽으로 온다고 한다. 바로 헤이룽강을 보고 지금의 자신의 어려운 환경을 위로하고 있는지도 모른다. 이른 아침의 차가운 공기를 마시며 일출을 보려 했지만 안개로 인하여 볼 수가 없었다. 러시아를 바라보고 있는 베이훙의 초소도 안개 속에서 깨어날 줄 몰랐다.

헤이룽장성 모허(漠河)의 베이지촌

여장을 정리하고 베이지촌으로 향했다. 사실 나는 이곳 베이홍이 베이지촌인 줄 알았다. 택시로 한 시간 이상을 소요하며 베이지촌 입구에 도달하니 매표소가 있고 입장료도 만만치 않았다. 아주머니는 들어가지 않겠다고 한다. 이틀 전에 자신은 여기를 다녀갔다는 것이다. 잠시 어안이 벙벙했지만 입장료를 낼 테니 들어가자고 했다. 우리 셋만 들어가고 당신은 혼자 여기서 기다린다는 것이 말이 안 된다고 하면서 들어가기를 종용했다.

베이지촌은 유명세를 탔는지 벌써 관광객 유치에 필요한 시설을 갖춘 유흥지로 변해 있었다. 헤이룽쟝을 사이에 두고 러시아 땅이 지척에 있다. '金鷄之冠'이란 곳을 둘러보고 중국 최고 북단에 위치해 있다는 집에서 기념사진도 남겼다. 거리나 산길을 다니는 동안에 이 지역의 상징인양 도처에 '북(北)'이란 글자가 쓰여있다.

이렇게 1박 2일을 보내고 모허로 돌아와 숙소에서 한 잔의 술을 기울이고 있었다. 숙소 아주머니가 방을 정해 주는데 치치하얼 아주머니가 지난번 내가 잔 부엌에서 잔다는 것이다. 나는 내 방에 침대도 많으니 어떻겠느냐고 물었다. 아주머니는 말이 없었지만 숙소 아주머니가 그러면 좋겠다고 한다. 아주머니의 짐이 내방으로 옮겨졌다. 침상은 멀리 있지 않았고 이야기는 밤새도록 끝날 줄을 몰랐다.

나는 아주머니에게 예리아 뉘랑(女郞)이라는 노래를 부탁했고 그녀는 자장가처럼 내 귓전에 속삭여 주었다. 아주머니 말대로 몸과 마음이 여유를 잃어 편하지 못할 때는 이곳 헤이룽장성을 자주 찾을 것만 같았다.

윈난 쟈오즈쉐산(교자설산, 轿子雪山)

　　윈난의 동부지역에서 유일하게 만년 설산
으로 불리는 곳이 있다. 바로 쿤밍에서 정북쪽에 있는 쟈오즈쉐
산이란 곳이다. 둥촨(东川)의 홍토지(紅土地)를 둘러본 후 여기까지
와서 쟈오즈쉐산을 가보지 않으면 후회될 것만 같았다. 나는 홍토
지를 구경하는 동안 화스토우(화석두, 花石头)라는 곳에 있었다. 이
화스토우는 쿤밍의 북 터미널에서 파저(法者)로 가는 차를 타고 가
다가 내리면 된다. 약 4시간 정도 소요한다.

　설산을 가기 위해 아침 일찍 봉고차를 섭외했다. 홍토지 촌을
지나 설산을 향하여 가는 내내 경사진 산비탈을 따라 계단식 논
밭들이 끝없이 이어진다. 어느 마을을 지나는데 마침 장이 섰지
만 너무 이른지 장마당이 아직 한산하다. 돌아올 때 보기로 하고
설산으로 길을 재촉했다. 장을 보기 위해 삼삼오오 짝을 지어 이
야기를 하며 길을 걸어오고 있는 마을 사람들의 행렬은 끝이 없
었다.

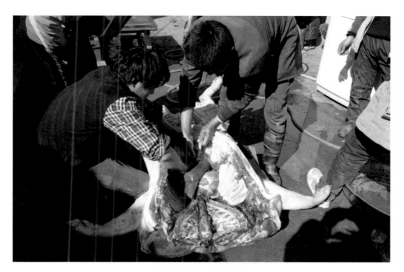
절을 앞두고 돼지 잡기

　설산 아랫마을에 도착하니 운전기사가 전화로 예약해 놓은 한 마리의 말이 준비되어 있다. 춘절을 얼마 남겨놓지 않은 이때에는 마을마다 돼지를 잡곤 한다. 여기서도 돼지의 울음소리가 마을에 울려 퍼지고 있다. 대여섯 명의 청년들이 숙련된 솜씨로 돼지를 뉘어 놓고 목에 칼을 꽂았다. 청년들 뿐만이 아니라 어린 소녀 아이도 돼지 피를 받으려고 커다란 양재기를 들고 와 돼지 목에 갖다 대고 있었다. 이들은 돼지를 잡아 털을 벗기고 삶아 고기로 분류하는 데는 오랜 시간이 필요 없었다. 이곳에서는 늘 있는 일이라 그런지 여자아이도 전혀 두려운 기색이 없어 보인다. 돼지를 잡으면서 흘러나온 피가 마당 옆으로 난 배수로를 타고 흘러간다. 이럴 때마다 나는 차마 눈 뜨고 볼 수 없는 광경에 고개를 돌리곤 한다.

　한 청년이 내게 다가오더니 준비가 다 되었다며 말에 오르라고 한다. 나는 한 젊은 청년과 함께 말을 타고 한 시간 동안 산을 올

윈난 쟈오즈쉐산(교자설산, 轿子雪山)　　　**241**

랐다. 그는 말고삐를 잡고 걸어갔다. 햇살에 비친 우리 두 사람과 말의 그림자가 하인과 말을 타고 가는 주인의 모습으로 비친다. 지금 이 산을 오르는 사람은 아무도 보이지 않았다. 길이 결빙되어 있는 곳에서는 내려서 걷기를 여러 번 했다. 돌과 바위로 된 길을 말을 타고 가는 것도 쉽지 않았다. 계곡을 건너는 다리도 쇠밧줄에 묶인 채로 얇은 양철판만 놓여 있다. 계곡을 흐르는 물소리도 요란하게 들려온다. 내가 위험하지 않으냐고 묻는 말에 젊은이는 괜찮다고 한다. 젊은이의 말을 믿고 나를 태우고 가는 말에 모든 것을 의존했다. 안장 위의 쇠고삐를 너무 세게 쥐고 있었는지 어깨도 뻐근하다. 어찌 보면 무모했다는 생각도 들었다. 윈난은 사계절이 봄이라지만 그림자가 지는 곳에서는 한기가 몸을 스며들고 있다. 그래서 더욱 몸은 움츠러들고 있었다.

설산에 당도했지만 여행자들이 말하는 그런 장소가 아닌 것 같다. 말이 멈춘 곳에서 올려다보았다. 어쩐지 풍경구치고는 쓸쓸해 보였다. 분명히 봉고차를 타고 올 때는 도로 표지판에 쟈오즈쉐산으로 가는 표시가 있었다. 아마 난 설산의 뒤편을 보고 있는 것 같다. 산을 오르니 햇살이 눈에 들어왔다. 잠시 그늘진 정자에 앉아 설산을 바라보며 생각에 잠겼다. 점점이 보이는 설산과 나를 바라보고 있는 백말, 그리고 나의 흰머리가 닮았다. 어찌 보면 윈난은 내가 마음이 어지러울 때 가끔 찾아왔던가 보다. 때 묻지 않은 삶, 그을림 없는 소박한 미소, 여유로운 시간을 즐기는 이들을 보면서 스스로 되돌아보곤 했다.

고등학교 시절 국어 교과서에서 배운 '산정무한'이라는 산문이 생각났다. 마지막 부분에 '고작 칠십 생애에 희로애락을 싣고 각축하다가 한 움큼 부토로 돌아가는 것이 인생이라 생각하니, 의지

윈난 동촨 쟈오즈쉐산(轿子雪山)

없는 나그네의 마음은 암연히 수수롭다.'라는 문구가 있다. 그때
는 대학을 들어가기 위해서 읽었던 글이지만, 40년이 지난 지금은
왜 이렇게 내 마음에 의미 있게 스며드는지 모르겠다. 아름다운
삶을 꿈꾸며 살아왔지만 지나온 과거가 상처투성이로 기억되기도
하고, 힘들게 살아왔다고 생각하면서 뒤를 돌아보니 그리운 추억
으로 남기도 했다. 이런 것이 인생인가 싶기도 하다.

　세상에 공중 매체를 타고 쏟아 부었던 그 많은 말과 일어난 일
들이 이제는 잡쓰레기처럼 남아 있을 뿐이다. 내가 토해내었던 말
과 생각들은 또 얼마나 부질없는 일이었나 생각해 본다. 내 자신
이 가을 들녘에 봄부터 가꾸어 일궈낸 한 그루의 과일 하나 보다
더 값질 것이 없어 보였다. 혹자는 '사람은 죽어 이름을 남긴다.'고
했지만, 적어도 사는 동안에는 내 자신에게 불평 없이 살도록 노
력하고 싶은 마음이 더욱 간절해진다. 나를 구속하는 소유와 계산
을 버리려고 노력해 보았다. 하지만 마음에 들어오는 바람을 막지

못하여 이렇게 욕심에 집착하고 있는지도 모른다. 풍족의 욕구를 버리면 행복이 찾아온다는 진리를 아직도 손에 담지 못했나 보다. 어차피 한 줌 흙으로 가는 건데…….

청년이 오늘 저녁에 마을 사람들이 모두 모여 돼지고기와 술로 춘절을 맞이할 준비를 한다고 한다. 그러면서 나도 자리에 함께 하지 않겠느냐고 물어왔다. 나는 봉고차 운전기사의 계획하에 움직일 수 밖에 없다고 했다. 숨 고르기를 하고 말을 타고 내려오는 바윗길이 무섭기만 하다. 말이 한 걸음 내려디딜 적마다 앞으로 넘어질 것 같다. 게다가 계곡으로 가까이 가면 계곡 아래로 곤두박질할 것만 같다. 설산을 올랐다는 마음보다 말타기 연습을 하는 기분이다. 팔뚝과 엉덩이의 근육 모두가 내 몸 같지가 않을 정도로 굳어지고 있다.

간신히 돌아온 마을에는 벌써 돼지를 잡아 저녁의 성찬을 준비하고 있다. 마을 사람들과 하룻밤을 즐기기에는 봉고차 주인이 허락하지 않았다. 청년에게 아쉬운 마음을 표하고 돌아오면서 아침에 들린 장이 선 마을을 찾았다. 오후 3시가 지나니 장날의 흥미를 찾기에는 이제는 이미 시간이 흘렀다. 먼 길을 가야 할 산골 사람들이 모두 가고 난 뒤였다. 해가 기우니 뻐꾸기가 둥지를 찾아 떠나는 기분이다. 쟈오즈쉐산은 짧은 시간 동안 나와 함께 있었다.

산시성(섬서성, 陝西省)
바오지산(보계산, 宝鸡山) 등반

간쑤성과 닝샤후이족자치구를 여행하고 산시성 시안(西安)으로 돌아오는 길에 바오지(보계, 宝鸡)에 있는 톈타이산(天台山)을 가고자 했다. 하지만 아침 일찍 열심히 물어보며 간 곳이 톈타이이 아니고 바오지산이었다. 현지인에게 물어보니 톈타이산과 바오지산이 능선 하나 사이로 연결되어있다고 한다. 산이 어느 것이든 구경만 잘하면 그만이다 생각하고 바오지산으로 향했다.

차에서 내려 산으로 향하는 입구에서 중학교 1학년인 딸을 데리고 온 바오지의 학교 선생님을 만났다. 그는 여기가 고향이면서도 9년 전에 이곳에 한 번 왔다고 한다. 그 당시는 이렇게 길이 좋지 않아 여행자들이 거의 없었다고 한다. 지금도 워낙 더운 날씨라 사람들이 산을 찾지 않는 것 같다. 걸어가는 내내 우리 셋만이 아스팔트 길을 가고 있었다.

나도 그에게 한국에서 교편생활을 하고 있다고 말했다. 그는 같은 직종에서 일한다고 학교생활에 대해서 여러 가지를 물어왔다. 중국인을 만나 함께 이야기를 나누다 보면 늘 나의 월급을 물어오

윈난 동촨 쟈오즈쉐산(轿子雪山)

곤 한다. 그는 자신의 월급이 인민폐 3천 위안이라고 한다. 나는 몇 배를 더 받고 있지만 한국은 물가가 비싸 집에 에어컨도 없다고 했다. 그가 딸 앞에서 기죽지 않도록 말하느라 신경도 써야만 했다. 우리는 한국과 중국의 사회 문화를 이야기하다 역사 이야기까지 옮겨갔다. 일본의 난징대학살 사건을 이야기할 때 내가 말했다. 중국이 일본과 싸워 패하지 않은 곳이 있다. 바로 허베이성의 안신(安新)에 있는 습지 호수인 바이양뎬(백양전, 白洋淀)이라고 했더니 그도 잘 알고 있는 듯하다. 나는 아내와 허베이성을 여행할 때 그곳 현지인들로부터 이 이야기를 들었다.

넓은 길을 한참을 걸어 오르려니 지루했다. 중학생인 딸이 힘들다고 자주 투정을 부린다. 왜 차가 없느냐고 물으니 성수기에는 풍경구 입구까지 가는 시내버스가 있다고 한다. 시간 반 정도를 걸어가서야 숲속으로 접어들었다. 숲속의 길을 걸으니 그나마 더위를 조금은 피할 수 있었다. 아이와 나는 잠시 졸졸 흐르는 계곡물에 얼굴을 씻으며 잠깐씩 쉬기도 했다. 다른 곳은 산에 절이 있

산시성 바오지산 신편기봉(神鞭奇峰)

고 주변에 음료나 먹을거리도 파는데 이곳은 아무것도 없다. 계곡 물을 따라 숲속으로 좁게 난 길을 힘겹게 올랐다. 물을 아끼면서 올랐지만 목마름을 이기지 못해 일찍이 물이 바닥나고 말았다.

어제도 간쑤성의 쿵퉁산(崆峒山)을 올랐던 나는 일찍부터 피로가 느껴졌다. 산을 오르면서 힘들다고 투덜대는 아이가 때로는 고맙게 느껴지기도 했다. 이제는 보따리 속의 옥수수 하나가 식량의 전부인데 아직도 정상이 보이지 않는다. 그늘에서 잠시 쉬는 가운데 그가 계란 하나를 건네주었다. 한두 번 사양을 하는 척 했지만 은근히 고마운 마음이 들었다. 산 위에서 내려오는 사람들의 소리가 들려왔다. 나이 지긋한 중년의 다섯 명이 내려오고 있었다. 얼마나 더 가야 되느냐는 우리의 물음에 길이 폭우로 유실되어 갈 수 없다고 한다. 하지만 그들과 헤어진 후 그는 계속 가기를 원했다. 정말 길이 유실된 부분이 많이 드러났다. 드디어 다섯 시간을 오른 곳에 하나의 자그마한 절이 보였다.

이 절은 가정집처럼 이용되고 있었다. 스님이라고는 보이지도 않고 창고처럼 잡다한 물건들이 많이 쌓여 있었다. 집 주인이 부엌에서 점심을 준비하고 있는데 라면이 보였다. 배가 고픈 상황에 얼마나 고마운 음식인지 몰랐다. 주인에게 부탁하여 아이와 라면을 같이 먹었다. 음료수도 두 병을 단번에 마셔버렸다. 그리고 두 병을 예비로 준비해 두면서 딸의 아버지에게도 두 병을 사 주었다. 이제야 모든 것이 제정신으로 돌아온 기분이었다. 주인에게 물으니 우리가 있는 이곳이 신편기봉(神鞭奇峰)이라고 한다.

저 멀리 보이는 산 정상에 검은 닭의 상(像)이 있다고 한다. '보물 같은 닭'이란 바오지(宝鸡)의 지명에 걸맞게 닭의 상을 상징처럼 해놓은 것이다. 그곳을 가려면 새벽에 일찍 출발해야 한다. 나는 이 정도의 등반으로도 만족했다. 이 절에서 바라보는 산하는 심산(深山)에 유곡(幽谷)이고 만산(滿山)이 병풍이다. 아낙네 허리를 감싸듯 돌고 돌며 올라온 여정의 대가다.

서둘러 내려와 넓은 길에서 지나가는 차를 세웠다. 버스가 다니는 큰길까지 와서 차비를 내려니 그가 극구 자기가 내겠다고 한다. 그에게 무척 고맙다는 인사를 남기고 헤어졌다. 등산 내내 만난 사람은 전부 열 명 남짓한 산행이었다. 이 선생이 없었다면 무서워서 이 산을 다녀보지 못했을 것이다. 하루 흘린 땀의 양을 과연 무엇으로 표현해야 맞을지 모를 정도다.

10시간 가까이 등반하고 바오지로 돌아오니 시장기가 밀려왔다. 식당에서 저녁을 먹으며 시원한 한 병의 맥주도 단번에 비워버렸다. 식당 주인에게 바오지산을 다녀온 과정을 말하니 놀라움과 감탄의 말을 아끼지 않았다. 잠자리에서 자랑스러움의 미소가 꿈속까지 흡족하게 스며들었다.

우수리강(烏苏里江)을 따라서

2015년부터 동북만을 여행하고 있다. 세 번을 다녀가면서도 들러보지 못하여 못내 아쉬웠던 곳이 바로 우수리강이다.

우수리강은 중국과 러시아 연해주의 경계를 따라 북으로 흐른다.
지난여름 중국 최고 동쪽인 푸위엔(抚远)을 여행했었다. 그 당시 쑹화강과 합쳐진 헤이룽강이 다시 우수리강을 만나는 곳에서 강바람을 맞으며 생각에 잠긴 시간이 있었다.
1년이 지난 뒤 2016년 9월 우수리강을 보고자 하얼빈에서 기차를 타고 무단강(木丹江)으로 향했다. 한 번 지나간 길은 지난날의 추억이 있어 그립고, 처음 들르는 곳은 새로운 호기심에 설렜다.
지난겨울 온 산하가 백설로 변해 있을 때 슈에샹(雪乡)을 본다고 이곳을 지난 적도 있다. 이번은 9월 말인데 벌써 들녘이 황금물결을 이루고 있다. 기차의 차창으로 보이는 이런 계절의 순환을 얼마나 더 볼 수 있을까 하는 생각이 슬프게 다가온다.
무단강에서 하루를 머문 뒤 싱카이호(兴凯湖)라는 호수로 향했다. 싱카이호는 러시아와 공유하고 있는 중국 동쪽의 가장 큰 호수다. 바로 이 호수가 우수리강의 발원지이다. 버스는 미산(密山)시에서 싱카이호의 어느 작은 마을까지 달렸다. 오른쪽 옆으로는 밝은 햇살에 호수의 물결이 춤을 추듯 반짝이며 세차게 출렁이고, 왼쪽으로는 수많은 작은 호수를 만들어내고 있는 습지가 끝없이 이어졌다.

여름이면 많은 피서객이 몰려들 이곳이 한적하기만 하다. 그래도 오늘이 주말이라고 자가용을 타고 온 사람들이 눈에 띈다. 싱카이호에는 이곳의 특종어인 '백어(白魚)'라는 고기가 있다. 여행자들이 호수에서 잡히는 별미인 백어를 맛보려고 많이 찾는다고 한다. 가격이 그리 비싸지는 않았고 맛도 역시 다른 고기가 별반 다르지 않았다. 하지만 이곳의 특산어를 먹어보았다는데 여행자인 우리는 만족하였다.

호수에 허름하게 만들어놓은 방파제를 따라 걸었다. 계속되는 비로 물이 불어 정자의 기둥까지 차올랐다. 세찬 바람까지 호수에 흐르니 물결은 바다의 성난 파도와 같았다.

저 멀리 모래사장에 정박해 있는 조각배들도 움직일 기미가 보이지 않는다. 가까이 가보니 여름이면 해수욕을 즐길 정도의 모래사장이다. 마침 배를 수리하고 있는 중년의 배 주인을 만났다. 도와주겠다고 톱질을 하는 나의 모습을 보고는 웃는다.

그는 이 호수에 대해 간략히 소개해 주었다. 이 호수의 3분의 2가 러시아에 해당한다고 한다. 이 호수는 헤이룽장성 동쪽의 농경지 관개수로도 아주 유용한 수자원 역할을 한다. 게다가 싱카이후를 둘러싸고 있는 산림 숲은 여행자들에게는 또 다른 산책의 길로도 손색이 없다고 자랑을 한다.

'興凱湖泄洪閘'라고 쓰여 있는 기념탑처럼 생긴 조형물이 보인다.

싱카이호(兴凯湖) 수문

이것은 홍수를 조절하기 위한 수문 역할을 하는 곳이다. 저편이 보이지 않는, 바다 같은 호수가 마냥 부럽기만 하다. 호수를 잠시 벗어나 길을 걷다 보니 끝없이 펼쳐진 황금 들판이 바람에 춤을 춘다.

후린(虎林)을 지나 후터우(虎头)에 도착하기 전 후터우야오싸이(虎头要塞)라는 곳을 들렀다. 이 호수에서 시작되는 우수리강은 두 번의 슬픈 전쟁사가 기록되어 있다. 국경을 접한 이웃은 친하기도 하지만 늘 다툼의 역사가 존재하기도 한다.

첫 번째는 중·일 전쟁 흔적인 후터우야오싸이가 있는 후터우이다. 이곳은 일본이 만저우(만주) 지역을 점령하고 러시아를 침공하기 위한 일본 관동군 즉 가장 악랄했던 731부대가 주둔한 요새가 있는 곳이다. 이 요새의 지하갱도를 만들기 위하여 6년여에 걸쳐 약 20만 명의 중국 노동자가 징용되었다고 한다. 여기에는 우리 한국인도 다수 포함되어 있다.

이 요새의 길이는 35㎞에 달하며 지하의 내부는 군인의 가족과

군사 활동을 하기 위한 모든 시설이 갖추어져 있다. 게다가 주변으로는 포진지와 비행장, 병원까지 갖추었으니 그 당시 난공불락의 요새라고 할 만했다. 외부의 지원이 없이도 반년을 버틸 수 있었다 하니 그들의 전쟁에 대한 준비성에 놀라지 않을 수 없다.

1945년 8월 15일 일본의 항복 선언이 있은 후에도 열흘간이나 러시아군과 치열하게 싸우다 요새는 결국 함락되고 말았다. 수많은 중국 노동자들에게 생체실험과 악랄한 희생을 강요한 참혹한 대가였을지도 모른다.

항일 전쟁사 박물관에는 무고하게 죽어간 중국 노동자의 처참한 생활상이 전쟁의 비극을 그대로 보여주고 있다. 그리고 아이러니하게도 이 전쟁에서 희생된 소련군 병사의 이름도 기록하여 그들을 애도하기도 했다. 매년 이날을 기념하기 위해 추모식이 열리면 러시아도 참석 한다고 한다.

러시아를 바라보며 '우수리강 기점'이라 쓰여 있는 후터우의 강변을 거닐고 있었다. 강폭도 러시아 땅이 지척에 보일 정도로 그리 넓지 않다. 가끔씩 러시아 순시선이 오가곤 한다.

우수리강 광장을 지나 식물원을 들렀다. 시들어가는 잎새가 가을의 시작을 알리고 있다. 식물원 전망대의 높은 지대에서 보면 후터우 전경과 강변 국경의 풍취가 더욱 선명하게 드러난다. 마침 후린에서 결혼식을 마치고 구경 나온 조선족 단체를 만나 잠시 환담을 나누기도 했다.

마지막으로 후터우의 상징인 호랑이 동상이 있는 산마루에 올랐다. 중국 최대의 호랑이 조형물이다. 바위 위에 세워진 호랑이 입으로 그대로 빨려 들어갈 정도의 크기이다. 아마 우수리강을 지키는 상징의 표현일지도 모른다. 호랑이 '호(虎)'자가 많은 이곳 지명을 보면 옛 시절 만저우 호랑이의 고향일지도 모른다. 일주일

전쯤 무단강을 오기 전 호랑이 고향이라는 '후샹(虎乡)'을 찾아 호랑이들의 생활을 돌아본 기억이 새롭다. 한 청년의 삼발이 택시를 타고 후터우의 곳곳을 누비며 다닌 하루다.

다음으로 일어난 전쟁이 중·러 전쟁이다. 후터우에서 우수리강을 따라 북으로 가면 우린똥(五林洞)이란 작은 마을이 있다. 이곳에서 멀지 않은 곳에 우수리강을 사이에 두고 전바오다오(珍宝岛)라는 섬이 있다.

가는 도로가 포장은 되어 있지만 너무 오래되어 노면이 울퉁불퉁하다. 차가 조금만 달려도 심하게 덜컹거린다. 창문이 부대끼는 소리도 요란하다. 어릴 적 부모님과 함께 버스를 타고 가던 옛 추억이 떠올랐다. 주변으로는 비가 많이 내린 관계로 물바다를 이루고 있다. 가끔씩 나타나는 작은 마을들이 물 위에 떠 있는 듯하다. 전바오다오를 보러 간다는 나의 말에 현지인들이 웃음을 지으며 말한다. 지금은 물이 불어 섬에 들어갈 수가 없다고 한다.

설상가상으로 우린똥에 도착하니 빗방울이 떨어지기 시작했다. 이곳을 오기 전에도 강물이 불어 볼 수가 없다고 하는 것을 고집해서 왔지만 더 이상은 어쩔 수가 없었다. 전바오다오로 들어가는 갈림길에 전바오다오의 그림이 걸려있는 것을 보았다. 아쉽지만 한 장의 사진을 남기고는 차에 올랐다. 새롭게 역사의 한 줄을 더 알고 한 사물의 이름을 안다고 해서 무슨 큰 의미가 있을까 하고 위안을 가져본다.

이곳에서 일어난 전쟁의 발단은 너무 기가 막힌다. 인터넷에 게재된 내용이 재미있어 그 내용을 간추려 대신한다.

분쟁의 시작은 너무도 사소했다. 홍수로 불어난 물 때문에 전바오섬의 일부 지형이 바뀐 데 대한 양측 주장이 엇갈린 것이었다.

우수리강 전바오다오(珍宝岛)

물론 그 배후에는 공산주의 패권을 다투는 마오쩌둥과 그에 맞서는 후르시초프의 이념적 갈등이 있었다. 중국인 병사의 삿대질에 주먹싸움이 오가고 패싸움으로 번졌다.

이후 몇 차례 더 주고받은 싸움 끝에 수천 명을 동원해 총격전에 이은 기갑전을 전개한다. 중국군은 아예 수만 명을 동원해 대규모 전투를 시작했고, 러시아군 역시 최신 병기로 맞섰다. 여기서 중국군은 연대 규모의 사상자가 발생했고 러시아군 역시 다수의 사상자가 났다.

이렇게 자존심을 건 두 공산국가의 전쟁이 더 크게 번지려 할 때였다. 동유럽의 체코에서 '프라하의 봄'이라는 자유화 물결이 밀어 닥쳤다. 러시아는 중국과의 국경 분쟁보다 동유럽의 방어막인 체코에 부는 민주화의 물결을 잠재우는 과제가 더욱 시급했다. 이를 해결하고 서방과 싸우던 민족주의자인 호치민의 죽음을 애도하려 베트남에 들른 후 중국을 방문한다. 후르시초프는 마오쩌둥 주석을 만나 어렵지 않게 우수리강 분쟁의 타협을 보았다.

'일은 사소한 데서 생기고 화는 참지 못하는 데서 온다.'는 구절이 이를 두고 하는 말인가 보다. 우리네 인간사도 마찬가지다. '저 사람! 저거!' 하면서 비아냥거리듯 손가락질하지 말자. 솔직히 말해서 저는 얼마나 잘났는가.

이 사건으로 중국은 더 이상 러시아를 믿지 못하게 된다. 여기서 우리는 국가의 이념이 국가의 이익을 넘지 못한다는 것을 배울 수 있다. 애초에 이 중·러 양국은 공산주의에 대한 생각도 달랐다. 소련은 노동자 중심이고 중국은 농민 중심의 이념 체계를 표방하고 있다.

역사의 우수리강은 이렇게 슬픈 자취를 남긴 채 오늘도 북으로 향한다. 강에서 생겨난 섬이 요새도 아니고 고지(高地)로서 전쟁의 요처도 아닐진대 왜 싸움까지 했을까. 큰 나라치고는 어리석어 보인다.

우수리강 중류에 위치한 라오허(饶河)현에 도착했다. 가을비가 내리니 을씨년스럽다. 특별히 무슨 목적이 있어 온 것도 아니다. 이럴 때는 나 자신 속에 또 다른 나를 만나곤 한다. 내가 왜 여기에 왔는가를 스스로 묻고 그 답을 기다리곤 한다. 때로는 여행이 '그렇지 뭐.' 하는 체념의 시간이 있기도 하고 무엇을 찾으려고 노력하는 시간이 있기도 하다. 오히려 이런 시간이 여행을 통해서 나에게 많은 생각을 하도록 한다.

큰일도 의미를 작게 두면 사소해 보이고 작은 일도 의미를 크게 두면 중하게 여겨진다. 즉 내가 얼마나 관심과 의미를 부여하는가에 귀함의 크기가 정해지는 것이다.

터미널에 내리면 식당에 들어가 식사하면서 주인에게 이곳의 가볼 만한 곳을 묻는다. 아니면 숙소의 주인에게 묻기도 한다. 그리고는 여러 곳 중에 나의 여행 일정에 맞게 선별해서 길을 떠난다.

우수리강(乌苏里江)을 따라서

멀지 않은 강변으로 향했다. 특별한 계획이 없더라도 산책을 한다는 것은 건강에도 좋다. 비가 내리니 강변에 늘어선 유람선들도 마냥 한가하다. 광장에는 아무런 글씨도 없는 커다란 석조물이 놓여 있다. 공자의 고향인 산둥성 타이산(泰山)에서 가지고 왔다고 한다.

걸음을 옮겨 택시 운전기사의 안내로 항일전쟁을 위해 싸운 인물을 기리는 기념비가 있는 곳으로 갔다. 만주사변이 일어나 일본군이 첫발을 디딘 곳이 이곳 랴오허라고 한다. 이때 이곳 현지의 중국인들은 유격대를 결성하여 일본군에 대항한 투쟁의 역사를 자랑스럽게 생각하고 있다. 이처럼 헤이룽장성은 어디를 가도 항일의 역사가 묻어나는 곳이다. 우리의 일제 강점기 시절과 같은 시대를 살아왔다고 해도 틀리지 않는다. 아쉽게도 손님이 없어 기념관을 개방하지 않았다고 한다. 비가 내리니 길을 오가는 행인조차 보이지 않는다. 어쩌다 마주치는 사람이 반가울 정도다.

마지막으로 이곳은 중국 소수민족 중의 하나인 허쩌족(赫哲族)이 살던 곳이다. 지금은 인구가 중국 소수민족 중에 가장 적은 민족에 해당한다. 과장된 말인지 모르지만 운전기사의 말에 의하면 백 명도 안 된다고 한다. 아마 이곳 현에 사는 허쩌족을 말하는지도 모르겠다. 아무리 보잘것 없는 사물이라도 사라지거나 잊힌다는 것은 참으로 애석한 일이다. 하물며 소수의 종족이라는 점에서 더욱 애틋한 감정을 지울 수가 없다. 허쩌족의 소수민족 정책에 많은 관심과 배려가 아쉽게 다가온다.

아무튼 허쩌족 박물관의 개방 여부를 확인하고 박물관으로 향했다. 운전기사는 주변을 보면서 보름 이상이나 이렇게 계속 비가 내린다고 한다. 온통 습지로 변해버린 들녘이다. 30분 정도를 달려 박물관에 도착했다. 박물관이라고 하지만 어느 가정집의 아담

한 정원 정도의 크기다. 그래도 매표소에서 직원이 손님을 기다리고 있다는 것이 신기할 정도다.

허쩌족의 생활 특징은 다른 민족과는 달리 수렵과 어렵 생활을 했다는 점이다. 우리는 산을 아버지에 비유하고 강을 어머니에 비유한다. 산의 기상을 느끼고 강의 포용을 보았기 때문이다. 이 속에서 우리는 자연의 산물을 얻어가며 살아가고 있다. 박물관에 진열되어 있는 도구들이 대부분 물고기를 잡는데 쓰이는 작은 용구들이다. 그래서 물고기로 만드는 음식이 발달했고 물고기 비늘로 의복과 신발을 만들어 사용했다. 앞으로도 허쩌족은 그 옛날 역사 깊은 우수리강을 따라 살아온 생활 방식으로 순수한 생활을 계속해 갈 것이다.

친절하게 설명을 해준 직원에게 감사를 표했다. 다음에 또 오라는 직원의 인사를 받으며 라오허로 돌아왔다. 이제 우수리강을 뒤로 하고 쟈쨔무쓰(佳木斯)로 가는 버스에 올랐다.

헤이룽장성에서 만난 꼬마 아이

　　헤이룽장성 이춘(伊春)에서 만난 꼬마 아이다.

　아침에 일어나 창문을 바라보니 가을비가 부슬부슬 내리고 있었다. 지난겨울에는 하얀 눈으로 덮인 이춘의 남산 공원을 올랐었다. 설원의 숲속을 미끄럼을 타며 내려온 뒤 엉덩이가 한동안 아팠던 기억이 새롭다.

　다시 온 이춘에서 이번에는 북산 공원으로 가기 위해 길을 나섰다. 이틀 전부터 우잉(五營)에서만 군락을 이루며 서식하고 있다는 홍송(붉은 소나무)의 삼림을 다녀서인지 왠지 몸이 무겁게 느껴진다.

　이곳 이춘은 남산과 북산이라는 두 개의 공원이 도시를 가운데 두고 마주보고 있다. 탕왕허(湯旺河)라는 강줄기가 흐르는 이곳은 헤이룽장성의 샤오싱안령(小興安嶺)이라는 산줄기에 접하여 공기도 좋고 가을이 오면 온 산이 오색단풍으로 물들어 여행자들이 많이 찾기도 한다. 이곳 현지인들은 오색단풍의 산천을 보고 '우화산(五花山)'이라 하고, 돼지고기의 삼겹살 같은 여러 층의 고기 모양도 '우화러우(五花肉)'라고 말하고 있다.

이춘(伊春) 북산공원

　북산 공원을 가기 위해 탕왕허가 흐르는 다리를 건넜다. 가끔씩 산책을 즐기는 시민들과 마주하면서 길을 묻기도 했다. 공원 입구로 들어가니 동물원이라는 팻말이 눈에 띄었다. 크게 기대하지 않으면서 동물원으로 발길을 옮겼다. 사람들이 주는 먹이에 몸짓을 하는 원숭이와 비로 인하여 날개를 접은 공작새를 보았다.

　다시 다른 한쪽에 유달리 사람들이 많이 모인 곳으로 향했다. 국경절 연휴로 인하여 아이들을 데리고 온 가족들이 눈에 들어왔다. 커다란 두 쌍의 흑곰이 우리 안에서 어슬렁거리며 주위를 맴돌고 있다. 어린아이들이 먹을 것을 던져주면서 다가오는 흑곰의 움직임에 마냥 즐거워했다.

　잠시 후 그들이 돌아간 자리에 작은 가방을 앞으로 메고 있는 꼬마 아이가 혼자 물끄러미 곰들을 바라보고 있다. 우산을 들고 혼자 남아 있는 아이에게 다가가서 나이와 이름 그리고 왜 이곳에 혼자 왔느냐고 물었다. 이 아이는 11살의 초등학교 4학년이고 이름이 '쭈쉬(朱煦)'라고 서슴없이 나의 물음에 답해 주었다. 며칠의 휴가를 맞은 국경절에 부모님과 아니면 친구들과 함께 오지 않은 것이 더욱 궁금했다.

비가 오락가락하는 공원의 잘 정리된 숲길을 둘이 걸으면서 이야기를 나누었다. 내가 한국 사람이라고 하는 것에 놀라는 표정이 없어 보였다. 아이는 한국에 대해 가끔 TV를 접하면서 궁금했던 것을 물어오기도 했다. 잠깐의 대화를 나누는 동안에 나는 이 아이의 총명함에 놀랐다. 아이답지 않게 언어의 구사력 수준이 남달랐고, 헤이룽장성의 지리를 이야기할 때도 아이답지 않았다. 여행을 하고 있는 나에게 '우량예(五粮液)'라는 유명한 술이 쓰촨성 이빈(宜宾)에서 산출된다느니, 네이멍구의 쟈거다치(加格达奇)라는 도시가 후룬베이얼 지역의 다싱안링(大兴安岭)에 접해있어 경치가 좋다느니 하는 어른스런 말들을 스스럼없이 늘어놓는다.

아버지는 베이징에서 물을 관리하는 직업에 종사하며 지금 세 번째 부인하고 사는데 16살 더 많은 배다른 누나가 이곳 이춘에서 경찰로 있다고 한다. 자기를 낳은 친어머니는 중국 서쪽의 쓰촨성에 있는데 한 번 부모님과 쓰촨성 주자이거우와 황룽을 여행한 것이 어머니와의 마지막이었다고 한다. 지금은 83세의 할머니하고 둘이 작은 아파트에서 생활하고 있단다.

아이로부터 이런 이야기를 듣는 내가 더욱 가슴이 아팠다. 아이는 서슴없이 대답하고 있지만 더 이상 아이의 마음을 아프게 하고 싶지 않았다. 나 역시 어린 시절 3년의 방황하던 시절이 있었다. 어린 시절에 부모와 함께 생활할 수 없는 아이들의 마음 고생을 나는 남다르게 느낀 적도 있었다.

장래의 꿈이 비행기 조종사가 되는 것이라고 한다. TV에서 어린아이가 하늘을 나는 비행기만 보고는 비행기의 기종을 알고, 컴퓨터로 가상의 비행 조종을 하는 아이를 보고 놀랐던 이야기를 들려주었다.

아이는 이곳에 자주 왔다고 하면서 어느새 나의 가이드 역할을 하고 있다. 게다가 나를 '예예(할아버지)'라고 부르면서 내 앞에서 가끔씩 재롱도 부렸다. 부모님의 정을 나에게서 느끼고 있는지도 모르겠다 싶어 오늘 이 아이에게 많은 사랑을 남겨주고 싶었다.

가방에 무엇이 들었느냐고 물었더니 점심으로 먹을 것을 넣었는데 며칠 지난 바나나 두 개가 전부다. 오늘 점심은 내가 살 테니 돈은 네가 내라고 농담의 말을 주었더니 집에 갈 차비로 1위안밖에 없다고 하여 또 마음이 아팠다.

공원을 내려와 택시를 타고 시내 보행가 거리의 입구에 있는 뷔페점으로 데리고 갔다. 키가 1m 40㎝ 이하의 아이는 가격이 성인의 3분지 1이라고 쓰여 있는데 아이의 키가 5㎝ 모자랐다. 다행이라고 해야 할까 불행이라고 해야 할까. 아이는 또 65세 이상이면 음식 값을 할인 받을 수 있다고도 알려 준다.

이춘(伊春) 뷔페식당에서

헤이룽장성에서 만난 꼬마 아이

한 번도 와보지 못했을 뷔페점의 상황을 잘 아는 듯이 휘젓고 다녔다. 내가 고기와 한 잔의 술을 즐기는 동안 아이는 두 번이나 아이스크림을 가지고 와서 먹었다. 역시 아이는 아이였다. 내가 마늘을 먹는 것을 보고는 어느새 달려가 마늘을 한 접시 들고 오기도 했다. 식사를 하는 동안에도 주자이거우와 황룽의 추억을 다시 이야기하고 있었다. 유일하게 아이에게 남겨진 부모님과의 여행 추억인 것만 같았다.

요즈음 우리나라에서 금수저, 흙수저 하면서 출생의 행복과 불행이 부모에 따라 정해지는 사회 현실에 젊은이들이 시름하고 있다는 것을 이 아이에게서도 느끼고 있다. 걸핏하면 '농촌의 아들로 태어나⋯⋯.'란 구절로 자신이 어려운 사람을 대변해 주는 사람인 양 연설을 했던 지도층의 말이 생각난다. 금수저가 자랑은 아니라 해도 흙수저 보다는 당연히 낫다. 중국 성현의 말씀에 '빈천하면 수치스럽고 가난하면 고달프다.'고 했다. 흙수저의 인생이 영원히 흙수저로 살게끔 옥죄는 사회가 아니기를 바랄 뿐이다.

시내버스를 타고 이춘 박물관과 탕왕허가 흐르는 다리 하나를 사이에 두고 있는 수상공원으로 향했다. 내가 묵는 숙소와 아이의 집도 서로 지척에 있었다. 일찍 어둠이 석양을 파고드는 수상공원에서 원형의 지구본을 이고 있는 둥근 탑이 붉게 물들고 있다.

어제 이춘 박물관을 가 보았다고 하였더니 아이는 입장료가 얼마냐고 물었다. 신분증만 보여주면 된다고 하면서 아이가 그동안 돈이 없어 가보지 못했을 거라는 생각도 스쳐갔다. 아이가 갑자기 여권에 대해 묻기에 여권을 아느냐고 되물었더니 나의 비자에 대한 궁금증도 물어왔다. 아이는 셋째 부인의 아들이 해외여행을 해서 안다고 했다. 영특한 아이라는 생각이 또 들었다. 학교 공부도 40명 학급에서 1등과 2등을 하고 있다고 했다.

사람은 평생 부자일 수 없듯이 평생 가난할 이유도 없다는 말로 아이를 위로해 주고 싶었다. 구이저우성의 가난한 촌마을을 여행하면서 본 고루(鼓樓)의 쓰인 글귀가 생각났다. '가난한 자는 책을 읽지 않으면 가난을 벗어날 수가 없고, 부유한 자는 책을 읽지 않으면 부유함을 오래 유지할 수가 없다.'

　헤어질 시간이 다가왔다. 나는 아이에게 말했다.

　훗날 네가 성장하면 한국에 사는 할아버지가 밥도 사주고 맛있는 것도 사 주었다는 것을 기억해라. 우리가 헤어져도 절대로 서로 잊지 말자고 하면서 가슴이 뭉클해지고 있었다. 아이는 공원의 운동기구에 매달려 헤어지는 나를 물끄러미 바라보고 있었다. 아마 아이는 이곳에서 어둠이 오기를 기다리고 있을지도 모른다.

　어둠이 찾아오면 아이는 쓸쓸히 집으로 들어갈 것이다. 국경절 휴가에 멋진 추억으로 아이에게 남았기를 바랐다. 순전히 나의 생각이지만 국경절이 다가올 때마다 아이는 나를 떠올리지 않을까 하는 생각도 가져본다.

　그리고 아이의 꿈인 비행기 조종사처럼 하늘을 훨훨 날았으면 좋겠다. 오늘 밤 아이는 할머니에게 우리가 보낸 시간을 마냥 즐겁게 이야기할 것만 같았다. 내가 어린 시절 행복하게 어머니 품에서 나누었던 이야기처럼.

온천에서 피로를 풀다

    장기간 여행을 하다보면 자연적으로 피로가 쌓인다. 때로는 피로로 인하여 몸살이 찾아오는 것이 당연한 결과인지도 모른다.

    중국의 도시를 거닐다 보면 발 마사지나 전신 마사지해 준다는 업소가 눈에 많이 띈다. 때로 찾아가 보면 만족스러운 대접을 받을 때도 있지만, 돈벌이에만 급급하여 대충하는 종업원들도 있다.

    광시쫭족자치구 난닝(南宁)에서 마사지하는 곳을 찾아간 적이 있다. 가냘픈 꼬마 여자아이가 천정에 가로놓인 철봉대를 잡고 발로 온몸을 마사지해 주었다. 어찌나 아픈지 참을 수가 없을 정도였지만 끝난 후의 몸은 무척 개운했다.

    또 온천이 있는 지역을 가면 족욕(足浴)만 하더라도 피로를 풀 수 있는 시간을 가질 수 있다. 처음으로 온천욕을 즐긴 곳은 윈난성 루구호(泸沽湖) 근교에 있는 융닝온천(永宁温泉)이다. 온천탕으로 들어가니 유황 덩어리가 둥둥 떠다니고 있어 처음에는 두려움에 놀랐다. 천장이 없고 벽 하나로 남녀의 욕탕이 분리되어 있어 조금은 어색한 기분이 들기도 했다. 티베트의 마나사로바 호수 근처에서

원난성 텅충(騰沖) 지질공원

도 온실처럼 지어진 공간에서 온천욕을 즐기기도 했다. 하지만 잠자리에서 고산증과 컨디션 이상으로 몸살이 나 밤을 설쳤다.

원난성 텅충(騰沖)에 갔을 때의 일이다.

이 지역이 지금은 휴화산으로 존재하고 있지만 화산 지질공원이 있어 관광객들이 즐겨 찾는다. 이곳에 러하이(열해, 熱海)라는 온천이 아주 유명세를 얻고 있다. 노천에 흐르는 온천수가 얼마나 뜨거운지 손으로 만질 수가 없다. 게다가 부글부글 끓어오르는 물의 수증기가 앞을 가릴 정도다. 아이를 잉태한다는 회태정(怀胎井)이란 우물에 가니 자연 온천수의 온도가 88℃라고 쓰여 있다.

숙소 앞에 있는 넓은 온천탕에서 중년의 부부들이 한가로이 온천욕을 즐기고 있었다. 온천수에 들어가려니 이곳 직원들이 제지하였다. 잠시만 발을 담그고 싶다는 나의 애원을 거절하지는 않았다. 이곳은 숙소에 묵는 사람만이 이용할 수 있는 곳이다.

진주천(珍珠泉) 바위의 틈새로 온천수가 분수처럼 솟아오르고 있다. 길을 지나는 동안 온천수가 얼굴에 따갑게 스쳐온다. 언덕 같은

온천에서 피로를 풀다

장시성(江西省) 이춘(宜春) 텐무온천

길을 내려오는 내내 뜨거운 열기에 젖어 있었던 열해의 구경이다.

중국에서 가끔 지진으로 많은 재산과 인명 피해를 입고 있는 지역이 윈난성과 쓰촨성이다. 이곳을 중심으로 지진대가 쓰촨성으로 이어지고 있다. 96년도에 윈난성을 여행하고 베이징으로 돌아오는 도중에 윈난성에 지진이 났다는 뉴스를 들었다. 고국으로 전화했더니 가족들도 무척 걱정했다고 한다. 쓰촨성 대지진은 물론이고 이번 2014년도에 충칭을 다녔을 때도 윈난성 북부에 지진이 발생하여 은근히 걱정하기도 했다.

추운 겨울 장시성 난창(南昌)의 서쪽에 위치한 이춘(宜春)을 여행했다. 명월산(明月山)에 가려고 했지만 폭설로 인하여 길이 결빙되어 버렸다. 명월산 입구의 관리인들이 입산을 금지하고 있어 등반을 포기했다. 돌아오는 중에 텐무 온천(천목 온천, 天沐溫泉)이란 온천을 찾았더니 규모가 이만저만이 아니다. 온천욕을 하려고 들어서니 사람들도 거의 보이지 않는데 입장료가 300위안 정도로 감히 엄두가 나지 않았다.

윈난성 류쿠(六庫)의 노천온천

온천을 나와 마을을 걷고 있는데 마을 온천탕이 있어 들어갔다. 어린아이들은 역시 어느 나라든 개구쟁이들이다. 고추를 드러낸 채 이리 뛰고 저리 뛰면서 장난을 그치지 않는다. 조금 지나니 온몸이 더워지고 땀이 나면서 전신이 나른해지기 시작했다. 숙소로 돌아와 언제 잠이 들었는지도 알 수 없었다.

세상에 춥고 배고픈 것보다 불행한 것은 없다고 한다. 겨울의 한가운데서 온몸이 따뜻한 시간을 보낸 지난 밤이 그렇게 행복할 수가 없었다.

2015년 윈난의 서북쪽을 여행한다고 류쿠(육고, 六庫)라는 곳을 지난 적이 있다. 이곳에서 커피농장을 둘러보고 노천 온천에 갔다. 우리나라에서도 TV에 방영한 적이 있는 곳이다.

이 노천 온천은 남녀가 모두 옷을 벗고 함께 온천을 즐긴다고 한다. 남자의 나이는 언제 늙었다고 할 수 있는지 모르겠다. 호기심에 찾아간 '澡堂会'라는 노천 온천이다. 이런 온천이 류쿠 마을을 따라 흐르는 노강(怒江) 주변으로 스무 곳 정도 있다고 한다.

나이 60을 넘으신 할머니 할아버지들이 대부분이다. 그리고 하루 일을 마치고 피로를 풀려고 온 아낙네들의 모습도 쉽게 볼 수가 있다.

여름 해수욕장의 해변에서 옷을 벗지 않은 사람이 이상하듯이 나 역시 이곳에서 팬티만을 걸치고 탕에 들어가 있었다. 파란 하늘에 구름이 떠가고 노강의 물결이 출렁이는 이곳에서 온천을 즐겼다.

중국 동북의 헤이룽장성에도 오대련지(五大连池)를 중심으로 온천 지대가 널리 분포되어 있다. 네이멍구의 아얼산(阿尔山)에서 그리고 하얼빈에서 멀지 않은 야부리(亚布力)라는 곳에서 온천욕을 즐겼다. 남녀가 구분 없이 탕에 들어가 온천욕을 즐긴다. 처음에는 사회주의 국가가 이럴 수 있나 하는 생각도 스쳤다. 온천 시설도 우리나라 어디에 견주어도 전혀 손색이 없을 정도다. 이 두 곳은 중국 스키 선수들이 훈련을 하기 위해 찾는 훌륭한 스키장 시설도 갖추어져 있다.

네이멍구의 아얼산(阿尔山) 온천

한동안 온천탕에 몸을 담그고 있으면 서서히 몸의 열기가 오르고 이마에 땀이 맺히기 시작한다. 그 땀으로 피로와 노폐물이 빠져나가는 기분을 맛본다. 그리고 저녁 숙소로 돌아와 침상에 누우면 어느새 햇살 가득한 아침이 소리 없이 창문 앞에 와 있다.

　이렇게 여행을 하면서 들러본 온천의 추억은 몸의 피로뿐만 아니라 마음의 편안함도 함께 가져다주는 여유로운 시간이었다.

호수에서의 여유

중국에서 호수를 만난다.

그럴 때마다 우선 호수의 크기에 놀란다. 물론 호수뿐만은 아니다. 우리나라의 창녕에 있는 우포늪지도 경관이 놀랄 정도인데, 중국의 습지 공원을 둘러보면 끝이 보이지 않는다. 동북 삼성에 있는 습지나 허베이성 안신(安新)의 바이양뎬(백양전, 白洋淀)이란 곳을 둘러보면 수평선의 갈대숲만이 평원의 전부일 정도다. 이렇듯 호수도 내륙에 있을 뿐이지 때로는 바다 같다는 인상을 받기도 한다.

네이멍구 북부 만저우리(滿洲里) 가까이에 달라이호(达赉湖)가 있다. '달라이'라는 의미가 바로 '바다'라는 뜻이라고 한다. 윈난성의 얼하이호(洱海湖)나 신장웨이우얼자치구의 싸이리무호(賽里木湖), 티베트의 나무춰호(納木錯湖), 마나사로바호(Mānas sarovar, 玛旁雍错湖), 칭하이성의 최대 염전 호수인 칭하이호(青海湖) 등 이런 호수는 바다와 다름이 없을 정도다.

호수 저편이 보이지 않는 곳도 있지만, 병풍처럼 드리워진 설산이 호수에 내려앉은 대자연의 풍경을 보면 참으로 호수의 매력에 빠져들지 않을 수 없다. 자연과 어우러져 아름다운 호수를 자랑하는 곳도 많이 있다. 윈난의 루구호(泸沽湖)나 쓰촨성 캉딩(康定)의 무꺼춰호(木格錯湖) 등은 여행자가 조용한 시간이 필요할 때 찾을 만하다. 이 밖에 여름 피서지로서의 호수도 수없이 많다.

시인의 묵향이 물씬 풍기는 우한(武汉)의 둥호(东湖), 웨양(악양, 岳阳)의 둥팅호(동정호, 洞庭湖)가 있고 장쑤성 우시(无锡)의 타이호(태호, 太湖)도 명소에 걸맞게 사람을 불러 모은다.

삭막한 빌딩 숲의 도시에는 아름답게 가꾸어진 숲의 공원이 있고 그 안에 호수가 있다. 호수에 자그마한 조각배가 떠가고 새들이 물질을 하며 노닌다. 사람들은 낚시를 즐기고 연인들은 사랑의 호숫가를 걷는다. 여기에다 아름다운 글귀를 더하는 것은 문장가의 몫이다.

잠이 덜 깬 눈을 비비며 새벽 물안개가 피어오르고 이름 모를 물새가 수면 위를 날고 있는 호숫가를 거닐어 본다. 이럴 때면 시인이 따로 없고 옛사랑이 떠오르지 않는 사람이 없을 것이다. 호수는 환경적 생태적 차원에서도 중요하지만 이처럼 마음의 조용한 안식처가 되어주기도 한다. 이러한 점이 도심 속의 거리를 헤맬 때 호수 공원을 찾는 이유이기도 하다.

도심 속에 존재하는 호수는 동서남북 방향에 따라 이름을 지어둔 곳이 많다. 그런데 중국을 여행하는 동안에 베이호(북호, 北湖)라는 호수를 보지 못했다. 신장웨이우얼자치구의 쿠이툰(奎屯)과 후베이성 우한에서 둥호(동호, 东湖)를 보았고, 산시성 한중(汉中) 아래 난정(南郑)에서 난호(남호, 南湖)를 보았다.

그리고 중국에는 3대 시호(서호, 西湖)라고 불리는 아름다운 호수가 있다. 저장성(浙江省) 항저우(항주, 杭州), 안후이성(安徽省) 잉

광둥성 후이저우(혜주) 시호(서호)

저우(영주, 潁州), 그리고 광둥성(广东省) 후이저우(혜주, 惠州)에 있는
시호(서호)다.

안후이성 잉저우의 시호는 가보지 못했지만 푸젠성(福建省) 푸저
우(복주, 福州)의 시호도 도심 속의 아름다운 호수로 자랑할 만하다.
중국에서 시호라고 불리는 곳은 많이 있지만 시호의 아름다운 이
름을 붙일 정도의 곳은 이렇게 네 군데 정도로 기억해 둘 만하다.

항저우의 시호는 너무도 잘 알려진 곳이다. 여행자가 저장성을
찾는다면 항저우의 시호를 빼놓을 수가 없을 정도로 유명한 호수
다. '하늘에 천당이 있다면 땅에는 쑤저우(苏州)와 항저우(杭州)가
있다.' '쑤저우(苏州)에서 나고, 광저우(广州)에서 먹고, 항저우(杭州)
에서 지내다 류저우(柳州)에서 죽는다.'라는 수식어를 갖고 있는
아름다운 도시다.

푸저우의 시호는 야경을 보는 관계로 두루 다녀보질 못했다. 푸저우의 시호공원이라 쓰인 누각을 지나 어둠 속으로 들어갔다. 왠지 도심의 호수답지 않게 어둡기 그지없다. 호수가 울창한 숲으로 덮여 있어서일까? 낮게 드리운 불빛만이 호수를 비추고 있다. 물레방아 같은 놀이기구에서 뿜어대는 불빛과 호수의 물결에 반사되어 대칭으로 빛나는 조명등이 반짝거린다. '호수 어딘가에서 들려오는 음악 소리는 잔잔한 호숫가에 파문을 일으킨다.'라고 하면 나도 시인에 대열에 들어갈 수 있을지 모르겠다. 범인(凡人)이 글에 손을 대는 것은 서툰 의사가 수술 칼을 드는 것과 다름없다는 생각이 든다.

어느 해 광둥성을 여행하면서 후이저우의 시후를 보고 참으로 놀랐다. 후이저우의 시호는 도심 한가운데에 위치하고 있다. 도심 빌딩과 잘 어울리게 조성된 아름다움이 항주의 시호에 비교하여 부족함이 없어 보였다.

겨울철이라지만 남방 후이저우의 오후 날씨는 아주 봄, 가을 날씨와 다름없다. 호수 위에 떠다니던 나룻배는 그늘에서 쉬고 있고, 물가를 노니는 거위도 나무 그늘을 떠나질 않는다. 몇몇 낚시꾼만이 태양볕 아래서 유유히 세월에 기대어 낚싯대를 드리우고 있다. 호숫가에 늘어진 나뭇가지들 사이로 연인들이 산책을 하고, 춘절이 보름도 더 남았건만 연등제를 위하여 호수에 던져질 용(龍)의 형상을 만드느라 사람들이 분주하다. 저편에 보이는 탑은 야트막한 산에서 쑥스러워하며 반쯤 자신을 가리고 있다. 이 탑을 보탑(宝塔)이라고 부른다. 탑 위에 올라 호수를 내려다보았다. 호수 가운데 작은 섬 하나로 구불구불 연결된 다리가 인상적이다. 도심의 빌딩 숲속에 아름다운 호수가 있고, 호수 안에 작은 섬이 있다. 이것이 후이저우의 시후다.

여기서 4~6학년 정도의 초등학생 다섯 명을 만났다. 아이들과 이야기도 하면서 사진도 찍어주었다. 다시 호수 주변을 거닐다가 헤어졌던 아이들을 또 만났다. 아이들은 나에게 '위엔펀 위엔펀'하면서 따라다녔다. 처음에 이 말이 무엇인지 몰랐다. 무슨 말이냐는 나의 물음에 아이들도 어떻게 설명해야 할지 몰라 당황해하였다. 땅에다 한번 글자를 써 보라고 하였더니 연분(緣分)의 '緣(연)'자를 쓰기에 이내 알아차렸다. 아이들이 어른스럽게도 이런 말을 쓴다는 것이 대견스럽기도 했다. 또 다시 만난 것을 아이들은 인연이라며 더욱 기쁘게 생각하고 있었던 것이다.

아름다운 후이저우의 시호는 소동파 시인이 지나갔다. 그는 이곳에서 지내면서 아름다운 글들을 남겨 놓았다. '东坡故居'라는 곳을 들어가니 아가씨가 탁본을 뜨고 있다. 시인은 아름다운 산수에 있고, 산수는 시인을 불러들인다. 강남의 빼어난 산수가 여기도 있다는 것을 호수는 새삼 분명하게 말한다.

여행을 하다보면 자투리 시간이 존재한다. 풍경구를 가기에는 시간이 부족하고, 무료하게 숙소에 있기에는 시간이 아까울 때가

푸젠성 푸저우의 시호

중국 유랑 하

있다. 이럴 때는 도심의 공원을 산책하거나 시장을 둘러보기도 하지만, 가까이 있는 호수를 찾아보는 것도 좋다.

　도심의 호수는 공원으로 많이 이용되지만, 촌으로 가면 호수가 그들의 생활 터전으로 이용되기도 한다. 그래서 마을에서 마을을 오가는 교통수단으로의 배들도 있다. 이런 배들을 타고 호수를 여행하는 것도 의미가 있다.

　여행 중 제일 인상에 남는 호수가 하나 있다. 광시좡족자치구 서쪽 징시(靖西) 가까이 취양(거양, 渠洋)이란 곳이 있다. 이곳에 호수가 있는데 겨울에 여행을 하다 들렀더니 사람조차 보이지 않았다. 주변에 볼거리가 없어 여름에 낚시꾼이나 뱃놀이를 즐길 정도의 사람들이 올 것만 같다. 추운 날씨만큼이나 물결도 차게 느껴진다. 한 아주머니가 호숫가에서 채소를 씻고 있기에 다가가서 배를 타고 싶다고 말했다. 아주머니는 급히 올라와 어느 집으로 들어갔다. 잠시 후 젊은 청년이 나와 배를 움직일 수 있다고 한다. 값을 흥정한 후에 배에 올랐다.

　무료함을 달래고 싶어 노래를 불렀다. 호수의 뱃놀이를 즐길 적마다 노래를 부르곤 했다. 노를 젓는 사람이 여인이면 '처녀 뱃사공'을 불러 주었고, 남자면 '두만강'을 노래했다. 신장웨이우얼자치구에 있는 쿠얼러(库尔勒)의 롄화호(연화호, 莲花湖), 윈난성에서 '썩은 두부(처우더우푸)'로 이름이 있는 스핑(석병, 石屏)의 이룽호(이용호, 류龙湖) 등지에서도 노래를 부르며 뱃놀이를 즐긴 기억이 새롭다.

　마을 가까이 지날 때면 새끼오리들이 어미를 따라다니며 먹이를 찾고 있다. 호숫가로는 잎사귀를 다 떨어뜨린 앙상한 나뭇가지 사이로 철새들이 울음소리를 그치지 않고 이리저리 옮겨 다닌다. 잔잔한 물결을 타고 비켜 가는 산천을 마주하고 있으니 중년의 나이에서 오는 사랑 이야기도 스쳐간다. 한 잔의 술이 더해지니 떠나버

윈난성 추베이(丘北) 푸저헤이(普者黑)

린 부모님 얼굴이 떠오르고 이내 눈가에 눈물이 고였다. 세월만 흘러가는 것이 아니다. 돌아가신 부모님의 기억도 어느덧 저만치 흘러가 가물거린다. 최근 겨울에 간 윈난의 추베이(丘北)에 있는 푸저헤이(普者黑)는 연꽃이 모두 잠들어 버렸다. 나 같은 사람이 또 있는가 보다. 가끔씩 마주 오는 배들이 지날 적마다 서로 손을 흔들어 반가운 몸 인사를 하면서 지나갔다. 배 주인에게 노래해 보라고 부탁을 했다. 그는 마지못해 쑥스러움을 참고 한 곡을 불러 주었다.

여행의 자투리 시간이 때로는 나를 되돌아보는 사색의 시간이 되기에 충분하다. 그래서 특별한 계획이 없으면 자그마한 술 한 병 들고 호수의 배를 타고 떠난다. 기억 저편에 가물거리는 또 다른 아름다운 추억을 찾아서……

황해 해변에서

　　중국에서 처음으로 간 해변은 중국의 동쪽에 있는 칭다오(청도, 靑島)다. 물론 남쪽의 바다를 다녀보기도 했지만 아쉽게도 해수욕을 즐긴 적은 없었다.

　2006년 칭다오의 근교에 있는 해변에서 수영을 즐겼다. 물은 혼탁해 보였지만 파도는 햇살을 따라 금빛 띠를 만들며 해안으로 밀려왔다 밀려가곤 한다. 도시 근교의 해변답게 수영을 즐기는 인파도 가득하다. 그들과 파도 속에 몸을 맡기며 더위를 잊고 있었다. 수심도 깊지 않아 바다 저 멀리까지 걸었다.

　대학 시절 여름방학때 제주도 화순에서 해수욕을 즐긴 기억이 되살아났다. 튜브를 타고 파도 속에 묻히면 출렁이는 물결이 내 몸을 감싸고 지나간다. 저 멀리 고기잡이 어선들이 한두 척씩 오가기도 한다. 맞은편 동쪽으로 곧장 헤엄쳐 간다면 우리나라 평택쯤으로 도착할 방향이다.

　수영을 즐기고 있는데 얼마 지나지 않아 갑자기 몸이 오한을 느끼기 시작했다. 곧바로 숙소로 들어와 몸살 약을 먹고 더운 여름인데도 이불 속에서 땀을 흘렸다. 여행 중에 꼭 한 번쯤은 몸살을 앓기도 했다. 늘 이렇게 하면서 하룻밤을 지내면 감기 몸살을 이길 수 있었기 때문이다. 이것이 처음으로 중국 해변에서 해수욕을 즐기던 기억이다.

10년이 흐른 뒤 랴오닝성 단둥(丹东)에서 황해를 따라 여행했다. 이곳에는 다롄(대련, 大连)으로 가기 전 '다루다오(대록도, 大鹿岛)'라는 섬이 있다. 아마 섬의 형상이 큰사슴처럼 생겨서 붙여진 이름인가 생각된다. 버스가 갈림길을 지나쳐 되돌아 오기도 하고 부두 대합실에서 두 시간 이상을 기다리기도 했다. 여행은 시행착오의 연속인지도 모른다. 오후 늦게 배는 다루다오로 향했다. 쾌속선이 아닌 유람선은 바다를 바라보며 여유 있게 반 시간 이상을 달려 다루다오 부두에 도착했다. 다시 버스로 반대편 마을로 가서야 숙소를 잡았다. 고기잡이배가 잠시 드나들더니 자그마한 마을 시장이 소란스럽다. 식당마다 바닷게를 사느라고 야단이다.

이 다루다오에서 아침이면 섬의 순환도로를 따라 걷기도 하고 오후의 더위 속에서는 어김없이 해수욕을 즐겼다. 저녁 식사 때면 갯가재와 새우를 즐겼고, 노을이 바다에 내려앉을 때는 이름 모를 바닷새의 무리를 따라 갯벌을 함께 날았다. 해변 가운데 작은 동산에 오르면 아담한 정자가 있다. 정자에 앉아 있으면 시원한 바닷바람이 해안을 따라 스쳐간다. 밤이면 작은 정자는 등대 구실을 한다. 고기잡이 나가는 밤배의 뱃고동 소리는 멀어져가고 파도 소리는 보이지 않는 곳에서 내게로 밀려온다. 어느새 바닷물은 방파제에서 출렁인다. 이 섬의 해변에서 이렇게 사흘을 보냈다.

다롄 가까이 있는 진스탄(금석탄, 金石滩)으로 떠났다. 해안을 따라 버스를 타고 가면서 영화 '쇼생크 탈출'의 모건 프리먼이란 흑인의 얼굴이 떠올랐다. 이 영화 속에 감옥에서 출소하여 버스를

라오닝성 진스탄(금석탄, 金石灘)

타고 미국과 멕시코의 국경을 넘어 태평양을 바라보며 멕시코로 가는 장면이 인상적이었다. 젊음은 가고 어느새 늙어버린 그였지만 남은 자유를 찾아 떠나는 모습 속에 내가 있었는지도 모른다.

진스탄의 지질 공원은 해안을 따라 아름답게 펼쳐진 기암들이 일출을 타고 푸른 바다에서 솟구쳐 오른다. 새벽부터 사람들은 산책을 즐기듯 해안으로 몰려들고 있다. 아침 일찍 들어가면 입장료를 아낄 수 있다는 말을 듣고 새벽 6시에 공원으로 숨어들었다. 어쩌다 언덕에 있는 골프장을 들어갔다가 쫓겨나기도 하는 해프닝도 있어 진스탄은 잊히지 않는다. 해가 바다에 오르니 기암들이 장소에 따라서 시시각각으로 그 형상을 달리한다. 참으로 아름다운 해안이다.

다롄이란 도시를 지나 뤼순(旅順)으로 향했다. 다롄은 숙소의 가격도 비싼데다 외국인의 숙박도 제한을 받았다. 뤼순은 우리나라의 독립 투사인 안중근 의사가 투옥되어 있던 곳으로도 유명하다. 실제로 가보면 안중근 의사의 행적이 교도소의 대부분을 차지한다.

베이다이허(북대하, 北戴河) 황금 해안

마침 교도소를 들렀을 때 중국 군인들이 단체로 방문을 하기도
했다.

이곳에서 바이위산(백옥산, 白玉山)에 올라 뤼순의 아름다운 항구
를 바라보며 저녁을 맞기도 하고, 구름 한 점 없는 라오톄산(로철
산, 老铁山)에 올라 산둥성의 옌타이와 웨이하이(위해, 威海)가 보이
는 곳에서 보하이만(발해만, 渤海灣)의 바다를 감상하기도 했다. 황
색의 황해와 푸른색의 발해만 물결을 사이에 두고 색깔의 구분이
타원형을 그려내듯 선처럼 다가왔다. 이것이 여름 해변을 즐긴 두
번째 여행이다.

다음 해 2016년 여름에도 중국 랴오닝성에 있었다. 장성을 본
다고 산하이관(山海关)을 다녔고 베이다이허(북대하, 北戴河)와 친황
다오(秦皇岛)의 바다가 또 나를 불렀다. 해안의 이름부터가 황금
해변이라고 불릴 정도로 여름 휴양지로 널리 알려진 베이다이허
해변이다. 황해와 달리 보하이만에 위치한 이곳은 푸른 바다의 색
깔이 짙게 드러난다.

이곳은 여름 휴양지로서 다양한 시설을 갖추고 있어 별장뿐만 아니라 콘도 등 숙박시설도 아주 고급스럽게 꾸며져 있다. 아침에 '노호석(老虎石)'이라 쓰인 해변을 걸었고 오후에 황금해안을 들렀다. 해수욕을 즐기는 수많은 사람들과 시원한 음료를 팔고 있는 매점들의 행렬이 해안을 따라 장사진을 이룬다.

나이 60 넘어 파도 속에 몸을 맡긴다는 것이 이젠 쑥스러워진다. 지나가는 여인의 몸매도 보고, 멋진 근육맨의 사내들을 보고 있으면 더욱 그렇게 느껴진다. 아이들의 웃음과 울음이 아이스크림 장수가 지날 적마다 시끄럽다. 더위를 못이겨 나 역시 잠시 해수욕을 즐긴 후 아이스크림을 먹으며 모래사장에 누워본다. 아무 생각도 나지 않는다. 멍한 휴식을 맛보는 시간도 그리 나쁜 것 같지는 않았다. 넓은 바다와 푸른 하늘이 내 곁에 있어 해변에서의 시간은 행복했다.

여행은 앞으로 일어날 일에 대한 호기심과, 일어난 일에 대한 추억이 함께 존재한다. 그리고 우리의 인생사인 양 새옹지마와 전화위복의 상황을 수없이 만들어내기도 한다. 이러한 가운데 삶의 지혜를 얻는다면 그런대로 여행의 의미가 있지 않을까 생각해 본다. 인생에 웃는 날이 짧다고 느껴지기 때문이지 결코 즐거운 날이 짧은 것은 아니다.

가끔 우리는 어디론가 떠나고 싶을 때가 있고, 시간 저 멀리에 비켜서 있고 싶고, 공간의 테두리를 벗어나고 싶을 때가 있다. 나 역시 해마다 휴가를 맞으면 중국으로 떠났다. 가능한 한 한 번 간 곳은 가지 않으려고 노력했다. 처음 중국에 발을 들여놓을 당시는 무척 두려웠다. 여행을 하기도 전에 사회주의의 숨 막히는 질서가 엄습해 오는 기분이 들었다. 그러나 사람이 사는 사회는 어디나 따뜻한 온정이 함께 살아 숨 쉬고 있었다. 우리 일반 백성들에 내재한 선량함은 어디서든 묻어나고 있는 것을 느꼈다.

여행은 우리의 몸과 마음이 시간과 공간을 통하여 성숙해 가는 과정의 연속이다. 모든 것을 내 스스로 선택하고 결정해야 하는, 홀로서기를 준비하는 시작일지도 모른다. 너무 많이 알고 떠나면 쉽게 판단하고, 너무 모르면 답답하기 그지없다. 바둑은 7-8급이 재미있고 당구는 120 정도의 수준이 재미가 있다고 말한다. 역시 여행도 조금 부족한 데서 출발하는 자세가 더 진솔한 여행을 느낄 수 있다. 완벽한 사람은 친구가 없듯이 여행의 준비도 조금 부족해야 그들과 함께 어울릴 수 있는 기회와 여유가 생겨나는 것 같다.

요즈음 세계화 시대에 자녀를 가정이라는 온실 안에서만 키우고 있지는 않았는지 생각해 볼 일이다. 잘 사는 나라든 못사는 나라든 한 번쯤 해외여행을 통하여 아들딸에게 꿈의 폭을 넓혀 주었으면 하는 간절한 바람이 있다. 중국 당나라 때 학자인 유종원의 저서 《삼계(三戒)》에 '임강의 사슴'이란 글이 있다. 내 자녀 우리 청소년이 이 시대에 '임강의 사슴'처럼 살고 있지는 않은지 돌아볼 필요가 있다. '글은 말에 이르지 못하고 말은 뜻을 다할 수 없다.'라는 말이 있다. 참 좋은 말이다. 한 권의 책을 써보겠다고 하면서 부족한 것이 많았다. 사실 시시콜콜하게 늘어놓는 문장이 겸연쩍기 그지없어 보였다.

언젠가 '소유하는 삶보다 존재하는 삶을 살아야 한다.'는 말을 들은 적이 있다. 그런데도 움켜쥐려는 욕심의 끈을 왜 놓지 못하는지 모르겠다. 이름을 얻고자 하는 것보다 그날을 기억하고 공부하기 위한 작업일 뿐이라고 생각하면 마음이 편했다.

가끔 사람들이 중국에 대해서 여행담을 물어오곤 했다. 이야기를 길게 하면 자랑한다고 탓하고, 짧게 말하면 으스댄다고 말한다. 고서(古書) 한비자의 언변편이 생각났다. 임금에게 간할 때 '짧게 말하면 이해를 못 하고, 비유를 들어 길게 말하면 고루하다 하여 듣지를 않는다.'고 한다. 말로 사람을 설득한다는 것이 얼마나 어려운가를 잘 표현하고 있는 대목이다. 중국 속담에 '계란에서 뼈를 고르려 하지 마라.'란 말이 있다. 허물에 너무 집착하지 말아 주었으면 좋겠다.

끝으로 이 글을 통하여 여행하는 데 조금이라도 도움이 되기를 진심으로 바라며, 애독해 주신 독자님들께 깊은 감사를 드린다.